# La promesa de sanidad

# La promesa de sanidad

*¿Es siempre la voluntad de Dios sanarme?*

*¿Me sanará?*

## Richard Mayhue

EDITORIAL PORTAVOZ

Título del original: *The Healing Promise* by Richard
Mayhue © 1994 por Richard Mayhue y publicado por Har-
vest House Publishers, Eugene, Oregon, 97402 EE.UU.A.
Todos los derechos reservados.

Edición en castellano: *La promesa de sanidad* © 1995 por
Editorial Portavoz, filial de Kregel Publications, Grand
Rapids, Michigan 49501. Todos los derechos reservados.

Traducción: Miguel A. Mesías
Diseño grafico: Alan G. Hartman

EDITORIAL PORTAVOZ
Kregel Publications
P. O. Box 2607
Grand Rapids, Michigan 49501 USA

ISBN 0-8254-1472-5

1 2 3 4 5 edición/año 99 98 97 96 95

*Printed in the United States of America*

*Para papá y mamá,*
*quienes ahora disfrutan de perfecta salud,*
*espiritual y física,*
*en la presencia de nuestro Señor Jesucristo.*

# Contenido

*Cuarta parte*
**Una respuesta cristiana a la enfermedad**

# Prólogo

Todo el mundo muere. Todo el mundo se enferma. Todo el mundo ha sufrido lesiones. Evitar estos piratas de la paz y del placer es una empresa de toda la vida para todo el mundo. Debido a que significan dolor, sufrimiento, debilitación y separación, todos tratamos de triunfar sobre ellos. ¡Eliminar de la vida la muerte, la enfermedad y las heridas sería una bendición! La ausencia de enfermedades, desastres y muerte significaría que no habría temor, ni ansiedad, ni zozobra. Una vida así sería una utopía. La gente haría cualquier cosa y pagaría cualquier precio por lograrla.

Si alguien tuviera el poder para curar todas las enfermedades, eliminar todas las lesiones, y acabar con la muerte de una vez por todas, el mundo seguramente haría a tal persona objeto de amor y adoración, ¿Verdad? ¡No, señor! Jesús tenía el poder y lo demostró, pero sus enemigos le hirieron y le mataron. Asombrosamente hirieron y mataron ¡al Único que vino para acabar con el dolor y la muerte de ellos para siempre! Tal es el egoísmo irracional del ser humano.

Jesús trajo la promesa de sanidad de Dios, y demostró claramente que podía cumplirla. Desterró de Palestina la enfermedad. La perspectiva de sanidad física llevó a millares de personas a Él y a sus apóstoles. Y no quedaron decepcionados, porque fueron sanados. La demostración masiva del poder de Dios sobre los efectos del pecado y su compasión frente al sufrimiento clarificaron la realidad de que Dios estaba ofreciendo sanidad a todos los que se acercaban a Él. Precisamente el propósito de este importante y estimulante libro es qué involucra el don de la sanidad, tanto para el presente como para la eternidad.

Usted tiene el gran privilegio de leer este tesoro y alcanzar la riqueza de la promesa de sanidad divina.

JOHN MACARTHUR

Pastor y Maestro
Grace Community Church
Sun Valley, California, EE. UU.

# Prefacio

Veinte años han pasado desde que Hobart Freeman, quien abogaba por la sanidad, despertó por primera vez en mí el interés sobre este tema. En aquel entonces yo asistía al seminario en el estado de Indiana. Eso me llevó, con el correr del tiempo, a escribir *Divine Healing Today* [Sanidad divina hoy] a principios de los años ochenta. Desde 1985 se han publicado nuevos libros sobre la sanidad a un ritmo sin precedentes, acompañados de una nueva generación de personas que promueven los ministerios de sanidad. Ha llegado el momento de que yo actualice y amplíe significativamente mi material en este nuevo libro: *La promesa de sanidad*.

No escribo para desprestigiar a todo sanador en escena. Si esa fuese mi intención, el libro se volvería obsoleto muy pronto, puesto que sin ninguna duda surgirá un nuevo grupo en poco tiempo. Más bien lo que intento es desarrollar un modelo bíblico de sanidad por el cual podamos probar a cualquiera que afirme sanar: pasado, presente o futuro. Con este método podemos ministrar la verdad bíblica y proteger a los creyentes del dolor y la angustia que se producen como resultado de una enseñanza y práctica sin apoyo bíblico. Al mismo tiempo, podemos comprender positiva y correctamente las promesas divinas bíblicas de sanidad.

No es mi deseo darme ínfulas ni ser sarcástico, ni tampoco tratar a otros creyentes en forma descortés. Pero no puedo ignorar las cuestiones bíblicas y contemporáneas en las enseñanzas y escritos de aquellos líderes cuyos ministerios tienen un gran impacto en la gente de hoy. El mayor bien de proteger a la Iglesia de Jesucristo del doloroso error requiere el riesgo menor de ofender a otros sin intención en nuestra búsqueda de la verdad.

He tratado de evitar concentrarme en los lunáticos extremistas como si fuesen la norma establecida; tampoco he desechado todas las afirmaciones de sanidad calificándolas de obras de Satanás. Sobre todo he orado para que este libro no parezca como que encierra a Dios en una caja, o que de alguna manera contraria a la Biblia limita a nuestro Omnipotente Dios.

Deseo profundamente hacer una contribución bíblica positiva a la comprensión de la manera en que Dios obra en los asuntos físicos de la raza humana, especialmente en las vidas de los cristianos. Para ayudarnos a alcanzar tal objetivo, algunas de las características de *La promesa de sanidad* son:

1. Examinar las Escrituras para comprender la voluntad de Dios en el asunto de la sanidad.
2. Colocar las Escrituras por encima de la experiencia para interpretar lo que se afirma es sanidad.
3. Ver la mano de Dios en nuestra salud y sanidad todo el tiempo.
4. Desenmascarar el fraude descarado y la falsa doctrina.
5. Obrar recíprocamente con quienes también han escrito sobre la sanidad.
6. Equipar a los creyentes para tratar bíblicamente con la enfermedad en su propia vida, en su familia, en el cuerpo de Cristo, y en el mundo.
7. Permitir que Dios sea Dios.

He orado para que Dios use *La promesa de sanidad* como una herramienta de referencia que puedan tener a la mano los pastores y laicos que continuamente deben ministrar al enfermo y al que sufre. También la intención es equipar a los santos para que comprendan las cuestiones de la vida y la muerte, y para que sean eficaces al ministrar a los que sufren ahora. Algunas porciones de este material pueden animar y fortalecer al enfermo, porque mediante ellas pueden comprender mejor la verdad de la Palabra de Dios y la dirección de la voluntad de Dios. Mis principales objetivos incluyen: 1) glorificar a Dios en toda su majestad, 2) honrar a Dios en su ministerio a la Iglesia, tanto al sano como al enfermo, y 3) permitir que la Palabra de Dios sea el árbitro final en estas cuestiones.

Sin la dotada ayuda de mis amigos sinceros y familiares, *La promesa de sanidad* todavía sería una pila de notas ilegibles. Mi esposa, «B», mi hijo Wade, y mi secretaria Cindy Kranich trabajaron todos vertiginosamente en el computador hasta que se hicieron todos los interminables torrentes de correcciones.

Eliane Bersoza, John Metcalf y Dennis Swanson brindaron al proyecto su invalorable pericia en computadores y transcripción. Jim Stitzinger y el personal de la biblioteca del Seminario *The Master's* me ayudaron incansablemente a obtener lo que parecía ser un inagotable número de libros y artículos escritos sobre la sanidad. Terry Holley y Lance Quinn me alertaron respecto a algunos libros clave que de otra manera se me hubieran escapado.

André Kole, uno de los mundialmente renombrados ilusionistas, John y Patricia MacArthur, amigos desde hace quince años en el ministerio, y Joni Eareckson Tada, extraordinaria campeona a favor de los minusválidos, me han enriquecido significativamente tanto en lo personal como para la preparación de *La promesa de sanidad*, por lo cual doy gracias a ellos y al Señor.

Aun cuando *La promesa de sanidad* ha sido incuestionablemente un proyecto de equipo, debo asumir la responsabilidad delante de Dios y de la Iglesia por su contenido y conclusiones. Sólo puedo pedir a nuestro Señor que se agrade en usarlo eficazmente para ministrar al cuerpo de Cristo.

RICHARD MAYHUE

Primera parte
# Una perspectiva para hoy

# 1

# La promesa de Dios de sanidad

Dios sana. Reconozcamos esto desde el principio. Decir cualquier otra cosa es rechazar el testimonio bíblico de la majestad y poder inagotable de Dios. Negar la sanidad sería negar la promesa de Dios, y sería llamar a Dios mentiroso.

Los grandes escritores de himnos del pasado no perdieron de vista esta preciosa verdad. Escuche sus grandiosas declaraciones:

> Alaba, alma mía, al Rey del cielo,
> a sus pies trae tu tributo;
> Rescatado, sanado, restaurado, perdonado,
> Eternamente canta sus alabanzas....[1]

> De mi tristeza y esclavitud,
> Vengo, Jesús, Vengo, Jesús,
> A tu alegría y tu virtud,
> Vengo, Jesús, a ti.

---

1. "Praise , My Soul, the King of Heaven" (primera estrofa), escrita por Henry F. Lyte. Es traducción.

De mi pobreza y enfermedad,
A tu salud y rica bondad;
A tu presencia, de mi maldad,
Vengo, Jesús, a ti.[2]

## MÁS PREGUNTAS QUE RESPUESTAS

Sin embargo, creer y cantar esta verdad en la adoración no siempre quiere decir que la comprendemos. Exagerar o menoscabar esta verdad es tergiversar el sentido de ella; y el no comprenderla plenamente quiere decir que fácilmente podemos usarla mal.

El tema de la sanidad divina suscita muchas preguntas importantes. Considere las siguientes:[3]

* ¿Sana Cristo hoy como lo hizo en las páginas de los Evangelios?
* ¿Cuál es la relación entre Satanás y la enfermedad?
* ¿Puede Satanás imitar la sanidad divina?
* ¿Mostramos falta de fe cuando acudimos a un médico en busca de ayuda por una enfermedad?
* ¿Cuál es la relación del pecado y la enfermedad con la sanidad divina?
* ¿Es el cuidado médico el último recurso o la primera línea de defensa para los creyentes?
* ¿Anda algo mal cuando la gente piadosa se enferma crónicamente?
* ¿Cuál es el papel de la fe en la sanidad divina?
* ¿Por qué sana Dios a algunas personas y a otras no?
* ¿Pueden aquellos que no son cristianos experimentar la sanidad divina?
* ¿Es más apropiado el énfasis en la sanidad milagrosa dentro del contexto de las misiones, donde los recursos médicos no están fácilmente disponibles?

---

2. «Vengo, Jesús, a Ti» (primera estrofa), escrita por William T. Sleeper. Es traducción. *Himnario de alabanza evangélica* (El Paso: Editorial Mundo Hispano), p. 187.

3. Estas preguntas fueron formuladas por David Allen Hubbard en Lewis B. Smedes, ed., *Ministry and the Miraculous*, (Pasadena: Seminario Teológico Fuller, 1987), p. 9; Richard Mayhue, *Divine Healing Today* (Chicago: Moody Press, 1983), p. 11; y Jonathan Graf, ed., *Healing: The Three Great Classics on Divine Healing* (Camp Hill, PA: Christian Publications, 1992), p. 2.

- ¿Cómo sana Dios hoy?
- ¿Es siempre la voluntad de Dios sanar?
- ¿Me sanará a mí? ¿O a un amigo? ¿O a un familiar?

### HACIA RESPUESTAS BÍBLICAS

Siempre me ha impresionado el librito de Reuben A. Torrey, *Divine Healing* [Sanidad divina], escrito originalmente en 1924.[4] La situación en su día es paralela a lo que experimentamos nosotros setenta años más tarde en la década de los noventa:

> El tema de la sanidad divina dispierta un interés inusitado en todo nuestro país al presente. Mucho se dice a favor de ella, incluso de parte de personas que se han opuesto a la doctrina en tiempos pasados; mucho se dice en contra por todos lados. La tierra está siendo inundada de aventureros religiosos que se aprovechan del extendido interés en este importante tema para engañar y robar a la gente.[5]

El doctor Torrey modeló el enfoque que vamos a usar en *La promesa de sanidad*. Indicó:

> Se necesita mucho un libro que considere con la mayor imparcialidad todo lo que Dios tiene que decir sobre el tema, y que tenga nada más que una sola meta: descubrir exactamente lo que Dios enseña sobre este importante tema, *todo* lo que enseña.[6]

El sabio consejo del doctor Torrey exige que examinemos exhaustivamente las Sagradas Escrituras. Nuestro propósito será descubrir *todo* lo que Dios ha prescrito. Solamente mediante el estudio exhaustivo de la Palabra de Dios podemos esperar respuestas bíblicas a nuestras preguntas.

Tanto la doctrina como la experiencia son elementos esenciales en el cristianismo saludable. La experiencia auténtica de la verdad de Dios siempre brota de la fuente de su Palabra. Pocas áreas de interés actual son más confusas que la sanidad divina, porque con frecuencia se ha invertido o ignorado la prioridad de Dios de primero *comprender la verdad* y luego *interpretar la experiencia*.

---

4. R. A. Torrey, *Divine Healing* (Grand Rapids: Baker Book House, reimpreso 1974).

5. *Ibid.*, p. 10.

6. *Ibid.* [énfasis añadido], p. 5.

## EL DESAFÍO DE LA COMPRENSIÓN

Alguien ha observado que la Biblia es una piscina literaria en la cual un niño puede vadear y un elefante puede nadar. Por ejemplo, Juan 3:16 se lee con relativa facilidad. Sin embargo, el eunuco etíope necesitó de Felipe para interpretar el mucho más difícil pasaje de Isaías 53 (*véase* Hch. 8:31).

Los profetas del Antiguo Testamento querían saber qué persona o tiempo indicaba el Espíritu de Cristo que estaba en ellos. Luchaban por reconciliar los sufrimientos de Cristo con las glorias que vendrían tras ellos (1 P. 1:10, 11). Incluso Pedro tuvo que hacer un esfuerzo. Notó que algunas de las cartas de Pablo contenían enseñanzas proféticas que eran difíciles de entender (2 P. 3:15, 16).

El tema de la sanidad divina presenta el mismo reto. Joni Eareckson Tada aprendió una gran lección mientras cernía sus dudas personales. Escuche su bien expresado descubrimiento:

> A menudo tenemos preguntas respecto a asuntos como éste que requieren más que simplemente respuestas sencillas, pero no tenemos la paciencia para escuchar esas respuestas. Algunas veces en el pasado mi propia actitud ha sido: «No me dé una de esas respuestas teológicas detalladas. Simplemente conteste a mi pregunta.» Entonces, debido a que rehusaba darme el tiempo o dedicar la energía mental para oír y considerar la respuesta, me alejaba dando por sentado que no había respuesta.[7]

## LA PROMESA DE DIOS DE SANIDAD

La Biblia en efecto contiene una promesa de sanidad. Muchos la han entendido mal. Observe cuidadosamente 1 Pedro 2:24:

> Quien llevó él mismo nuestros pecados en su cuerpo sobre el madero, para que nosotros, estando muertos a los pecados, vivamos a la justicia; y por cuya herida fuisteis sanados.

¿Se da cuenta? «*Por cuya herida fuisteis sanados*» ¿Qué es lo que Pedro quiere decir? ¿Cómo se aplica esto a usted y a mí en esta vida? Si se aplica físicamente, ¿por qué no son sanados todos los cristianos? ¿Ha fallado la Palabra de Dios? ¿Ha perdido Dios el poder para sanar? ¿Están equivocadas las Escrituras?

---

7. Joni Eareckson Tada y Steve Estes, *A Step Further* (Grand Rapids: Zondervan Publishing House, 1990), p. 108. Hay traducción castellana titulada *Un paso más*, de Editorial Vida.

Dos verdades fundamentales nos ayudan a sentar una buena base para comprender a Pedro y la sanidad divina. Primero, todo ser humano, al ser concebido, posee un defecto espiritual congénito, una lesión espiritual que necesita ser curada. Segundo, en 1 Pedro 2:24, Pedro trata de nuestra necesidad de restauración espiritual al hablar de la provisión de Cristo de la sanidad de la salvación.

Permítame dividir 1 Pedro 2:24, 25. Entonces, al volverlo a ensamblar, usted podrá comprender el todo porque primero hemos identificado las partes. Nuestro texto explica cinco elementos de la salvación:

1. El *hecho* de la salvación (v. 24*a*):
   «Quien llevó él mismo nuestros pecados en su cuerpo sobre el madero…»
2. Los *propósitos* de la salvación (v. 24*b*):
   «… para que nosotros, estando muertos a los pecados, vivamos a la justicia…»
3. Los *medios* de la salvación (v. 24*c*):
   «… y por cuya herida fuisteis sanados.»
4. La *necesidad* de la salvación (v. 25*a*):
   «Porque vosotros erais como ovejas descarriadas…»
5. El *resultado* de la salvación (v. 25*b*):
   «… pero ahora habéis vuelto al Pastor y Obispo de vuestras almas.»

Primera Pedro 2:24 está completamente relacionado con la sanidad espiritual, la cual en la Biblia se llama salvación. Es más, 1 Pedro 2:18-25 quiere decir exactamente lo opuesto a lo que enseñan la mayoría de los que abogan por la sanidad. Pedro dice que puesto que Cristo sufrió tanto física como espiritualmente por nuestra sanidad (vv. 21-24), debemos estar dispuestos a sufrir físicamente en esta vida a manos de los hombres (vv. 18-21), porque ya hemos recibido la promesa de Dios de sanidad para salvación eterna (vv. 24, 25). *Pedro en realidad valida el propósito divino en el sufrimiento humano, en lugar de eliminarlo.*

A menos que empecemos con esta perspectiva de salvación eterna, jamás comprenderemos bíblicamente cómo Dios obra en los asuntos físicos de la humanidad en esta vida. Las buenas nuevas son que los cristianos están salvos y seguros. Las otras buenas nuevas son que no todos los beneficios de la salvación se recibirán sino hasta que nuestros cuerpos hayan sido resucitados de la tumba. Después de que Dios inicia nuestra salvación, todos los cristianos todavía pecan, todavía sufren quebrantos de salud, y a la larga todos morirán.

## MEDIAS VERDADES[8]

Trágicamente, muchas personas hoy han enseñado muy mal esta maravillosa verdad de salvación eterna (la sanidad espiritual de la cual Pedro escribe). Sus enseñanzas han asumido varias formas, pero casi siempre contienen una mezcla de verdad y error. Las medias verdades respecto a la sanidad divina echan más leña al fuego de los injuriosos errores de nuestros días.

Permítame alertarlo respecto a algunas de las medias verdades más frecuentes, de modo que usted pueda estar preparado para enfrentarlas.

1. Debido a que Dios quiere que los creyentes disfruten de sus bendiciones, la enfermedad muestra que usted está fuera de su voluntad.
2. El pecado es la raíz de toda enfermedad; por consiguiente, usted debe resistir la enfermedad como resistiría al pecado.
3. Puesto que Cristo murió por su enfermedad y su pecado, usted puede ser libre de ambos.
4. Si usted tiene suficiente fe, sanará.
5. Usted confiesa lo que posee; de modo que si habla de enfermedad, se enfermará; si habla de salud, se sanará.
6. Toda adversidad viene de Satanás; de modo que la enfermedad, como Satanás, debe ser reprendida.
7. Si usted tan solo conociera el hecho secreto del poder sanador de Dios, podría ser sanado.
8. Puesto que Cristo y los apóstoles sanaron en su día, los cristianos pueden curar hoy.
9. Puesto que la enfermedad es de Satanás, nada bueno puede resultar de ella.
10. Puesto que Dios quiere que usted esté sano, jamás ore: «Hágase tu voluntad» respecto a su curación.
11. Puesto que el pecado es la causa de la enfermedad, si usted está enfermo, tiene pecado en su vida.
12. Dios le ha sanado, pero el diablo no permite que los síntomas desaparezcan.

---

8. Esta sección ha sido redactada según el modelo de William C. Moore, "Nine Half-Truths on Healing," *Eternity* (mayo de 1983), pp. 36-38.

Miles de personas pueden testificar cuán dolorosas pueden ser estas medias verdades. El doctor C. Everett Koop recuerda un episodio particularmente brutal.

Contratamos a un escritor investigador para que analizara algunas sectas y específicamente a los sanadores de fe. Nuestro investigador viajó a una ciudad del suroeste en donde, con semanas de anticipación, se había hecho publicidad una campaña de sanidad....

Entre los que acudieron buscando sanidad había un anciano cristiano que vivía en el campo. Su visión se había nublado, y lo más probable era que tenía cataratas. La única luz en la pequeña cabaña en que vivía era una lámpara de querosén. Era un cristiano devoto, leía su Biblia diariamente —o trataba de leerla— y tenía toda la fe necesaria para ser sanado, si la fe en verdad garantiza la sanidad. Su principal queja era que su vista se había deteriorado al punto de que ya no podía leer la Biblia.

En la noche en que acudió a ver al sanador, el viejo fue presentado en una atmósfera de espectáculo. El sanador por fe dijo: «Bien, Abuelo, así que ya no puedes ver. Estás viejo, ya no puedes ver ni siquiera con tus anteojos. Tu visión está fallando.» Entonces extendió la mano y le quitó al anciano los anteojos, los tiró a la plataforma, los pisoteó y los destrozó. Luego le dio al anciano una Biblia de letra gigante, lo cual, bajo los reflectores necesarios para la televisión en aquellos días, permitió al anciano leer Juan 3:16 en voz alta, para asombro y aplauso de la concurrencia.

El anciano alabó a Dios, el sanador alabó a Dios, la audiencia alabó a Dios, y el anciano regresó a su cabaña pobremente iluminada, y ni siquiera *pudo encontrar* su Biblia, porque le destruyeron sus anteojos. El hombre regresó al sanador, pero se le dijo lo más descorazonador que un hombre piadoso jamás podría oír: «No tuviste suficiente fe, porque de haberla tenido, la sanidad hubiese sido permanente.»[9]

## HAY AYUDA A SU ALCANCE

Si comprender cómo obra Dios hoy es así de complejo, ¿cómo puede un cristiano sincero saber alguna vez con seguridad qué aceptar y qué rechazar? ¿Cómo puede un creyente evitar el abuso y bochorno sufridos por el querido anciano? Primero, debe conocer un poco a los maestros bíblicos prominentes y altamente visi-

---

9. C. Evertt Koop, "Faith-Healing and the Sovereignty of God" en Michael Horton, ed., *The Agony of Deceit*, (Chicago: Moody Press, 1990), pp. 179-180.

bles, y sus enseñanzas. Hank Hanegraaff, que escribió *Cristianismo en crisis,* nos ayudó mucho al analizar el Movimiento de Fe de nuestros días.[10] Gran parte del error que se enseña respecto a la sanidad divina procede de este movimiento.

La segunda manera de conocer las verdades respecto a la sanidad divina es aprender la verdad de las Escrituras mismas. En cierto sentido, *La promesa de sanidad* complementa a *Cristianismo en crisis,* al enfocar primariamente las Escrituras. Este libro ayuda a desarrollar un modelo y una teología bíblicas respecto a la sanidad. Al poseer tanto un conocimiento de los falsos maestros como de sus falsas enseñanzas, junto con el conocimiento de la verdad, todo cristiano sincero debe estar bien equipado para discernir.

Un creciente número de pastores están cada vez más alarmados por la vasta cantidad de enseñanza falsa sobre la sanidad divina que se da a conocer a través de cintas grabadas, la radio, la televisión, y las publicaciones cristianas. Nos hacemos eco de los sentimientos de Pablo, quien temía por los corintios hace casi dos milenios:

> Porque os celo con celo de Dios; pues os he desposado con un solo esposo, para presentaros como una virgen pura a Cristo. Pero temo que como la serpiente con su astucia engañó a Eva, vuestros sentidos sean de alguna manera extraviados de la sincera fidelidad a Cristo (2 Co. 11:2, 3).

Un pastor muy conocido expresa bien el sentimiento de todos los que tememos por el bien del rebaño de Cristo, la Iglesia:

> He tenido el privilegio de guiar a Cristo a algunos de nuestro rebaño introduciéndolos al gozo de conocer a Dios y de andar con Él, y mi corazón está ligado a ellos en su crecimiento espiritual. Pero concuerdo con Pablo: *Temo por muchos de ellos.* El pensamiento de que se descarríen me preocupa demasiado. No conozco ningún pastor que merezca llamarse así que no batalle con el mismo temor, es decir, que las mentes de sus feligreses «sean de alguna manera extraviadas de la sincera fidelidad a Cristo». Aun normalmente no soy ansioso, me preocupo un poco más respecto a lo que las personas hacen con su dolor, su quebrantamiento, y en especial con su necesidad de alivio. ¿Por qué? Porque hay tantas

---

10. Hank Hanegraaff, *Cristianismo en crisis* (Miami: Editorial Unilit, 1993).

respuestas no bíblicas y erróneas que se ofrecen, y que sólo pueden engañar, desilusionar, perturbar ... y traer mayor confusión.[11]

¿Sana Dios hoy? ¡Sin duda alguna! ¿Cómo? ¿De qué maneras? ¿A quién cura? Continúe leyendo para obtener una explicación bíblica.

11. Charles R. Swindoll, *Más cerca de la llama* (Miami: Editorial Betania, 1994), p. 172.

Segunda parte
# Sanidad por fe

# 2

# *Confusión contemporánea*

L arry y Alice Parker querían lo mejor de Dios para los seis miembros de su familia. Pero su hijo mayor sufría de diabetes y recibía regularmente inyecciones de insulina. Cuando Daniel Badilla celebró reuniones especiales en su iglesia de Barstow, California, los Parker «pasaron al frente» con su hijo Wesley, de 11 años. Sinceramente buscaban un milagro de sanidad.

El predicador dictaminó que Wesley estaba curado. En el registro de insulina de Wesley, Larry gozosamente escribió: «¡Alabado sea Dios porque nuestro hijo se ha curado!» Pero el siguiente examen de laboratorio de insulina de Wesley indicó lo contrario. Sin embargo, los Parker confiaron en la sanidad y le echaron la culpa a Satanás por los resultados inesperados del examen de insulina.

Poco después, Wesley empezó a sufrir de las náuseas y severos calambres en el estómago, característicos de un bajo nivel de insulina. Larry y Alice pospusieron el tratamiento médico, y buscaron el continuado poder sanador de Dios mediante la oración. A pesar de su fe sincera, Wesley cayó en coma y murió tres días después. La revista *Newsweek* publicó la tragedia a nivel nacional.[1]

---

1. "The Exorcist," *Newsweek* (10 de septiembre de 1973), p. 31.

## EXPLOSIÓN DE SANIDAD

Durante las últimas tres décadas del siglo XX ha emergido mundialmente un renovado interés en la sanidad, tanto en círculos seculares como cristianos. Muchas circunstancias han hecho que este interés ruja como un poderoso río, interés que tiene el potencial de destrozar las vidas de los que buscan alivio en estas «aguas sanadoras».

Primero, la explosión de información en tiempos recientes ha recreado la edad del oscurantismo a la inversa. Durante aquellos crueles tiempos de pobreza intelectual, las personas sin educación no poseían suficiente conocimiento como para creer. Hoy, sin embargo, el conocimiento disponible se dobla cada década, y la gente no sabe qué creer.

Segundo, una nueva ola de pensamiento existencialista se ha unido al diluvio de información. La creencia en milagros crea una aceptación creciente de la teología liberal, con todos sus efectos espiritualmente mortíferos. Esta oleada se ha desbordado de las fronteras bíblicas en algunos puntos, y ha inundado el pensamiento de las personas con presunción disfrazada de fe.

El finado Francis Schaeffer explicó tal pensamiento con una percepción extraordinaria:

> Uno también puede ver un paralelo entre los nuevos pentecostales y los liberales. Los teólogos liberales no creen en el contenido o en la verdad religiosa. Son en realidad existencialistas que utilizan una terminología teológica y cristiana.[2]

Tercero, el «cristianismo de la experiencia» es el juez final de la verdad hoy.[3] Esta manera de pensar se puede hallar en muchos grupos de toda edad y organizaciones denominacionales, y el denominador común que los une es la *experiencia*. Según este punto de vista, la realidad de Dios no puede expresarse aparte de la experiencia, y la experiencia puede invalidar la enseñanza bíblica.

Cuarto, la enfermedad en nuestra sociedad es rampante. Una publicación popular informó que la industria del cuidado de la salud cobró aumentos récord en los pagos de los servicios médicos durante la última década. Esto ha obligado a los Estados Uni-

---

2. Francis Schaeffer, *The New Super Spirituality* (Downers Grove, IL: InterVarsity Press, 1972), p. 16.

3. David F. Wells, *No Place for Truth* (Grand Rapids: Eerdmans, 1993), es una obra clásica sobre este tema.

dos a considerar la adopción de un plan de cuidado de salud dirigido por el gobierno.

Cada año la profesión médica hace avances fenomenales en la guerra sin cuartel contra las enfermedades. Sin embargo, nuestra sociedad, cada vez más enferma, inclinada a curas instantáneas, está dispuesta a acudir a quienquiera que pueda ofrecerle el camino más rápido y menos costoso para aliviarse.

Aun cuando varios pentecostales y carismáticos han concentrado una nueva atención en la sanidad divina, no hay dos grupos que concuerden en todo detalle. Sus mensajes frecuentemente incluyen la promesa divina de sanidad completa e inmediata si la persona afectada responde con plena fe. Tal persona, que no tiene esperanza de parte de los médicos y yace desesperanzadamente incapacitada sin la intervención de Dios, se siente irresistiblemente arrastrada hacia esta atractiva perspectiva de última instancia de salud.

El breve recuento que sigue provee una perspectiva histórica importante acerca del fenómeno de la sanidad por fe en los Estados Unidos durante el último siglo.[4]

## EL SIGLO DE LA SANIDAD[5]

Los nombres de F. F. Bosworth,[6] A. J. Gordon, Aimee Semple McPherson, y A. B. Simpson, se destacan entre las personalidades prominentes asociadas con la sanidad en el pasado. Debido a su popularidad se convirtieron en nombres familiares.

---

4. Puesto que la historia de la sanidad no es el tema central de este volumen, dirijo al lector a tres volúmenes escritos por Frank C. Darling: *Biblical Healing* (Boulder: Vista Publications, 1989); *Christian Healing in the Middle Ages and Beyond* (Boulder: Vista Publications, 1990); y *The Restoration of Christian Healing* (Boulder: Vista Publications, 1992). También consúltese Keith M. Bailey, *Divine Healing: The Children's Bread* (Harrisburg: Christian Publications, 1977), pp. 199-210; J. Sidlow Baxter, *Divine Healing of the Body* (Grand Rapids: Zondervan Publishing House, 1979), pp. 20-105; y B. B. Warfield, *Counterfeit Miracles* (Edimburgo: The Banner of Truth Trust, reimpreso 1972), pp. 33-69.

5. Véase Michael G. Moriarity, *The New Charismatics* (Grand Rapids: Zondervan Publishing House, 1992), pp. 20-86, para un buen recuento de este período. También Donald W. Dayton, *Theological Roots of Pentecostalism* (Grand Rapids: Francis Asbury Press, 1987), pp. 115-141, comenta sobre las postrimerías del siglo xix.

6. F. F. Bosworth, *Christ the Healer* (Old Tappan, NJ: Fleming H. Revell, reimpreso 1973). Este volumen apareció originalmente en 1924.

Después de 1940 apareció una nueva generación.[7] Entre los que
promovían la sanidad estaban Allen, Angley, Branham, Hagin,
Kuhlman, Osborn y Roberts. Sus ministerios iban desde hospitales hasta paños de sanidad.

Oral Roberts construyó su «Ciudad de Fe», un impresionante
complejo médico en el plantel de la Universidad de Oral Roberts
en Tulsa, Oklahoma,[8] para preparar estudiantes de medicina, de
odontología y de enfermería. (El centro médico nunca fue termi-
nado y a la larga fue vendido.)

Los sanadores por fe T. L. y Daisy Osborn también operaban
desde Tulsa. La Fundación Osborn envía un pedacito de tela de
arpillera a los lectores de su revista. Los que responden deben
escribir «el milagro especial necesitado de Dios» y enviarlo de
regreso a la fundación junto con la tela. Impreso en el sobre
que se incluye se halla Hechos 19:11, 12: «Y hacía Dios milagros extraordinarios por mano de Pablo, de tal manera que aún
se llevaban a los enfermos los paños o delantales de su cuerpo,
y las enfermedades se iban de ellos, y los espíritus malos salían.» Debajo, los Osborn escriben: «Después de 3 días y 4 no-
ches de ayuno y oración le enviaremos de regreso este mismo
retazo de tela.»

Torrentes de literatura se han escrito para promover la sanidad
por fe. Tales publicaciones circulan ampliamente, y usualmente
contienen toda suerte de promesas y procedimientos.

Por ejemplo, el doctor Hobart Freeman escribió: «Cuando la fe
genuina está presente será suficiente por sí sola, porque tomará el
lugar de la medicina y de otras ayudas.»[9]

William Caldwell hizo una declaración inusitada:

7. Para un repaso de este período, *véase* la concluyente obra de David E.
Harrell, Jr., *All Things Are Possible: The Healing and Charismatic Revivals in
Modern America* (Bloomington: Indiana University Press, 1975).

8. David E. Harrell, Jr., da una crónica de la vida de Oral Roberts hasta
1985 en *Oral Roberts: An American Life* (Bloomington: Indiana University Press,
1985).

9. Hobart Freeman, *Faith* (Claypool, IN: Faith Publications, s.f.), p. 11.
La firme posición del doctor Freeman en contra de los médicos y la medicina y
la consecuente práctica de su congregación con el tiempo causó ochenta y cinco
muertes documentadas en su iglesia. Freeman, ampliamente reconocido en un
tiempo como un respetable erudito del Antiguo Testamento, a la larga murió
después de rehusar recibir tratamiento médico para una enfermedad pulmonar y
del corazón.

Para recibir sanidad, tal vez no sea necesario que lea este libro hasta el final. Más bien, simplemente tome la primera verdad que se aplique a su situación y actúe de acuerdo a ella.[10]

Oral Roberts anunció:

Tengo la sensación de que la sanidad masiva de una audiencia entera está más cerca de lo que pensamos.[11]

## EL PAISAJE CAMBIANTE

Durante la década de 1980 los protagonistas cambiaron radicalmente. Pocos de los sanadores que estuvieron en la mirilla durante el período de 1940 hasta la década de los setenta permanecen hoy. Los diferentes elementos en esta nueva generación desafían la separación por categorías, debido a que sus prácticas en diferentes puntos; no todos pueden considerarse parte de un solo movimiento debido a su variante singularidad.

Sin embargo, por lo menos dos ramas distintas parecen destacarse. Por un lado tenemos los adherentes a una teología de «sanidad y riqueza» que predica un evangelio de prosperidad cuyos resultados vienen a través de una confesión positiva. Los que enseñan este evangelio constituyen lo que comúnmente se llama el Movimiento de Fe. Por el otro lado están los que creen que debe haber «señales y maravillas» en nuestro tiempo debido a que el reino de Dios ya está presente. Los que predican la salud y la riqueza tienden a tener muy poca educación formal en las Escrituras, y afirman que Dios prospera a aquellas personas que muestran suficiente fe. Los que enseñan la idea de señales y maravillas generalmente tienen buena preparación, e invocan la gloria y los propósitos del reino de Dios como la base para la intervención sobrenatural. Los primeros generalmente echan la culpa del fracaso a la falta de fe del hombre: los últimos explican los resultados incoherentes como la voluntad de Dios en el reino presente.

---

10. William Caldwell, *Meet the Healer* (Tulsa, OK: Front Line Evangelism, 1965), p. 5.

11. Oral Roberts, *Seven Divine Aids for Your Health* (Tulsa, OK: Oral Roberts, 1960), p. 35.

Consideremos primero a quienes sostienen una teología de salud y riqueza. Paul Yonggi Cho[12], Morris Cerrullo, Kenneth y Gloria Copeland, Paul y Jan Crouch, Kenneth Hagin, Marilyn Hickey, Robert Tilton, y Benny Hinn se cuentan entre sus representantes más influyentes.[13] Este movimiento se centra primero en el hombre, y luego, subsecuentemente, en que Dios suple las necesidades de la humanidad de salud y riqueza.[14]

El elemento de la confesión positiva del Movimiento de Fe tiene sus orígenes en las sectas.[15] Un estudio cuidadoso de los dos ataques de Satanás contra la integridad de Job —el quitarle su riqueza (Job 1) y el quitarle su salud (Job 2)— destaca la verdadera base de la teología «nómbrelo y reclámelo».[16] Satanás tenía la teoría de que sin salud y sin riqueza Job maldeciría a Dios. Sin embargo, la respuesta justa de Job a Dios demostró que Satanás y el movimiento de salud y riqueza están errados (Job 42:5, 6).

---

12. *Véase* Peter Masters, *The Healing Epidemic* (Londres: The Wakeman Trust, 1988), pp. 21-35. Masters acusa a Cho de incorporar en su ministerio elementos de ocultismo.

13. Para un análisis profundo de este movimiento y sus líderes, *véase* Bruce Barron, *The Health and Wealth Gospel* (Downers Grove, IL: InterVarsity Press, 1987); Gordon D. Fee, *The Disease of the Health and Wealth Gospel* (Costa Mesa: The Word for Today, s. f.); Hank Hanegraaff, *Cristianismo en crisis* (Miami: Editorial Unilit); Michael Horton, ed. *The Agony of Deceit* (Chicago: Moody Press, 1990); Dave Hunt, *Más allá de la seducción* (Grand Rapids: Editorial Portavoz, 1994); John F. MacArthur, Jr., *Los carismáticos* (El Paso: Casa Bautista de Publicaciones, 1994); Douglas Moo, "Divine Healing in the Health and Wealth Movement", *Trinity Journal* (1988), pp. 191-209; Michael G. Moriarity, *The New Charismatics*.

14. Para un análisis teológico sucinto, léase Ken L. Sarles, "A Theological Evaluation of the Prosperity Gospel", *Bibliotheca Sacra* (octubre a diciembre de 1986), pp. 329-352.

15. Una extensa documentación para respaldar la acusación de orígenes sectarios ha sido suministrada por D. R. McConell, *A Different Gospel* (Peabody, MA: Hendrickson Publishers, 1988) y H. Terris Newman, "Cultic Origins of Word-Faith Theology Within the Charismatic Movement" *Pneuma* (primavera, 1990), pp. 32-55.

16. *Véase* Richard Mayhue, "Job: A Righteous Victor" en *A Christian's Survival Guide* (Wheaton, IL: Victor Books, 1987), pp. 120-131.

## LA TERCERA OLA

Al segundo grupo principal se le ha llamado el Movimiento de la Señales y Maravillas[17] o «la Tercera Ola»,[18] o se lo ha identificado con el movimiento Vineyard de John Wimber.[19] Entre algunas de sus personalidades más conocidas están Jack Deere,[20] Wayne Grudem, Kevin Springer, y C. Peter Wagner.[21]

Estas selecciones tomadas del libro *Power Healing,* de John Wimber, nos dan una idea de lo que él cree respecto a la sanidad.

---

17. Este nombre se popularizó al través del Curso MC510 «Señales, Maravillas y Crecimiento de la Iglesia», impartido por C. Peter Wagner, John Wimber, y Charles Kraft a principios de los ochenta. Un número completo de la revista *Christian Life* (octubre, 1982) explicaba este curso nada usual ofrecido por el Seminario Teológico Fuller. Suficientes dudas, preguntas y confusión afloraron acerca del curso, obligando a Fuller a suspender el ofrecimiento continuo del curso a fin de permitir que un panel de representantes de la facultad evaluase el contenido del mismo y considerase las diferentes acusaciones. Las conclusiones escritas por este grupo de trabajo aparecen en Lewis B. Smedes, ed., *Ministry and the Miraculous* (Pasadena: Seminario Teológico Fuller, 1987).

18. C. Peter Wagner acuñó el término «la tercera ola». Con esto quiere indicar que el desbordamiento pentecostal de principios del siglo representaba la «primera ola», seguido de la renovación carismática de las décadas de los sesenta y setenta, que sirvieron de «segunda ola». Ahora viene la «tercera ola» con un respaldo de base amplia, ecuménica para las señales y maravillas. *Véase* C. Peter Wagner, *The Third Wave of the Holy Spirit* (Ann Arbor: Vine Publications, 1988).

19. Hasta hace poco los escritos de Wimber constituían las expresiones bíblicas principales del movimiento. Incluyen a John Wimber y Kevin Springer, *Power Evangelism* (San Francisco: Harper and Row, 1986). Una segunda edición, revisada y ampliada, fue publicada en 1992. También, John Wimber y Kevin Springer, *Power Healing* (San Francisco: Harper and Row, 1987). El intento más ambicioso de apoyar bíblicamente la «teología de la viña» es el de Gary S. Greig y Kevin N. Springer, eds., *The Kingdom and the Power* (Ventura, CA: Regal Books, 1993).

20. *Véase* Jack Deere, *Surprised by the Power of the Spirit* (Grand Rapids: Zondervan Publishing House, 1993).

21. John H. Armstrong, D. A. Carson y James M. Boice han ofrecido evaluaciones del movimiento de señales y maravillas en Michael Horton, *Power Religion* (Chicago: Moody Press, 1992), pp. 61-136; John F. MacArthur, Jr, *Los carismáticos* (El Paso: Casa Bautista de Publicaciones, 1994), pp. 128-151; Thomas D. Pratt, "The Need to Dialogue: A Review of the Debate on the Controversy of Signs, Wonders, Miracles, and Spiritual Warfare Raised in the Literature of the Third Wave Movement", en *Pneuma* (primavera, 1991), pp. 7-32; Ken L. Sarles, "An Appraisal of the Signs and Wonders Movement", *Bibliotheca Sacra,* (enero-marzo de 1988), pp. 57-82. Escuché personalmente a

Historias como la de Naamán no están confinadas a los tiempos bíblicos. Hace varios años, un joven de la Comunidad Cristiana Vineyard de Anaheim estaba en un café, sentado cerca de un anciano caballero que sufría de severa parálisis de las manos. El anciano temblaba tanto que continuamente dejaba caer su alimento al tratar de comerlo. El joven, lleno de compasión, se acercó y le tomó las manos al hombre, y entonces dijo: «Jesús curará eso.» El temblor cesó inmediatamente. Todo mundo en el café se quedó pasmado en silencio. Entonces el joven dijo: «Ahora Jesús sanará su corazón así como ha sanado sus manos.» A los pocos minutos el anciano caballero elevó una oración de arrepentimiento y fe en Cristo.[22]

Hace varios años recibí una llamada de un padre turbado. Sollozaba y a duras penas podía hablar. «Mi bebé está aquí en el hospital —dijo— y tienen tubos y máquinas conectados por todo el cuerpo. Los médicos dicen que no sobrevivirá la noche. ¿Podría usted venir?» Le dije que iría al hospital. Después de colgar el teléfono oré: «Señor, ¿estás tú llamando a esta bebé a tu presencia en este momento?» Sentí que Dios decía que no. Me fui al hospital con el conocimiento de que era un representante de Cristo, un mensajero con un don para esa nenita.

Cuando entré en la habitación de la niña percibí la muerte, de modo que quedamente dije: «Muerte, sal de aquí.» Salió, y la atmósfera entera de la habitación cambió, como si un peso hubiera sido quitado. Entonces me acerqué y empecé a orar por la niña. Después de tan solo unos pocos minutos supe que ella iba a sanarse, y lo supo su padre también. La esperanza asomó a sus ojos. «Ella se va a poner bien» —dijo. «Lo sé.» A los veinte minutos ya había mejorado mucho; varios días más tarde fue dada de alta, completamente sana.[23]

En resumen, levantar a los muertos era un evento dramático e infrecuente en el Nuevo Testamento, pero creo que es posible todavía hoy.[24]

---

John Wimber cuando ofreció la siguiente evaluación del Movimiento de la Viña en las reuniones anuales de la Sociedad Teológica Evangélica celebradas en San Diego, California en noviembre de 1989. Expresan la evaluación de Wimber sobre el movimiento hasta 1989: «Nuestro pensamiento no es muy maduro; no estamos reflexionando mucho; no estamos siendo muy objetivos; no somos sofisticados....»

22. John Wimber y Kevin Springer, *Power Healing*, p. 137.
23. *Ibid.*, p. 162.
24. *Ibid.*, p. 166.

## BENNY HINN

Nadie que esté involucrado en el ministerio de sanidad hoy se aproxima a la popularidad y reconocimiento que se concede a Benny Hinn.[25] Sus libros recientes han sido éxitos de librería; también aparece como invitado regular en la Trinity Broadcasting Network [Red de Televisión Trinidad]. Hinn aduce que él comenzó donde Kathryn Kuhlmann terminó.[26]

Debido a su influencia extraordinaria y ampliamente difundida, y debido a que él ha intentado definir una teología de sanidad en el libro *Señor, necesito un milagro,* es particularmente importante que examinemos lo que enseña Benny Hinn. Este breve análisis comparará lo que cree Hinn acerca de la sanidad con lo que enseñan las Escrituras. Usted podrá entonces sacar sus propias conclusiones respecto a la credibilidad de la enseñanza de Hinn (*véase* Hch. 17:11).

1. Benny Hinn no ora: «Señor, hágase tu voluntad.»[27] Jesucristo sí lo hizo (Lc. 22:42).
2. Hinn cree que Dios siempre tiene la intención de que los creyentes sean sanados.[28] En contraste, la Biblia enseña que algunos de los más grandes santos sufrieron de enfermedades físicas de las cuales nunca se curaron, incluyendo a Jacob y a Pablo.
3. Hinn enseña que los creyentes deben ordenar a Dios que cure.[29] La Biblia enseña que debemos pedir (1 Jn. 5:14, 15).
4. Hinn sugiere que la sanidad milagrosa de parte de Dios es gradual.[30] La sanidad que realizó Cristo y los apóstoles fue instantánea.
5. Hinn enseña que la fe de parte de la persona enferma es esencial para la sanidad.[31] Lázaro y la hija de Jairo no pudieron haber ejercido ninguna fe cuando fueron levantados de entre los muertos.

---

25. Para un resumen bien documentado del ministerio y enseñanzas de Hinn, léase Hank Hanegraaf, *Cristianismo en crisis* (Miami: Editorial Unilit), pp. 32, 362-369.

26. Benny Hinn, *La unción* (Miami: Editorial Unilit, 1992), pp. 59-62.

27. Benny Hinn, *Lord, I Need a Miracle* (Nashville: Thomas Nelson Publishers, 1993), p. 63. Hay traducción castellana titulada *Señor, necesito un milagro,* de Editorial Caribe.

28. *Ibid.*

29. *Ibid.,* pp. 74-75.

30. *Ibid.,* pp. 79, 81, 83-84.

31. *Ibid.,* pp. 85-87.

6. Hinn escribe que debemos hacer nuestra parte antes de que Dios pueda sanar.[32] La Biblia enseña que Dios es soberano.
7. Hinn cree que los cristianos no deben enfermarse.[33] La Biblia enseña que los cristianos pueden enfermarse y que todos a la larga morirán.
8. Benny Hinn implica que una persona puede perder su sanidad y que la persona curada debe hacer ciertas cosas para que la sanidad continúe.[34] En ninguna parte de la Biblia hallamos tal enseñanza.

Asombrosamente, Hinn no sólo contradice las Escrituras respecto al tema de la sanidad, sino que también se contradice a sí mismo. Escribió en 1992:

> Esto me hace recordar un día, hace años, cuando oí a Kathryn Kuhlman profetizar, de una forma que sólo ella podía hacerlo, que vendría el día, antes de la venida del Señor, en que el poder de Dios se manifestaría de tal manera que todos serían sanados. «No habrá un santo enfermo en todo el pueblo de Dios», declaró.
>
> Con su dramatismo de costumbre, apuntando con un dedo y la otra mano en la cadera, preguntó: «¿Pudiera ser hoy?»
>
> Claro, ella nunca lo vio venir, pero vendrá. El Espíritu Santo me ha convencido de ello.[35]

Posteriormente, en una entrevista en 1993 la revista *Charisma* le preguntó a Hinn: «Usted ha mencionado otros cambios en su teología. ¿Ha cambiado usted su punto de vista sobre la sanidad?» Compare su repuesta de 1993 a lo que supuestamente el Espíritu Santo le dijo en 1992:

> Huldah Buntain, misionera en la India, estuvo en nuestra iglesia recientemente y habló sobre cómo murió su esposo Mark. La historia me partió el corazón, porque me di cuenta de que algunos de los santos más grandes de la tierra se enferman.
>
> Jacob cojeaba al andar. Eliseo murió de una enfermedad, aun cuando el poder de Dios permaneció en sus huesos. Incluso el apóstol Pablo tenía una enfermedad, aun cuando no estamos seguros de qué era. ¿Por qué Dios no los sanó?

32. *Ibid.*, pp. 58-62.
33. *Ibid.*, pp. 67, 72.
34. *Ibid.*, pp. 100-102.
35. Benny Hinn, *La unción*, p. 148.

¿Sabe una cosa? Mi padre murió de cáncer. Tristemente, en el pasado he afirmado públicamente: Si mi padre hubiera sabido entonces lo que yo sé ahora, no hubiera muerto. ¡Qué cruel! No voy a volver a decir eso con respecto a nadie.

Sin embargo, todavía creo que la sanidad se nos promete a todos nosotros como hijos de Dios. La Palabra de Dios lo dice claramente. El Salmo 103 dice: «Bendice, alma mía, a Jehová, Y no olvides ninguno de sus beneficios. Él es quien perdona todas tus iniquidades, el que sana todas tus dolencias.»

De modo que creo con todo mi corazón que la sanidad es parte de nuestra herencia como creyentes. Es una provisión del pacto de Dios con nosotros. Pero ahora he llegado a percatarme de que Dios es soberano, y que hay cosas que simplemente no entiendo.[36]

O bien el Espíritu Santo habló correctamente en 1992 y Hinn decidió corregir al Espíritu en 1993, o el Espíritu no dijo lo que Hinn afirmó en 1992 y Hinn tuvo que tratar de reparar los efectos dañinos de su afirmación en 1993.

## NUESTRO DESAFÍO

La comunidad cristiana debe hacerle frente al hecho de que es extremadamente raro cuando lo que se dice ser sanidad encaja con el modelo bíblico. Cuando Dios sanó milagrosamente por medio de los profetas, Cristo, o los apóstoles, las siguientes cualidades, entre otras, caracterizaron la sanidad:

1. Fue inmediata.
2. Fue pública.
3. Tuvo lugar en ocasiones ordinarias, no planeadas.
4. Incluyó enfermedades que la comunidad médica no podía tratar.
5. Fue completa e irreversible.
6. Fue innegable, incluso para los detractores.

Si llevamos la sanidad contemporánea un paso más adelante, nos damos cuenta de que la mayoría de las sanidades de hoy se diferencian muy poco de las sanidades de las sectas y otras religiones mundiales. John MacArthur utiliza este argumento.

---

36. Stephen Strang, "Benny Hinn Speaks Out", *Charisma* (agosto de 1993), p. 28.

El don de sanidad ... han pretendido tenerlo, a través de los siglos, cristianos y paganos por igual. Históricamente, la Iglesia Católica Romana ha llevado la delantera al pretender tener el poder para sanar. Se han jactado de sanar gente con reliquias de santos, o fragmentos de la cruz. Lourdes, una capilla católica en Francia, supuestamente ha sido el sitio de incontables sanidades milagrosas. Medjugorje, en [lo que era] Yugoslavia, ha atraído más de quince millones de personas en menos de una década. Vienen en busca de un milagro o sanidad de una aparición de la Virgen María, que supuestamente se apareció a seis niños allí en 1981.

Los sanadores síquicos orientales dicen que pueden hacer «cirugía sin sangre». Ondean sus manos por encima de los órganos afligidos y dicen encantamientos. Supuestamente la gente es curada.

Los médicos brujos y los shamanes hasta alegan que resucitan muertos. Los ocultistas usan magia negra para efectuar prodigios mentirosos en las artes de sanidad. Mary Baker Eddy, fundadora de la Ciencia Cristiana, alegaba que había sanado gente mediante la telepatía. Satanás siempre ha retenido a la gente en su dominio por medio de sanidades falsas.[37]

Si las sanidades contemporáneas se parecen muy poco a las de las Escrituras y son muy parecidas a las de las religiones falsas, debe haber otra explicación para estas experiencias, aparte del poder de Dios. ¿Son estos ministerios de Dios o del hombre? Charles Swindoll responde por nosotros a la pregunta.

Ahora, la cuestión crítica: ¿Creo yo que Dios ha concedido sus poderes de sanidad a unos pocos «individuos ungidos» que afirman efectuar sanidades divinas? En forma contundente e inequívoca digo: No, no creo eso. En realidad, creo que ni siquiera he ministrado a personas más desilusionadas que aquellas a quienes algún llamado «sanador» les prometió sanidad y no la recibieron.

---

37. John F. MacArthur, hijo, *Los carismáticos*, p. 204. Es interesante notar que Frank Darling, en *The Restoration of Christian Healing*, incluye a Mary Baker Eddy (Iglesia de la Ciencia Cristiana), Charles y Myrtle Fillmore (Unity School of Christianity), Ernest Holmes (Iglesia de la Ciencia Religiosa), y a la Iglesia Católica Romana junto con otros ministerios de sanidad cristiana. Esto recalca adicionalmente el punto de que los ministerios contemporáneos de sanidad no pueden ser distintivamente bíblicos en sus sanidades, o de otra manera no serían semejantes o no se los asociaría con sanidades supuestamente realizadas por las sectas o religiones falsas.

En estos días de resurgencia de los llamados sanadores divinos, mis convicciones tal vez no representen una posición popular. Soy consciente de ello. Sin embargo, de ninguna manera esto quiere decir que no crea que Dios tiene el poder para sanar ... y que, en ocasiones únicas, lo haga. Lo creo con todo mi corazón. El problema surge cuando se enfoca la atención en una persona que afirma tener poderes sanadores, o en la serie de sucesos emocionalmente aplastantes que rodean los llamados cultos de sanidad. Si aquellos «sanadores divinos» son auténticos y «ungidos» obradores de milagros de Dios, ¿por qué no los veo ir de piso en piso por los hospitales y las salas de emergencia? ¿Por qué no demuestran allí la verdad de su ministerio ... humildemente ... sin obstrucciones ... gratis? Entonces tendría razón para creer que son siervos del Dios viviente en cuyas vidas el Espíritu está consistentemente derramando su poder para sanar.[38]

## CONFUSIÓN CONTEMPORÁNEA

Después de examinar lo que se enseña y se ha escrito en nombre del cristianismo, podemos ver por qué hay en la Iglesia un estado de confusión respecto a la sanidad. Preguntas como éstas dejan perpleja a muchas personas: ¿Es real? Si no es real, ¿cómo se explican algunas de las que parecen ser sanidades? ¿Cómo funciona? Si funciona, ¿por qué ignorar o negar algo bueno? ¿Cuál es la razón para la súbita aparición y aumento de la sanidad si siempre fue posible? ¿Es bíblica? ¿Por qué me enfermo? ¿Debo dejar de tomar medicinas? ¿Por qué no me he curado? ¿Por qué algunos de los líderes del movimiento de sanidad se enferman? ¿Por qué se mueren todas las personas en el movimiento de sanidad? ¿Cuál oferta de sanidad es bíblicamente válida?

Tal vez usted mismo se ha hecho algunas de estas preguntas. Sin duda muchas de estas mismas cuestiones hicieron agonizar los corazones de Larry y Alice Parker. Cuando las vidas de las personas corren peligro, debemos tener la segura Palabra de Dios, no las teorías o supuestas experiencias de los hombres. Recuerde, aun cuando Larry y Alice habían puesto en Dios su plena fe, Wesley de todas maneras murió.

Un abogado de Indiana me hizo partícipe de esta carta que recibió de Larry Parker. Habían pasado años desde la muerte de Wesley. Durante ese tiempo, Larry luchó buscando la ver-

---

38. Charles R. Swindoll, *Más cerca de la llama* (Miami: Editorial Betania, 1994), p. 187.

dad, y la halló solamente cuando buscó todo el consejo bíblico. Escribió:

> Escribo esta carta con la esperanza y oración de que de alguna manera pueda hacerle partícipe de una lección que he aprendido a gran costo. Es solamente por la gracia de Dios, y el amor que nunca falla y que todo lo abarca de Jesucristo nuestro Señor, que mi esposa y yo hemos podido salir adelante en esta prueba....
>
> Queríamos ver a nuestro hijo curado, pero lo hicimos por el camino equivocado. Fue durante nuestro juicio por homicidio involuntario y abuso infantil criminal que mi esposa sintió que podía decirme lo que el Señor le había mostrado. Me dijo que nuestro amor, debido a que era incompleto, le falló a Wesley, y que la Palabra de Dios dice: «El amor nunca deja de ser» (1 Co. 13:8).
>
> Supe entonces que habíamos permitido que lo que pensábamos que era fe nos hiciera olvidarnos de amar. Al orar por Wesley y verle en obvio dolor, nuestro amor por él quería darle la insulina que sabíamos que detendría su sufrimiento. Sin embargo, sentíamos que eso sería una falta de fe, y que invalidaría su curación. Aprendimos que nuestras acciones fueron contrarias a lo que las Escrituras dicen. La Palabra de Dios dice que el amor es mayor que la fe (1 Co. 13:13).
>
> El problema yace en el hecho de que confundimos la fe con el creer. Pensamos que si creíamos lo suficiente, la sanidad tendría lugar. Ligamos la sanidad con alguna capacidad de nuestra parte de creer lo suficiente, i.e., tener suficiente fe.
>
> Privar de la medicina, especialmente de aquella que puede preservar la vida, es un acto muy presuntuoso de nuestra parte que en realidad obstaculiza la obra del Espíritu de Dios.
>
> Mi oración es que usted considere estos pensamientos en su debida dimensión, porque brotan a un precio incomprensible que nadie pagaría voluntariamente.[39]

Me conmovió profundamente la honradez de Larry, para no mencionar el intensísimo dolor que sufrió él. La cuestión no podría ser más real, porque las vidas de seres queridos están en juego. Dios puede sanar, lo ha hecho y lo hace, pero siempre de acuerdo

---

39. Larry y Alice Parker han publicado su historia en *We Let Our Son Die* (Irvine, CA: Harvest House Publisheres, 1980). Larry ha dado permiso para citar esta carta. Al hacerlo, los Parker no están apoyando todas las conclusiones a que se llega en este volumen.

a sus propios propósitos, a su manera, y a su tiempo. No podemos forzar a Dios a sanar, ni tampoco podemos humanamente manufacturar una experiencia de sanidad genuina.

Trágicamente, nuestro mundo ofrece falsificaciones muy convincentes de lo real. Más trágico todavía es que en nuestra ansiedad por ver a Dios obrar, como cristianos algunas veces acudimos en masa a cualquiera que habla de una sanidad milagrosa. Al hacerlo así trivializamos la sanidad divina genuina; aceptamos las ilusiones engañosas del hombre en lugar de la intervención divina de Dios.

# 3

# ¿Son genuinos los sanadores por fe?

André Kole, considerado como uno de los más prominentes magos e ilusionistas en el mundo de hoy, se ha presentado en más países de todo el mundo que cualquier otro ilusionista en la historia. Para fines de 1993, personas en setenta y seis países habían presenciado sus asombrosos actos de ilusionismo. También se le considera uno de los tres inventores más destacados de efectos mágicos; cada uno de los siete ilusionistas más destacados del mundo de hoy ha puesto en escena alguna de sus creaciones.

André Kole es también el autor de *Miracles or Magic?* [¿Milagros o magia?]. Este fascinante libro revela la diferencia entre el poder divino y la magia hecha por el hombre. Más importante todavía es que Kole es un cristiano consagrado que por más de treinta años ha usado su talento para proclamar la realidad de Jesucristo ante millones de personas mediante su ministerio con Campus Crusade for Christ International.

Uno de los intereses especiales de Kole ha sido estudiar las técnicas que usan los sanadores por fe que utilizan ilusiones para hacer que el público piense que está presenciando sanidades milagrosas. Por esta razón, y con este énfasis, pedí a André que escribiera este singular capítulo.

## ¿ILUSIÓN O REALIDAD?

Hace años, como mago profesional y escéptico, me vi retado a investigar los milagros de Cristo desde la perspectiva de un mago o ilusionista. En esos días me enorgullecía grandemente del hecho de que ningún otro mago jamás me había engañado, de modo que no tenía intención de dejarme engañar por ningún embaucador del primer siglo, si acaso era eso todo lo que Jesús había sido. Durante los meses que siguieron a aquel desafío realicé esa investigación; y después de eliminar toda posibilidad del uso de alguna forma de ilusionismo, hipnosis o algún otro medio de hacer trucos, llegué al punto en donde tuve que estar de acuerdo con el gran líder religioso Nicodemo, quien, en el tercer capítulo del Evangelio de Juan le dijo a Jesús: «Nadie podría hacer las señales milagrosas que tú haces si Dios no estuviera con él» (v. 2, NVI). Como Nicodemo, yo no podía seguir cuestionando la autenticidad de Jesucristo.

Como mago e ilusionista, descubrí que Jesucristo no es ilusión; más bien, es una realidad, y es posible conocerle en una manera personal. También descubrí que es Alguien que hace que la vida valga la pena.

Desde que hice este descubrimiento hace más de treinta años, he dedicado la mayor parte de mi tiempo a viajar por todo el mundo actuando y compartiendo mi fe personal en Cristo, y ayudando a las personas a discernir la diferencia entre ilusión y realidad.

Como ilusionista-mago, defino el arte de la ilusión/magia como «el uso de medios naturales para crear un efecto sobrenatural». Nada sobrenatural tiene lugar; es solamente la ilusión de lo sobrenatural. Sería bueno tener presente esta definición cada vez que se usa el término «mágico» o «ilusión» en este capítulo. Uno puede preguntarse qué tiene que ver esta clase de magia (ilusión) con el cristianismo y la sanidad física, y por qué se me ha invitado a escribir este capítulo. El hecho es que gran parte de lo que parece acontecer en muchos cultos de sanidad por fe hoy no es sanidad divina, sino trucos ilusionistas. A menudo lo que la gente ve y piensa que es sobrenatural es simplemente la ilusión de lo sobrenatural.

Uno de los problemas que encontré al discutir si la sanidad por fe y otros fenómenos son reales o fraudulentos es que la mayoría de las personas subestima lo que se puede lograr por medio de trucos. Mi propia carrera de inventor puede ser una buena ilustración de esto. Por muchos años he creado ilusiones para el más grande mago del mundo, David Cooperfield. He colaborado con él para lograr trucos como levitar sobre el Gran Cañón, despojarse visiblemente de las cualidades materiales atravesando la Gran Muralla China, hacer que desaparezca la auténtica Estatua de la Libertad, y hacer que un vagón de pasajeros del Expreso Oriental, que pesa 80.000 libras [36.200 kilos], se eleve y desaparezca en medio del aire. Algunos de mis logros más recientes han incluido diseñar maneras de hacer que las Pirámides de Egipto parezcan desvanecerse, y que el Monumento a Washington parezca elevarse a una altura suficiente como para que una fila de personas tomadas de la mano caminen de un lado a otro por debajo del monumento. Increíble como puedan sonar estas ilusiones, recuerde que no hay nada sobrenatural en ello. Podría explicarle a cualquiera cómo logramos estas ilusiones, y en cuestión de minutos la persona podría comprender cómo lo hacemos.

Es fácil que científicos, teólogos, y la mayoría de personas sean engañados por un ilusionista, porque no piensan como un ilusionista, y no comprenden toda la psicología y los trucos que usamos para engañar al público. Al mismo tiempo, es difícil para la mayoría de las personas creer que el engaño y las ilusiones pueden desempeñar algún papel en los cultos religiosos de sanidad. Muchos cristianos sencillamente no pueden creer que alguien descendería tan bajo como para usar trucos y engaños en lo que se presenta como una cruzada sagrada religiosa de sanidad.

## EL GRAN ACTO DE SANIDAD POR FE

Todos nosotros, seamos cristianos o no, tenemos una curiosidad y un deseo de ver y experimentar lo sobrenatural. Queremos creer que lo que estamos viendo es real, y por consiguiente bajamos la guardia del discernimiento espiritual.

El hecho es que cuando alguna cosa, sin que importe cuán ridícula o increíble sea, se la presenta en una manera seria y sagrada, en una atmósfera en donde la honradez se da por sentado, incluso la persona más inteligente y con mayor discernimiento puede ser embaucada por una ágil demostración de prestidigitación, trucos y engaño.

En años recientes muchos de los métodos más evidentes usados por los sanadores por fe han sido expuestos en libros, programas televisios de investigación, e incluso películas tales como la cinta de Steve Martin *Leap of Faith* [Salto de fe]. Los métodos que se presentan en la película son exactos y se basan en algunas de las técnicas expuestas por James Randi, por mí mismo, y por algunos más.

En 1987, James Randi escribió su libro *The Faith Healers* [Los sanadores por fe], que expuso los trucos usados por los más prominentes sanadores por fe en los años recientes.[1] James Randi es un mago profesional a quien he conocido por más de treinta años. Es la única persona que conozco que ha invertido más tiempo que yo investigando y exponiendo los trucos usados por los sanadores por fe.

Aun cuando Randi afirma ser ateo, yo tendría que decir que por lo menos es un ateo honrado en lo que respecta a su investigación y reportajes acerca de los sanadores por fe. Debido al reconocimiento de que gozo en la profesión de los magos, me ha demostrado gran respeto, y ha expresado la opinión de que soy uno de los pocos cristianos que ha conocido que tiene algo de integridad. Es más, durante la preparación de su libro se puso en contacto conmigo pidiendo mi consejo desde la perspectiva cristiana. Opino que fue un esfuerzo sincero de su parte para separar su prejuicio no cristiano del reportaje de los hechos del fraude y engaño que ambos sabíamos que era cierto.

Veamos ahora algunas de las técnicas «mágicas» engañosas usadas por los supuestos sanadores por fe. Algunas son crudas en su metodología, mientras que otras son extremadamente elaboradas. En los próximos párrafos describiré los métodos que descansan en lo que llamo «trucos»; y luego de describir estas técnicas, presentaré los métodos mucho más sutiles que permean muchas de las «sanidades» que se supuestamente ocurren hoy.

### ILUSIONES DE SANIDAD

*La palabra de conocimiento.* Algunos sanadores aducen que se les ha dado un conocimiento sobrenatural respecto a algunas personas en el público. Este conocimiento puede incluir números de teléfonos, direcciones, nombres, y enfermedades. Desafortunadamente para los tres predicadores televisivos a quienes Randi investigó, la investigación cuidadosa demostró que los tres usaban a sus esposas u «hombres de avanzada» para recorrer el auditorio antes de la reunión y compilar información respecto a las personas, bajo el pretexto de una conversación casual. Durante esos momentos se reunían los datos respecto a nombres, enfermedades, descripciones físicas de las personas y la ubicación de sus asientos. En otras ocasiones se pasaban «tarjetas de oración», de modo que los asistentes pudieran escribir sus nombres y peticiones de

---

1. James Randi, *The Faith Healers* (Buffalo: Prometheus Books, 1987).

oración. Se recogían estas tarjetas y se usaba la información durante la porción «palabra de conocimiento» del programa.

A Peter Popoff lo desenmascararon en *The Tonight Show* [El espectáculo de esta noche] por recibir información de parte de su esposa mediante un pequeño radio receptor que llevaba en la oreja. Ella simplemente recogía la información de las tarjetas de oración, y la trasmitía por medio de un transmisor desde un estudio móvil de televisión fuera del edificio.

*Alargamiento de la pierna.* Este truco ha sido usado extensamente por varios sanadores a través de los años; y como ha mostrado Randi, se hace sencillamente con una combinación de dos técnicas. Primero, se trae al escenario a la persona con la «pierna corta» y se la sienta en una silla de cara a uno de los lados del escenario, aunque ligeramente inclinada hacia el auditorio. Cuando el «sanador» estira las piernas de la persona horizontalmente, saca un poco el zapato del pie que está más distante del público, dando la ilusión de que la pierna más cercana al auditorio es más corta. Al mismo tiempo se empujan las piernas alejándolas un poco del público. Puesto que se empujan las piernas pero el resto del cuerpo permanece en la misma dirección que estaba, la pierna más cercana al público da la apariencia de ser más corta que la otra. Para realizar el alargamiento «milagroso», el «sanador» sencillamente empuja el zapato flojo de nuevo a su posición y manipula las piernas de modo que queden alineadas al mismo largo.

*La patraña de la silla de ruedas.* La «sanidad» de alguien confinado a una silla de ruedas puede traer vítores de parte del público, como lo presencié en una campaña de sanidad a la que asistí en Phoenix hace unos pocos años. Mientras los miembros del grupo evangelizador ministraban a una mujer de la que se decía que padecía de cáncer en los pulmones y en el hígado, ella se levantó de su silla de ruedas y dio varias vueltas por la plataforma ante los vivas y el aplauso de los otros asistentes. A ojos de todos parecía que había tenido lugar una dramática sanidad. Pero, ¿era realidad o solamente una ilusión?

Después de la convención, el editor religioso de un periódico local dio seguimiento esta supuesta sanidad. Averiguó que esta mujer «sanada» podía caminar sin la silla de ruedas antes de la «sanidad». Aun cuando había planeado no usar la silla de ruedas para nada después de la reunión, en una entrevista de seguimiento pocos días después se verificó que seguía usándola, a pesar de que ella mencionó que la usaba «muy rara vez». Pocos meses más tarde, mi oficina intentó seguir la historia de esta mujer para ver cuán exitosa había sido su sanidad. La carta que le enviamos nos fue devuelta con el sello de «fallecida» estampado en el sobre.

Otra patraña no tan sutil de la silla de ruedas ha sido usada por W. V. Grant y otros. Durante las reuniones de Grant, la persona «curada» salta de su silla y empuja a Grant en ella por la plataforma. Una vez más preguntamos: «¿Es esto ilusión o realidad?» Entrevistas con los que fueron «sanados» de esta manera han demostrado que las sillas de ruedas les fueron asignadas en la reunión. En otras palabras, estas personas habían llegado caminando con sus propias piernas, y ¡algunos jamás habían usado una silla de ruedas en su vida!

Veamos ahora a algunos de los diferentes métodos que funcionan psicológicamente y no con trucos como transmisores y receptores.

## ✳ EL FENÓMENO DE BENNY HINN ✳

En 1990 y 1991, muchas personas que sabían de mi investigación empezaron a hacerme preguntas respecto a Benny Hinn.

El espectáculo de sanidad por fe que Benny Hinn y muchos otros han presentado a través de los años es básicamente un acto de ilusión. En este acto se crea una ilusión para dar la apariencia de que docenas, o inclusive cientos, de personas son sanadas instantánea y milagrosamente por Dios justo ante los ojos de miles de personas que asisten a estas Cruzadas Milagrosas y de los millones que las ven por televisión. La verdad es que aparte de ciertas enfermedades psicosomáticas que responderían a las sugerencias del sanador por fe, muy pocas personas, cristianas o no cristianas, son jamás sanadas de alguna cosa. Hablaremos sobre este acto de sanidad por fe en un momento.

Una parte de lo que Benny Hinn hace parece maravilloso y al parecer honra al Señor. Hay también muchas personas que afirman que llegaron a Cristo en respuesta a la parte evangelizadora del programa de Hinn. Es también un hecho que muchas personas se sienten mejor y genuinamente reciben ayuda, aun cuando no son sanadas. Un ayudante de uno de los más conocidos sanadores por fe de nuestro tiempo me confió una vez que «aun cuando nadie jamás ha sido curado de algún problema físico, él [el sanador por fe] no obstante los hace sentirse mejor y los estimula a cosas mejores y más grandes en la vida».

El problema con esta clase de racionalización es que muchas personas enfermas experimentan una culpa y una depresión devastadoras, e incluso intentan suicidarse cuando su sanidad individual *no* se realiza. Se ha creado la cruel ilusión de que «si tienen suficiente fe serán sanados».

Una de las principales razones por las cuales las personas son vulnerables al acto de ilusión de sanidad es que desean tanto escapar del dolor y la enfermedad que están dispuestos a llegar a cualquier extremo para escapar del dolor, cueste lo que cueste. Desafortunadamente, muchas veces la ilusión es más agradable que la realidad. Es por esto que tantas personas se convierten en adictos a las drogas o al alcohol: quieren tratar de escapar de la realidad.

En el drama de Broadway *The Man From La Mancha* [El hombre de La Mancha], el principal personaje afirma: «Cuando la ilusión reina, apabulla toda realidad.» Benny Hinn es una tremenda personalidad, y el desafío más difícil al tratar con una cuestión como ésta es la disposición y la capacidad de separar nuestras emociones y sentimientos positivos por la persona de los hechos.

## HAY QUE DESENMASCARAR LA SANIDAD POR FE

Para comprender los hechos y los supuestos resultados de los «espectáculos» de sanidad por fe, es primero esencial comprender la diferencia entre sanidad por fe y sanidad divina. No son iguales. La sanidad por fe la puede hacer cualquiera, cristiano o no. La sanidad divina es algo que solamente Dios puede hacer. Examinemos ambos tipos de sanidad en nuestra búsqueda de la verdad.

Los cristianos tienen dificultades para distinguir entre la sanidad por fe y la sanidad divina debido a que automáticamente se asocia la palabra «fe» con el cristianismo. Sin embargo, la sanidad por fe es un principio universal que funciona independientemente de quién lo use, sea cristiano o no. La fe y confianza en cualquier persona u objeto, o simplemente la fe en la fe sola, es el único criterio para comprender el concepto de sanidad por fe.

### El efecto de placebo

Uno de los principales elementos que hace que resulte el acto de sanidad por fe es el «efecto de placebo». Cuando la medicina era primitiva, los médicos, cuando no sabían qué hacer, con frecuencia recetaban píldoras de azúcar, una solución salina, o agua coloreada. No había ningún valor medicinal en estos artículos, sin embargo muchos pacientes experimentaban alivio después de que se aplicaban la «medicina». Esta forma de tratamiento se llama el «efecto placebo».

Los médicos afirman que un setenta por ciento de todas las enfermedades probablemente podrían curarse con un placebo. El placebo no tiene en sí mismo ningún efecto; funciona sencillamente debido a que la persona espera que funcione: empieza a pensar en términos de recuperación en lugar de enfermedad. El placebo es una ilusión, pero puesto que nuestras vidas están moldeadas por nuestras percepciones, el placebo da resultado. Es el poder de la mente sobre el cuerpo. Pero, como veremos posteriormente, el efecto de placebo funcionará solamente para ciertas enfermedades, y es ineficaz como cura para muchas otras.

A través de la historia, varios objetos, substancias, plantas, alimentos y venenos han sido placebos populares. Al presente muchas personas involucradas en el movimiento de la Nueva Era creen que ciertos cristales tienen el poder de curar diferentes enfermedades. El hecho es que las mismas personas que reciben ayuda al creer en los cristales recibirían igual ayuda si creyesen que un pedazo de goma de mascar tiene el mismo poder de sanidad.

Hace años hice una investigación sobre los sanadores psíquicos de las Filipinas para la revista *Time*. Parecía que estos sanadores podían introducir milagrosamente en el cuerpo, a través de la piel, sus manos desnudas (sin instrumentos) y sacar órganos enfermos. Mis investigaciones revelaron que usaban la agilidad en sus manos para realizar operaciones ficticias usando partes de animales provenientes de gallinas, vacas o cabras. Sin embargo, muchos de los pacientes que creían que las operaciones eran genuinas realmente se curaron. La sanidad, entonces, fue resultado no de las operaciones (las cuales eran ficticias), sino más bien del poderoso efecto psicológico que estas falsas operaciones tenían sobre los pacientes. Los resultados de estas falsas operaciones son buenos ejemplos de cómo funciona el efecto de placebo, el cual a su vez contribuye mucho a lo que parece ser el éxito del acto de sanidad por fe.

La sanidad por fe puede hacerla prácticamente cualquiera, ¡inclusive un gato! Se informa que personas de varios países han viajado a Blackburn, Inglaterra, para visitar a un gato que sana por fe. Docenas de ex víctimas de enfermedades atestiguan del increíble poder de sanidad del gato con sólo tocarlos con las patas. La gente viene buscando alivio para todo, desde el hipo hasta enfermedades del corazón. Leora, la propietaria del gato, afirma: «Es el poder de Dios actuando a través de mi gato.... ¡Dios le ha dado a él el poder para curar!»[2]

---

2. Robert Lee Whitworth, *God Told Me to Tell You* (Green Forest: New Leaf Press, 1989), p. 109.

## El factor autolimitador

Para ser exhaustivos en nuestro estudio de la sanidad por fe, debemos reconocer lo que se llama el «factor autolimitador». Esto consiste en que después de cierto período de tiempo, el cuerpo sencillamente se cura a sí mismo de muchas, o de la mayoría de las enfermedades tales como el resfriado común, el sarampión, las paperas, la viruela y la gripe. Muchas veces estas enfermedades necesitan seguir su curso, pero pueden hacer que la sanidad por fe parezca funcionar conforme la enfermedad cede.

## La técnica psíquica

Además, mis investigaciones de la sanidad por fe por todo el mundo han demostrado que las técnicas psicológicas usadas en los Estados Unidos no son particulares de los cristianos estadounidenses. Los mismos fenómenos de placebo y psicológicos pueden hallarse en todo el mundo. Una evidencia de esto son los engaños de sanidad por fe que investigué durante una visita a Rusia.

Kashpirovsky y Chumak, que no tienen nada que ver con el cristianismo, se han convertido en super estrellas de sanidad psíquica por medio de sus presentaciones en televisión en lo que fue la Unión Soviética. Afirman sanar extremidades rotas, cicatrices, ceguera, e inclusive el SIDA mediante sus poderes sanadores. Sus seguidores ponen tubos de crema facial y jarras de agua frente a sus receptores de televisión. Posteriormente se frotan la crema o beben el agua «energizada» por estos sanadores, y posteriormente se reciben miles de cartas testificando sanidades.

Otro nuevo astro ruso de la sanidad es Gennady Rootzko. Dice que es alumno del monje tibetano Lakh-do quien vivía cerca de San Petersburgo (la ciudad natal de Rootzko), que sabe 16.997 idiomas, que puede leer los pensamientos, que tiene varios contactos con OVNInautas, que es el llamado a «salvar al mundo enfermo», y que puede sanar cualquier enfermedad. En sus programas, Rootzko usualmente hace ciertos gestos con las manos, similares a los ejercicios de Tai-Chi-Chuan, y entona algo que llama «canto tibetano». También utiliza varios placebos y técnicas de hipnotista de escenario que supuestamente hacen que miles de personas «queden libres de sus enfermedades». En las ciudades de San Petersburgo, Riga y Kiev, Rootzko ha reunido un tremendo número de seguidores. El Estadio Republicano de Kiev alojó dos de sus presentaciones con 100.000 asistentes en cada una, y el palacio de los deportes realizó diez programas con 30.000 asistentes a cada evento.

Recuerde, estos «sanadores» están usando las técnicas simplemente hipnóticas y sugestivas de la sanidad *por fe,* no de sanidad *divina.* Estas técnicas funcionan en cualquier parte del mundo, sea que las usen cristianos como Benny Hinn o no cristianos como Rootzko, Kashpirovsky o Chumak. Por esta razón hay que ser cautos para no ver estas sanidades como divinas.

## *Drama y expectativas*

Mucho del supuesto éxito atribuido a la sanidad por fe es debido al precondicionamiento y manipulación de la multitud en preparación para la parte del espectáculo en que se realiza la sanidad. Benny Hinn, por ejemplo, es un artista magistral y maestro de manipulación de la multitud. Como yo mismo he formado parte del mundo del espectáculo la mayor parte de mi vida, siento gran admiración por él en esta área. Él sabe exactamente cómo preparar a su público psicológicamente, lo cual es de vital importancia para el éxito del acto de sanidad por fe.

Es importante notar que probablemente el noventa o noventa y cinco por ciento del público ya ha visto a Hinn por televisión o ha asistido a uno de sus cultos, de modo que ya saben qué esperar y cómo actuar. Todos aquellos con quienes hablé en una de las cruzadas de Benny Hinn habían estado presentes en una o más de sus cruzadas previas. Varios habían estado *en cada una* de las cruzadas. Tres personas acababan de retornar de su cruzada en Israel.

En el ambiente y la atmósfera de las cruzadas, puede considerarse que todo el auditorio es el escenario y cada uno de los asistentes es un actor. Todo el mundo, con muy pocas excepciones, quiere participar en el acto. Es un psicodrama religioso, donde la gente viene a representar sus expectativas.

Podría comparar una cruzada de Hinn a una orquesta y su director. Si usted quiere ser parte de la orquesta, usted sigue al director. Si no quiere tocar la misma música que el director, usted no puede formar parte de su orquesta.

Benny Hinn es el director, y todo el mundo quiere formar parte de su orquesta. Empieza su espectáculo con una música tan hermosa e inspiradora que es inigualable. Luego involucra al auditorio *entero* en el canto, en levantar las manos, aplaudir y cosas por el estilo.

Durante las próximas tres horas, cada fase del espectáculo está diseñada para darle a Benny absoluto control social y de la multitud, hasta el punto de que el público le seguirá la corriente a casi cualquier cosa que él diga o haga. Este es un elemento clave para lograr el «éxito» de los resultados del sanador por fe.

## ⚜ LA PRUEBA DE LA SANIDAD DIVINA ⚜

¿Cómo podemos decir si los resultados de una cruzada de sanidad milagrosa son sanidades divinas o simplemente el resultado psicológico que uno podría esperar de un acto de sanidad por fe? La mejor manera de averiguar esto es examinar los tipos de enfermedades que se curan.

Las enfermedades pueden catalogarse en uno de dos tipos: *funcionales* u *orgánicas*. Para que podamos comprender mejor las diferencias entre las dos, pedí al doctor Eric Chico, médico y colega, que nos diera de una definición simplificada.

Una enfermedad *funcional* es la que está asociada con un cambio en la función de un órgano o tejido del cuerpo, sin daño en el tejido. Una enfermedad *orgánica* es la que está asociada con una cambio demostrable en un órgano o tejido corporal.

Por consiguiente, al tratar con las enfermedades funcionales tales como alta presión arterial, adicciones, síndrome de dolor en la espalda baja y la mayoría de los dolores de cabeza, no hay daño demostrable en los tejidos; sin embargo, el órgano o tejido ciertamente no está funcionando como debiera. En contraste, las enfermedades orgánicas, tales como huesos rotos, parálisis de nervios seccionados, malformaciones congénitas o enfermedades de las arterias coronarias, son evidencias de un claro cambio en el tejido. La ciencia médica puede demostrar esos cambios mediante el uso de los rayos X, estudios de la condición de los nervios....

Los síntomas están, a la verdad, presentes en ambos casos. La diferencia es si hay o no un daño demostrable de tejido. Es la diferencia entre el dolor de un brazo causado por una distensión o una torcedura, y el causado por un hueso roto.

Un punto adicional que necesitamos comprender es que en todas las enfermedades, tanto funcionales como orgánicas, existe un componente emocional. Es este componente emocional el que provoca una respuesta psicológica verdadera tal como se ve en el efecto de placebo. Esta respuesta, junto con el hecho de que muchos síntomas son muy subjetivos, es la causa por la cual los pacientes experimentan una reducción del dolor en un hueso roto, reducción de la insulina requerida en la diabetes, reducción de la frecuencia en el dolor o presión en el pecho en el caso de la enfermedad de las arterias coronarias, etc.

También, en la altamente festiva y emocionalmente cargada atmósfera de los cultos de sanidad por fe, se puede estimular el cerebro para que descargue endorfinas en el sistema nervioso, las cuales, según la ciencia, son supresores del dolor «200 veces más potentes que la morfina». Es por esto que la gente puede honradamente decir que «el dolor desapareció» y sinceramente creer que están curados, hasta que los efectos pasan horas o días más tarde.

Es importante comprender que los síntomas de una enfermedad orgánica, tal como el dolor, pueden aliviarse mediante algunos de los principios psicológicos que hacen que la sanidad por fe dé resultado. Sin embargo, la mera remoción del dolor es muy diferente de la sanidad real de la enfermedad que causa el dolor.

La siguiente es una buena manera de ilustrar la diferencia entre las enfermedades funcionales y orgánicas en términos no médicos: si un computador dice que dos más dos es igual a cinco, lo más probable es que tenga un problema funcional; o sea, fue programado incorrectamente. Sin embargo, si una rata se introduce en el computador, roe algunos de los cables y hace que el computador funcione mal, la causa es un desorden orgánico.

La razón por la que es esencial comprender la diferencia entre la enfermedad funcional y la orgánica es que ésta es la clave para discernir si hay sanidad divina hoy. Tal vez la más importante observación hecha respecto a la sanidad por fe es que nunca ha curado un problema *orgánico,* como un brazo roto. La sanidad por fe es solamente eficaz para traer cierta sanidad a las enfermedades *funcionales.*

La ilusión y el engaño del acto de sanidad por fe, entonces, es la implicación de que *toda* clase de enfermedades se curan milagrosamente. Los resultados limitados que los sanadores por fe tienen respecto a las enfermedades funcionales son los que engañan a la gente y dan aparente credibilidad a la ilusión de que se están realizando milagros divinos. Esta es la mentira que hay que denunciar.

## ¿CUÁLES SANIDADES SON VÁLIDAS?

Muchos sanadores por fe contemporáneos afirman tener millares de casos documentados de sanidades. Sin embargo, puesto que los médicos también afirman tener millares de casos documentados de sanidades, la pregunta real no es cuántos casos hay sino *¿cuál es la verdadera fuente de esas curaciones documentadas?*

A través de mis investigaciones durante los pasados treinta años he descubierto que varias sectas, religiones falsas, brujos, cirujanos psíquicos, y sanadores de la Nueva Era *también* tienen abundancia de lo que llaman casos documentados de curaciones milagrosas. Todos estos llamados casos documentados de sanidad parecen ser tan válidos y convincentes como cualquier caso que los sanadores por fe cristianos han podido presentar.

Pero, ¿satisface alguno de estos casos documentados los criterios bíblicos de una sanidad verdaderamente milagrosa? Categóricamente no. Para calificar verdaderamente como una intervención milagrosa de Dios, la sanidad debe encajar en el modelo que Jesús nos dio para todos los casos de sanidad divina en la Biblia.

Siempre que Jesús sanó a alguien fue 1) instantáneamente, 2) completamente, 3) sin ningún período de recuperación, 4) permanentemente, y 5) aparte de cualquier atención médica que pudiese en alguna manera haber contribuido a la sanidad.

Es también significativo que casi todos los casos de sanidad que se registran en la Biblia, y que se describen con algún detalle, son sanidades *orgánicas*. En cada uno de los tres casos en que hubo un corto tiempo de dilación, la curación total tuvo lugar de todas maneras en cuestión de minutos: no de días, ni semanas, ni años, como dicen los sanadores por fe para justificar la ausencia de una sanidad instantánea y todavía poder llamarla sanidad divina y milagrosa.

Es absolutamente esencial adherirse estrictamente al *modelo bíblico* para la sanidad divina, a fin de distinguir claramente entre una sanidad milagrosa (una que verdaderamente califica como un milagro genuino) y todos los otros casos documentados de las llamadas sanidades milagrosas en el mundo de hoy.

Un médico me dijo que hay cincuenta y tres enfermedades de naturaleza psicosomática. Las cincuenta y tres enfermedades son funcionales, y potencialmente responderían a las técnicas psicológicas de la sanidad por fe. Cuando ocurre tal sanidad, podría parecer que satisface la mayoría, si acaso no todos, los criterios bíblicos asociados con una sanidad divina. Por consiguiente, no podemos decir si la sanidad fue resultado de sanidad por fe o de la intervención divina. Sin embargo, si un desorden orgánico, tal como una pierna rota, se sanara instantánea y completamente sin ninguna atención médica, sería difícil que alguien cuestionase si fue o no una sanidad divina milagrosa. Una pierna rota sencillamente no se puede corregir con una sanidad psicosomática, como la que se obtiene con un placebo.

Entonces, para calificar como caso genuino de sanidad divina, todo lo que se necesita es esto:

1. Documentación médica adecuada para probar que la enfermedad orgánica estaba presente inmediatamente antes de que el milagro tuviese lugar.
2. Documentación médica adecuada para probar que la enfermedad orgánica desapareció inmediatamente después de que el milagro tuvo lugar.

Para tener una evaluación experta e imparcial de los casos que se trajeron a mi atención, varios miembros de la Sociedad Médica Cristiana se ofrecieron voluntariamente para ayudarme, o al menos cooperar para hallar a los expertos médicos apropiados para revisar los casos presentados a la luz de las normas bíblicas antes mencionadas.

### EN BUSCA DE EVIDENCIA

#### Oral Roberts

En 1986, cuando Oral Roberts era el más conocido sanador por fe en los Estados Unidos, el doctor Jon Askew, médico amigo mío que conocía a uno de los directores del hospital de la Ciudad de Fe de Roberts, coordinó una reunión entre nosotros. Volé a Tulsa para ver a Oral Roberts en la Ciudad de Fe, que se halla en el plantel de la Universidad de Oral Roberts. Pasamos varias horas juntos, durante las cuales hablé con él respecto a mis preocupaciones en cuanto a la ilusión de la sanidad por fe. Le pregunté si alguno de sus médicos podría proveer evidencia médica documentada de una enfermedad orgánica sanada milagrosamente mediante el ministerio personal de Roberts. Convocó a los médicos a una reunión y les comunicó mi petición. Ellos indicaron que ninguno tenía documentación afirmando la sanidad milagrosa de alguna enfermedad orgánica. El médico amigo y yo continuamos en contacto a través de los años, pero nadie de la Ciudad de Fe pudo proveer ningún caso que calificara como sanidad divina de una enfermedad orgánica.

#### Kathryn Kuhlman

Junto con Oral Roberts, Kathryn Kuhlman era la más conocida sanadora por fe en los Estados Unidos antes de Benny Hinn. Durante el apogeo de la popularidad de Kuhlman como sanadora por la fe, un médico llamado William A. Nolen dio seguimiento a personas que supuestamente fueron sanadas por ese ministerio de sanidad. El médico tenía un genuino deseo de ver si estaban sucedían milagros reales de sanidad o si eran simplemente el tipo de sanidades que uno esperaría del típico placebo y de los resultados psicológicos de la sanidad por la fe.

El doctor Nolen resumió sus hallazgos en una declaración que me gustaría citar:

> La carencia de sofisticación médica de Kuhlman es un punto crítico. No creo que sea una mentirosa o charlatana, o que sea conscientemente embustera o deshonesta. Pienso que cree que el Espíritu Santo obra por medio de ella para realizar curas milagrosas. Pienso que ella sinceramente cree que los miles de enfermos que vienen a sus reuniones y aducen curación son, mediante sus ministraciones, curados de enfermedades orgánicas. También pienso, y mis investigaciones lo confirman, que ella está equivocada.
>
> El problema es, y lamento que en esto tenga que ser tan despiadado, cuestión de ignorancia. Kathryn Kuhlman no conoce la diferencia entre enfermedades psicogénicas y orgánicas. Aunque ella usa técnicas hipnóticas, no *sabe* nada acerca del hipnotismo y del poder de la sugestión. No sabe nada respecto al sistema nervioso autonómico. O, si sabe algo sobre estas cosas, ciertamente ha aprendido a ocultar su conocimiento.
>
> Hay otra posibilidad: puede ser que Kathryn Kuhlman no *quiera* saber que su obra no es tan milagrosa como parece. Por esta razón se ha adiestrado ella misma a negar, emocional e intelectualmente, cualquier cosa que pudiera amenazar la validez de su ministerio.[3]

## Benny Hinn

En el curso de mi investigación sobre la sanidad por fe, Benny Hinn tuvo la amabilidad de acceder a reunirse conmigo. Se fijó la hora y el día, y lo que iba a ser sencillamente un almuerzo acabó siendo una reunión de varias horas.

Durante nuestra tarde juntos, me dirigí a Benny en amor y con el sincero deseo como hermano en Cristo de confrontarlo por algunas cosas que pensé no estaban bien. Quiero dejar bien en claro que no es mi intención atacar el carácter ni los motivos de Benny en lo que digo. Después de pasar tiempo con él y observar algunas de sus entrevistas por televisión, es mi opinión que Benny es un hombre sincero que quiere servir y honrar a Dios en todo lo que hace.

---

3. William Nolen, "In Search of a Miracle," revista *McCall's* (septiembre de 1974), p. 107. Una ampliación del artículo apareció en William A. Nolen, *Healing: A Doctor in Search of a Miracle* (Greenwich, CT: Fawcett Publications, 1976), pp. 93-94.

Después de conversar por varias horas con Benny respecto a las diferencias entre la sanidad por la fe y la sanidad divina, y al hecho de que alrededor de un tercio de todas las enfermedades son orgánicas, le dije que si fuese sanidad divina lo que ocurre en sus reuniones, deberíamos esperar que alrededor de un tercio de todas las sanidades fuesen de enfermedades orgánicas y tuviesen las mismas características de las sanidades divinas en la Biblia.

Hacia el final de nuestra reunión, una porción de la cual Benny cortésmente me permitió grabar, él dijo: «André. Yo lo considero un amigo, y tal vez juntos podamos hacer algo para el Señor, para bendecir la obra del Señor. Dios me ha llamado al ministerio de sanidad. Yo creo en el ministerio de sanidad. Creo que los milagros son genuinos. Sí, algunos son psicosomáticos. Todos sabemos eso. Cuando la gente viene a la plataforma no les pregunto: "¿Tenía una enfermedad psicosomática?" No les preguntaría tal cosa. No me corresponde preguntarles eso. Lo que me corresponde hacer es orar por ellos y creer con ellos en que Dios realizará el milagro. Tal vez usted nunca esté de completo acuerdo conmigo respecto a los milagros y las sanidades. Pero pienso que ambos estamos persiguiendo lo genuino y lo real, y no lo falso. En ese sentido, me encantará trabajar con usted. Dejemos que los milagros hablen por sí mismos. Dejemos que las sanidades hablen por sí mismas. Será un gran placer darle esos nombres o cualquier nombre que usted desee, para que pueda ir a examinarlos cabalmente.»[4]

Aun cuando Benny directamente admitió en esta declaración que es consciente de que varias de las sanidades que ve a través de su ministerio son psicosomáticas, en los siguientes meses apareció en varios programas nacionales de televisión y pidió ayuda a millones de personas para que le suministrasen documentación de casos de sanidad divina para incluirlos en un libro que planeaba escribir para probarles a los escépticos que estaban ocurriendo sanidades divinas, y no solamente de enfermedades psicosomáticas.

Todos los que estamos interesados en este tema esperamos anhelantemente la publicación de este memorable libro. Un año y medio más tarde se publicó un libro de solamente 166 páginas y apenas diez casos.[5] El libro no incluía ningún tipo de documentación que sustentara los casos presentados.

4. Tomado de una conversación grabada con Benny Hinn el 6 de febrero de 1992.

5. Benny Hinn, *Lord, I Need a Miracle* (Nashville: Thomas Nelson Publishers, 1993). Hay traducción castellana titulada *Señor, necesito un milagro*, de Editorial Caribe.

Era también obvio a partir del texto que la mayoría de los casos de sanidades no encajaban en el modelo bíblico de Jesús para una sanidad divina genuina. Personalmente investigué dos de los casos, y hallé que necesitaron de un extenso tratamiento médico y cirugía antes de la sanidad; tratamiento que incluyó también un largo período de recuperación. Toda esta información médica significativa fue omitida en el libro. Mis hallazgos coinciden con los hallazgos de quienes se tomaron el tiempo para investigar otros casos incluidos en el libro.

Benny Hinn cita al bien conocido sanador por fe del pasado, Smith Wigglesworth, quien dijo: «El día llegará cuando un hombre sin piernas será llevado por el pasillo y veremos que las piernas le crecen precisamente frente a nuestros ojos. La gente sin ojos tendrá ojos que aparecen instantáneamente en las cuencas.» Todo lo que puedo decir es que cuando este tipo de sanidad orgánica finalmente tenga lugar, no habrá duda respecto a la realidad de la sanidad genuina y divina realizada por de los sanadores por fe.

Como afirmé anteriormente, la mayoría de nosotros tiene el deseo de ver y experimentar lo sobrenatural. Cuando Benny Hinn o cualquier otro crea la ilusión de que esto está ocurriendo en sus reuniones, crean una trampa para sí mismos, porque esto es lo que la gente viene a ver. De modo que la ilusión debe continuar para lograr que la gente siga viniendo.

El doctor C. M. Ward, portavoz de la más grande denominación carismática, afirmó que esta trampa es un problema más común de lo que nos imaginamos. Él dijo: «El mayor problema que tenemos con los ministros de las Asambleas de Dios es lograr que resistan la tentación de manipular al público para dar la apariencia de que están sucediendo milagros. Todo el mundo viene en busca de esto, y los ministros creen que tiene que producir este efecto o, de lo contrario, la gente pensará que Dios ya no bendice sus reuniones.»

## LA ESPERA CONTINÚA

Benny fielmente prometió vez tras vez trabajar junto conmigo para probarme a mí y al mundo que suceden milagros de sanidad divina y orgánica, día tras día, centenares de ellos, en sus cruzadas de milagros. Fielmente prometió enviarme ejemplos documentados de inmediato.

En cierto momento le dije: «Benny; no quiero parecer grosero, pero pienso que debo mencionarle que durante treinta y cinco años, todo sanador por fe con quien me he puesto en contacto me ha hecho las mismas promesas que usted, y jamás volví a saber de ellos.» Benny replicó: «Usted tendrá noticias mías. Le daré los nombres ahora mismo. Se los conseguiré. Le ordenaré a mi secretaria que se los envíe inmediatamente. Empezaremos a enviárselos la próxima semana, el lunes.»[6]

Después de un mes llamé a Benny para recordarle sus promesas y pedirle documentación de algunos de los casos que había presentado en sus programas de televisión, pero no hubo respuesta entonces, ni hasta ahora.

Por supuesto, no hay duda de que Dios puede sanar total e instantáneamente a cualquier persona de cualquier enfermedad en cualquier momento, en cualquier parte. Nunca he cuestionado este hecho. Sin embargo, este no parece ser el procedimiento normal de Dios para nuestros días, a pesar de lo mucho que lo anhelemos. Los casos genuinos de sanidad divina son pocos, y muy espaciados (como usted lo descubrirá más adelante en este libro), y no tienen lugar de acuerdo a ninguno de los deseos o fórmulas de los sanadores por fe.

Me gustaría concluir este capítulo con un extracto final de mis conversaciones con Benny Hinn.

BENNY:    —André: veo que usted es una persona muy sincera que realmente quiere hallar lo real, y me encantaría unir mis manos a las suyas y hacerlo juntos. Ahora, cuando se trata de sanidades, ¿realmente ocurren? ¿Son genuinas? Aquí es donde usted y yo necesitamos sentarnos y realmente hablar, y necesito mostrarle esos casos. Esta es un área en la que quiero unir mis manos a las suyas.

ANDRÉ:    —Me encantaría ver algunos casos documentados.

BENNY:    —Me encantaría proveérselos.

ANDRÉ:    —Y, ¿si no podemos hallar ninguno?

[larga pausa]

BENNY:    —Pues, en ese caso, hablaremos al respecto entonces.[7]

Después de esperar pacientemente por más de dos años para que Benny cumpla su promesa de proveer la documentación para por lo menos un caso de sanidad divina, me inclino a pensar que ese «entonces» no ha llegado.

---

6. Tomado de una conversación con Benny Hinn transcrita el 6 de febrero de 1992.

7. *Ibid.*

# 4

# *Cómo interpretar las sanidades*

El *National Courier* publicó la crónica de una muchacha que al parecer había nacido con un físico normal. Más adelante sus padres notaron que movía las piernas de una manera extraña, de modo que decidieron buscar un diagnóstico médico.

Un cirujano ortopédico le tomó radiografías y descubrió que la cabeza del fémur izquierdo estaba fuera de su articulación. Los padres luego la llevaron a una iglesia, donde pidieron un culto de ungimiento para la niña.

Después del culto, los padres regresaron al especialista para confirmar la sanidad. Se tomaron radiografías por segunda vez, y las mismas mostraron que el extremo del hueso había encajado en la articulación. El médico diagnosticó que no se necesitaba cirugía. Su comentario a los padres en conclusión fue: «Parece que su religión da resultado.»[1]

---

1. Harry Swofford, "Miracles", *National Courier* (29 abril 1977), p. 36. Los episodios de sanidad basados en la religión y en la experiencia usualmente tienen mucho mayor peso en aquellas discusiones que intentan más favorecer ministerios contemporáneos de sanidad que utilizar cuidadosamente de las Escrituras. Por ejemplo, la obra de Benny Hinn, *Señor, necesito un milagro* (Miami: Editorial Caribe), emplea alrededor de 105 páginas para describir experiencias (de las 166

El doctor Jerome Frank, distinguido profesor de psiquiatría de la Universidad de John Hopkins, estima que hay más pacientes tratados por sanadores que no son médicos con licencia que por los que lo son.[2] Aquellas personas razonan: «Puesto que mi religión da resultado, ¿por qué ir a ver a un profesional costoso?»

## UN LLAMADO AL DISCERNIMIENTO

Debido a que «la religión da resultados», las sanidades de las que se informa se extienden mucho más allá de los límites del cristianismo. La salud restaurada no se limita al dominio de la Iglesia. Los cristianos no monopolizan el campo de las sanidades aparentes. Lo que funciona para los no cristianos también resulta para los cristianos, aun cuando claramente no proviene de Dios. Esto quiere decir que debemos distinguir responsablemente las sanidades auténticas directamente de la mano de Dios, de aquellas sanidades, reales o supuestas, que tienen otras explicaciones. Considere cuidadosamente el siguiente reconocimiento:

> Los «milagros» son comunes en las religiones tribales en donde el shamán, maestro del éxtasis, realiza piruetas espectaculares en medio de histeria y rapto. En el islam folklórico, el budismo folklórico y el hinduismo folklórico, varios especialistas practican lo milagroso; algunos son magos, otros son curanderos o brujos, y otros se encargan de la manipulación de los espíritus que embrujan el aire. Todos ellos como cosa rutinaria informan de maravillosos éxitos de sanidad mediante sus ministraciones mágicas. En el islam alto, incluso, hallamos santos y sadúes que realizan obras mágicas de resurrección, junto con faquires y derviches cuyo talento se limita a sanidades extáticas. Pero aquí, también, los informes de sanidades son cosa común....

---

páginas en total) con el fin de convencer a la gente de que sus 53 páginas de supuesta interpretación bíblica son correctas. Aun cuando otras fuentes no tienen el mismo desequilibrio, uno recibe la impresión característica de que la experiencia por lo menos tiene el mismo peso que las Escrituras en el libro de Jack Deere, *Surprised by the Power of the Holy Spirit* (Grand Rapids: Zondervan Publishing House, 1993) y en el de John Wimber y Kevin Springer, *Power Healing* (San Francisco: Harper & Row, 1987). Edith L. Blumhofer hizo esta misma observación en "Dispensing with Scofield", *Christianity Today* (10 enero 1994), p. 57, en donde revisa la obra de Deere. Para los tres, «la religión da resultado», pero los mismos testimonios podrían darlos personas de otras religiones y sectas.

2. "Science Takes New Look at Faith Healing", *U.S. News & World Report* (12 febrero 1979), p. 68.

Dos cosas son dignas de notarse respecto a las alegaciones de sanidades en las religiones folklóricas y las sectas. La primera es que sus informes son numerosos y plausibles. La segunda es que las sanidades se realizan en un contexto espiritual completamente diferente y hostil al evangelio cristiano.[3]

Después de veinte años de ministerio, soy plenamente consciente de que casi todo el mundo ha experimentado personalmente la restauración de su salud, o conoce a alguien que ha recuperado su bienestar físico de tal manera que no se puede explicar por las normas médicas prevalecientes. No es mi propósito aquí decir que estas personas han inventado una sanidad, o que Satanás instigó su recuperación. Aceptemos el hecho de la recuperación inusitada; pero al mismo tiempo debemos también formular algunas preguntas razonables acerca de la experiencia, a fin de discernir lo verdadero de lo falso, lo cristiano de lo no cristiano, y lo milagroso de lo providencial.

## EXPLICACIONES DE LAS SANIDADES
Para tratar de comprender las sanidades debemos siempre preguntar: «¿Podría esto explicarse por medio de…?» En la siguiente discusión he mencionado doce posibles respuestas a esta pregunta importante y práctica. Empecemos con lo más obvio.

### Dios sanó
Que Dios pudo haber intervenido directamente y sanado es una posibilidad bíblica muy legítima. Bíblicamente nada impide que Dios intervenga directamente y restaure la salud de una persona. No dar crédito a esta posibilidad sería limitar a Dios en maneras que Él no se limita a Sí mismo. Sin embargo, esto no requiere que la curación sea instantáneamente milagrosa.

Nuestros hermanos carismáticos pentecostales se sorprenderían al enterarse de que los no carismáticos *en efecto* creen que Dios

---

3. Lewis B. Smedes, ed., *Ministry and the Miraculous* (Pasadena: Seminario Teológico Fuller, 1987), p. 58. Esta cuidadosa afirmación ha sido tomada de un informe producido por la facultad y escrito en respuesta a lo que se percibía como excesos en el curso MC510 «Señales, maravillas y el crecimiento de la Iglesia», impartido por John Wimber, C. Peter Wagner y Charles Kraft. El argumento del informe, sencillamente presentado, es doble: 1) hay más sanidades fuera del cristianismo que dentro del mismo, y 2) para ser declaradas milagrosas y verdaderamente de Dios, las sanidades cristianas deben ser claramente verificadas como substancialmente distintas de otras sanidades basadas en las religiones.

puede sanar y lo hace. Dos de los más respetados pastores no carismáticos de los Estados Unidos expresan esto sin ambajes. Primero, John MacArthur escribe:

> ¿Sana Dios? Yo creo que sí lo hace. Yo no hago a un lado automáticamente todos los reclamos de sanidad sobrenatural sólo porque algunos son falsos. Pero estoy convencido de que las intervenciones inmediatas, dramáticas y milagrosas de Dios son muy raras, y nunca dependen de alguna persona supuestamente dotada que actúa como un agente sanador.[4]

Ahora escuche a Charles Swindoll:

> Allá a fines de los años cincuenta entablé amistad con un hombre que había sido infante de marina. Nuestra amistad se profundizó con el paso del tiempo, aun cuando nos separaban muchos kilómetros. Yo ministraba en el estado de Massachusetts, y él vivía en Texas. Entonces un día recibí una llamada telefónica de su parte.
>
> —Necesito tus oraciones como nunca las he necesitado antes —dijo en una voz más bien lúgubre.
>
> —¿Qué ocurre? —respondí.
>
> —Me han diagnosticado cáncer en la lengua —me dijo—. Aun cuando no era dado a llorar fácilmente, su voz se quebró mientras continuaba. Ya he ido a los mejores especialistas que puedo encontrar aquí en la ciudad de Dallas. Todos concuerdan en que es cáncer.
>
> Ya tenía una segunda opinión. Y una tercera. Le sugirieron que fuera a la clínica Mayo, en Rochester, Minnesota, de modo que él y su esposa estaban emprendiendo el viaje, llevando las radiografías consigo. Tenían la esperanza de que, con la ayuda de los médicos de la clínica Mayo, pudiera salir de la cirugía con por lo menos una porción de la lengua.
>
> —Estoy pidiéndote a ti y a otros cuatro buenos amigos que oren —dijo—. ¿Orarían tú y Cynthia fervientemente por mí? No estoy anunciando la necesidad. Sé que Dios puede sanarme, si eso es su voluntad, de modo que oremos por eso. *¡Pidamos al Espíritu Santo que me sane!*

---

4. John F. MacArthur, hijo, *Los carismáticos* (El Paso: Casa Bautista de Publicaciones, 1994), p. 211. Posteriormente, en el Capítulo 17 de *La promesa de sanidad,* John y Patricia MacArthur relatarán sus perspectivas sobre la recuperación asombrosa y completa de las extensas lesiones que Patricia sufrió en el accidente automovilístico que puso en peligro su vida en el verano de 1992.

Me aseguró que no tenía ningún pecado en su vida que pudiera haber causado la enfermedad.

—Todo lo que sé es que los doctores dicen que es un tumor maligno. Es evidente en los rayos X. Sólo quiero que ores que Dios, si es esa su perfecta voluntad, haga un milagro.

Le aseguré que ciertamente oraríamos con él y por él.

Tan pronto como colgué el teléfono, baje por las escaleras a un rinconcito, en el sótano, a donde voy con frecuencia buscando quietud y oración. Cynthia oró conmigo por un rato y luego fue a atender a nuestros cuatro hijos que todavía eran pequeños. Me quedé allí por alrededor de una hora y, mientras oraba, un «estímulo interno no identificado» que venía de Dios me dio un sentimiento inusitado de seguridad. No oí ninguna voz. No vi ninguna visión. Pero sentí una confianza infrecuente y un sentido de paz respecto a la situación de mi amigo. Leí varias porciones de las Escrituras, oré alrededor de cuarenta y cinco minutos, luego dejé el asunto con Dios.

Dos o tres días después, mi teléfono sonó de nuevo. Oí la voz de mi amigo al otro extremo de la línea. Para entonces ya estaba en Minnesota y me llamaba desde la misma clínica Mayo.

—Tengo noticias fenomenales —dijo.

—Pues, bien, ¿de qué se trata? —dije y sonreí para mis adentros.

—He visto varios especialistas, y mi esposa y yo acabamos de salir de una consulta con nuestro médico de cabecera. Él está perplejo, Charles. Dice que no hay cáncer.

—¡Vaya! ¡Esto es fabuloso! —respondí—. Cuéntame qué es lo que dijeron.

—Pues bien —respondió él—, en realidad me hicieron nuevamente toda clase de exámenes, y me tomaron nuevamente toda la serie de radiografías. No creen que yo haya traído las placas correctas, porque las que ellos tomaron no concuerdan en nada con las que traje. Ahora tengo delante de mí dos juegos de radiografías: uno muestra el cáncer en la lengua, según el diagnóstico hecho en Dallas; el otro, tomado aquí en Minnesota, es claro: no hay cáncer.

Y con un toque de humor, continuó:

—De modo que tuvimos un agradable vuelo de Dallas a Minnesota. En cierto modo, y de alguna manera milagrosa, el tumor maligno no se halla en ninguna parte.

No fue solamente milagroso, también fue instantáneo y permanente. Nunca ha vuelto a tener problemas con el dolor o el tumor que había en su lengua. Mi amigo era un hombre de edad mediana, y tuvo muchos años maravillosos por delante, los cuales vivió a plenitud. Su muerte —acaecida muchos años más tarde— fue resultado de una enfermedad totalmente distinta.

No puedo explicar lo que ocurrió. Él tampoco podía. No tengo en mí ningún poder que pudiese producir sanidad en alguna otra persona. El Dios que conozco es el mismo que usted conoce; simplemente confié en Él y oré que se hiciera su voluntad. El Espíritu de Dios sanó a mi amigo soberana y silenciosamente. Y lo mejor de todo, Dios recibió toda la gloria.[5]

## *El tratamiento médico resultó*

La mayoría de las personas que acuden a los sanadores por fe y dicen ser sanadas también acuden a los médicos. Toman medicinas, y algunos incluso han tenido operaciones. A pesar de eso, con frecuencia dejan de incluir la labor del médico cuando hablan de su sanidad.

Jesús reconoció la importancia de los médicos. Dijo que no son los sanos los que necesitan médico sino los enfermos (Mr. 2:17). Relató la historia del buen samaritano, quien usó aceite y vino como los remedios básicos de la época (Lc. 10:30-37). Escogió a un médico (Lucas, el médico amado) para que fuese uno de los compañeros de Pablo y para que escribiese dos de los libros del Nuevo Testamento.

Los sanadores algunas veces denigran la profesión médica. Citan Marcos 5:26, donde leemos de cierta mujer que no había podido recibir ninguna ayuda de los médicos pero que fue sanada cuando tocó el manto de Jesús. Marcos no se expresa en forma despectiva respecto a los médicos de sus días. Simplemente reconocía que la mujer había acudido a los médicos y no había podido ser sanada. No sacó ninguna conclusión, y en ninguna otra parte de las Escrituras nuestro Señor difama ni censura la profesión médica. En ninguna parte de las Escrituras se enseña que consultar a los médicos y usar medicinas demuestra una falta de fe en Dios.

Un aspecto del tratamiento médico que no queremos dejar fuera es el campo de la medicina natural, la cual incluye todo, desde remedios herbáceos hasta drogas botánicas.[6] Antes del advenimiento de la edad médica moderna, la medicina natural proveyó medios de «sanidad» por milenios. Incluso hoy en gran parte del Tercer

---

5. Charles R. Swindoll, *Más cerca de la llama* (Miami: Editorial Betania, 1994), pp. 188-189.

6. Lonnelle Aikman, *Nature's Healing Arts: From Folk Medicine to Modern Drugs* (Washington: The National Geographic Society, 1977) presenta una encuesta interesante de este campo mundial.

Mundo, la medicina folklórica sigue gozando de popularidad. No es de sorprenderse, muchas veces funciona.

## La capacidad del cuerpo para sanarse

Esta es probablemente la explicación más frecuentemente soslayada por las sanidades de las que se informa. Nuestros cuerpos son maquinarias extraordinarias. Dios los creó con un diseño tan maravilloso que tienen la capacidad de sanarse a sí mismos de muchos problemas físicos. Podemos llamar a esto sanidad natural/divina.

Para destacar el punto, considérese las conclusiones a que llega este interesante artículo:

> Como protesta por las elevadísimas tarifas del seguro contra los tratamientos erróneos, los médicos de Los Ángeles hicieron huelga en 1976. ¿El resultado sin médicos a quienes acudir? Un descenso del dieciocho por ciento en la proporción de muertes. El mismo año, de acuerdo con el doctor Robert S. Mendelsohn, los médicos en Bogotá, Colombia, rehusaron prestar servicio alguno excepto en casos de emergencia. El resultado fue un descenso del treinta y cinco por ciento en la proporción de muertes. Cuando los médicos israelíes redujeron drásticamente su contacto diario con pacientes en 1973, la Sociedad de Sepultureros de Jerusalén informó que la proporción de muertes se redujo a la mitad. El único descenso similar había ocurrido veinte años antes en el período de la última huelga de los médicos.[7]

Todos hemos sufrido alguna cortadura superficial. La piel lacerada desarrolla una cicatriz y sana. Nos hemos recuperado de resfríos, de gripe, y numerosos otros problemas físicos sin ayuda médica. La intervención de Dios a través de su orden creador en nuestros cuerpos no debe ignorarse en nuestra explicación de la restauración de la salud.

Este artículo fue publicado hace poco en una revista nacional:

> La mejor medicina para una sorprendente cantidad de enfermedades, incluyendo algunas formas de enfermedades del corazón y de cáncer, tal vez sea: observe y espere. Aun cuando nadie sugiere que los enfermos deben mantenerse lejos de los consultorios de los médi-

---

7. Irving Wallace, David Wallechinsky y Amy Wallace, "Doctors May Be Harmful", *Parade* (4 octubre 1981), p. 27.

cos, cada vez hay una mayor evidencia que indica que en muchas enfermedades, el cuidado especializado de alto costo a menudo no produce ningún resultado distinto a la larga, y tal vez haga más daño que bien. Datos sólidos están lentamente convenciendo a los médicos y a las compañías de seguros respecto a los méritos de la sanidad no médica, tales como la dieta y el ejercicio. Los estudios más intrigantes sugieren que algunos de los problemas médicos preocupantes con frecuencia desaparecen por sí solos cuando los médicos sencillamente vigilan la enfermedad, un método deliberado, al parecer de no intervención, que aboga por una «espera vigilante».[8]

## Remisión espontánea

El campo médico reconoce como inusuales, pero al mismo tiempo reales, las sanidades espontáneas y la regresión de enfermedades por ninguna razón aparente que se pueda diagnosticar médicamente. Esto parece ser particularmente cierto en cuanto al cáncer.[9]

La doctora Verna Wright informa:

> Hay sorprendentes remisiones espontáneas, incluso entre los que sufren cáncer, en raras pero bien documentadas ocasiones. En estos momentos estoy escribiendo un libro, junto con otro médico, sobre las enfermedades reumáticas. Me preocupó mucho hace poco enterarme que mi colega no podía escribir en ese momento debido a un ataque de esclerosis múltiple. Tenía dificultades para hablar, dificultades para escribir y malestares generales. En realidad, algunos años antes, en África del Sur, había sufrido un episodio inicial del cual se había recuperado por completo, pero esta vez era de severidad considerable. Quedé absolutamente encantada unos pocos meses más tarde al enterarme de que todos estos síntomas habían desaparecido de nuevo por completo, y mi colega pudo entregar la parte esperada del libro apenas un poco atrasado. Debemos apreciar que hay una variabilidad natural en la enfermedad.[10]

---

8. Doug Podolsky y Rita Reuben, "Heal Thyself", *U.S. News & World Report* (22 noviembre 1993), p. 64.

9. Dr. D. Martin Lloyd-Jones, *Healing and the Scriptures* (Nashville: Oliver-Nelson Books, 1988), pp. 29-31, *Véase también* Dr. Franklin E. Payne, Jr., *Biblical Healing for Modern Medicine* (Augusta: Covenant Books, 1993), p. 153.

10. Dr. Verna Wright, "A Medical View of Miraculous Healing" en Peter Masters *The Healing Epidemic* (Londres: The Wakeman Trust, 1988), p. 210.

## Enfermedad inducida emocionalmente

Los médicos concuerdan en que el estrés puede tener un efecto severamente debilitante sobre el cuerpo. Kenneth Pelletier escribió estas significativas palabras:

> Los problemas médicos y psicológicos causados por el estrés se han convertido en el problema número uno de salud en la última década. Un texto médico de autoridad reconocida estima que del cincuenta al ochenta por ciento de todas las enfermedades tienen su origen en el estrés. Los desórdenes inducidos por el estrés han reemplazado desde hace mucho tiempo a las enfermedades infecciosas como los males más comunes de las personas en las naciones post industriales.
>
> En años recientes cuatro enfermedades, los problemas del corazón, el cáncer, la artritis, y las enfermedades respiratorias tales como la bronquitis, han llegado a ser muy prominentes en las clínicas de los Estados Unidos, Europa Occidental y Japón. Se conocen como «las aflicciones de la civilización». Su frecuencia proviene de una dieta pobre, de la contaminación y, lo que es más importante, del incrementado estrés de la sociedad moderna.[11]

Las enfermedades emocionalmente inducidas con frecuencia pueden dar marcha atrás. Eliminar el estrés ayuda a eliminar los síntomas físicos causados por ese estrés. Por ejemplo, el Salmo 32 revela que la causa de los problemas físicos de David era la culpabilidad por su pecado con Betsabé. Cuando David confesó su pecado y recuperó la paz mental, su salud física le fue restaurada. Sin embargo, no todas las enfermedades emocionalmente inducidas son reversibles. Por ejemplo, usted puede librarse de su estrés, pero le quedará la úlcera causada por el estrés.

## Enfermedad psicogénica

Los médicos han confirmado que una enfermedad psicogénica puede falsamente registrar en la mente una enfermedad al parecer física. Normalmente llamamos a esto una enfermedad psicosomática. Por consiguiente, un cambio en la actitud mental a menudo produce un cambio en el bienestar físico.

William Nolen, un cirujano mundialmente renombrado, cuenta de un caso asombroso de pseudociesis (embarazo falso) que en-

---

11. Kenneth Pelletier, "Mind as Healer, Mind as Slayer", *Christian Medical Society Journal*, 11:1 (1980):8.

contró como médico joven en el ejército. Trató a una mujer de treinta y cinco años que había estado casada por doce años y tenía todos los síntomas de estar encinta.

Siguió el embarazo durante siete meses y todo parecía normal. Pero en el octavo mes, un colega descubrió que la mujer en realidad tenía un falso embarazo. Después de eso, le llevó al cuerpo de la paciente muy corto tiempo retornar a la normalidad.[12]

La doctora Verna Wright comenta:

> Esto queda bien ilustrado por un incidente que ocurrió en Liverpool, donde me eduqué. Había una asmática que era alérgica a las rosas, y siempre que visitaba algún jardín de rosas le daba un ataque de asma. Vino al consultorio de mi jefe, que por casualidad tenía una rosa en su escritorio, y rápidamente le dio un ataque de asma. Era en realidad una rosa de plástico. Es claro que el aspecto psicológico de la enfermedad no debe subestimarse.[13]

## Diagnóstico equivocado

Una enfermedad algunas veces puede ser diagnosticada erróneamente. Como resultado, el tratamiento prescrito para la enfermedad equivocada es ineficaz. El paciente entonces puede ir a ver a un sanador, el cual supuestamente sana la enfermedad diagnosticada. De este modo, el sanador recibe el crédito por sanar una dolencia que en realidad la persona nunca tuvo.

Durante el mes de abril de 1991, investigaciones en la Universidad de California en San Francisco informaron de una encuesta de los más graves errores de 114 internos residentes de medicina en los tres principales centros médicos de los Estados Unidos.[14] Treinta y ocho de los 114 médicos dijeron que fue «error en el diagnóstico». El diagnóstico equivocado es mucho más común de lo que pudiéramos imaginar.

Bajo tales circunstancias, la conclusión a la que llegan los pacientes es muy engañosa: al médico se le proclama brillante diagnosticador pero practicante deficiente, y el sanador por fe es considerado superior a la profesión médica.

---

12. William A. Nolen, *Healing: A Doctor in Search of a Miracle* (Greenwich, CT: Fawcett Publications, 1976), pp. 253-255.

13. Dr. Verna Wright, "A Medical View of Miraculous Healing", 211. Léase también C. Samuel Storms, *Healing and Holiness* (Phillipsburg, NJ: Presbyterian and Reformed Publishing Company, 1990), pp. 43-46.

14. Doug Poldosky, "No Place for Sick People," *U.S. News & World Report* (5 agosto 1991), p. 39.

## Informes engañosos

Con frecuencia las personas aceptan una supuesta sanidad debido a un informe convincente pero engañoso. En otras palabras, el testimonio sincero simplemente no encaja con los hechos como ocurrieron en realidad. George Peters, ex profesor de misiones en el Seminario Teológico de Dallas, provee una vívida ilustración. Habiendo oído muchas historias de sanidades que tuvieron lugar durante una campaña en Indonesia (de las cuales escribe Mel Tari en su obra *Como un viento recio*), Peters decidió ir a Indonesia para entrevistar a las personas y averiguar por sí mismo lo que había ocurrido.

Habló con personas que fueron «resucitadas» e hizo preguntas a los que habían sido sanados. Sus hallazgos fueron publicados en el libro *El despertamiento en Indonesia*. Una porción de lo que escribió trata de personas que fueron resucitadas. Escribe al respecto:

> Los informes de Timor de que Dios resucitó algunas personas han dejado perplejos a muchos cristianos estadounidenses. No dudo que Dios sea capaz de resucitar a los muertos, pero cuestiono seriamente que lo haya hecho en Timor. Es más, estoy convencido de que no ocurrió. Permítame explicarlo.
>
> Visité a un hombre a quien en la comunidad se le conoce como alguien que fue resucitado. Conocí a una mujer que informó que su hija de cuatro meses de edad había sido resucitada. Hablé con la mujer que dijo ser responsable de haber resucitado a dos personas, y con el hombre que afirmaba haber sido instrumento clave para resucitar otras dos personas: un muchacho de doce años y un hombre de cuarenta o cuarenta y cinco años.
>
> En mis preguntas traté de tomar en cuenta los sentimientos de las personas. Las personas con creencias absolutas no responden bien ante las preguntas que cuestionan sus convicciones. También era consciente del hecho de que su palabra para muerte puede significar inconsciencia, coma o muerte real. También sabía de su creencia en el viaje del alma después de la muerte del cuerpo a la tierra de los antepasados.
>
> Tenía que explorar las experiencias de estas personas mientras estuvieron en el estado de muerte, cuánta distancia habían «viajado», por así decirlo, entre la muerte y la resucitación. Llegó a ser evidente que la muerte tiene lugar en tres etapas, de acuerdo a sus creencias. En la primera etapa, el alma todavía está en el cuerpo; en la segunda etapa, el alma puede estar en el hogar o en la comunidad inmediata; y en la tercera etapa, el alma emprende su vuelo

al más allá y a la tierra de los antepasados. Ninguna de estas personas muertas creía que su alma había partido completamente a la región del más allá. Esa es la región sin regreso.

Los que aducían haber experimentado resucitación e inmediata restauración eran personas que habían muerto súbitamente. Algunos niños que habían muerto después de sufrir prolongadas enfermedades tuvieron una restauración más gradual.

Noté varios hechos interesantes con respecto a las experiencias reportadas durante el estado de muerte. Un hombre me dijo que su alma había estado tan cerca del cuerpo durante su estado de muerte que había podido oír a las personas acercarse a su cuerpo. Sin embargo, no podía ni hablar ni moverse. Podía relatar las experiencias que tuvo durante su estado de muerte. Después de algunas preguntas, su esposa añadió. «Mi esposo no estuvo absoluta y totalmente muerto.» Esto condujo a preguntas más profundas y prolongadas. La madre cuya hijita fue resucitada estaba segura de que su alma no había salido de su cuerpo, porque la niña había estado muerta sólo por alrededor de media hora. Un anciano pudo describir su condición después de morir. Mientras estuvo muerto le prometió a Dios que si alguna vez vivía de nuevo confesaría sus pecados y pagaría el dinero que le había robado a un evangelista. Estaba seguro que su robo le había causado la muerte súbita, y también lo estaba el evangelista que lo resucitó. Así fueron las historias. Dos niños, uno de cuatro años y el otro como de ocho, no pudieron contar sus experiencias mientras estuvieron muertos. Sin embargo, estaban seguros de que todavía no habían dejado la tierra.

Debo dejar al lector cualquier juicio respecto a estos milagros. Salí satisfecho de que de acuerdo a *su uso* de la palabra *muerte* y su concepto de muerte, ellos habían experimentado resucitación. De acuerdo a mi concepto de la muerte, no ocurrieron tales milagros; aprendí de nuevo el valor de ver las palabras y conceptos desde el punto de vista de las personas, e interpretarlas de acuerdo a su mentalidad y comprensión.[15]

Aquellas personas estuvieron o inconscientes o en estado comatoso. No habían llegado al punto en donde los procesos de la vida se detienen irreversiblemente; punto desde el cual ningún ser humano puede retornar a menos que Dios intervenga sobrenaturalmente.

---

15. George W. Peters, *Indonesian Revival* (Grand Rapids: Zondervan Publishing House, 1973), pp. 80-83. Usado con permiso. Hay traducción castellana titulada *El despertamiento en Indonesia*, de Editorial CLIE.

Los informes (por sincero que sea el reportero) tal vez no describen con precisión lo que ocurrió. Lo que *parecía* ocurrir de acuerdo a los informes de segunda mano no fue lo que *verdaderamente* ocurrió. Los informes *de primera mano* también pueden no obedecer a la realidad. La doctora Wright explica el siguiente caso común.

Los pacientes con frecuencia no comprenden la naturaleza ni la gravedad de su condición. Permítame darle un ejemplo de una iglesia anglicana que daba gran énfasis al ministerio de sanidad. Una dama de esta iglesia, que sufría de dolor abdominal, dijo al grupo de oración de la iglesia que iba a ingresar al hospital la siguiente semana para someterse a una extensa cirugía. Naturalmente, ellos oraron por ella. Salió del hospital alrededor de catorce días más tarde, e informó al grupo que la operación había revelado que la enfermedad había desaparecido por entero, y ellos alabaron al Señor por esta gran liberación.

Dio la casualidad de que había un cirujano en la congregación, un hombre que claramente simpatizaba con el movimiento de sanidad, o de lo contrario no hubiera estado allí. Con el permiso de la paciente leyó las notas médicas y habló al respecto con el cirujano que había realizado la operación. Halló que el cirujano había estado muy renuente a operar, y lo habían persuadido a hacerlo únicamente la gran presión de parte de la paciente y de su médico particular. Abrió el abdomen, y tal como había previsto, no encontró nada más que un colon más bien móvil. En consecuencia suturó a la señora de nuevo, y el dolor abdominal de ella desapareció, pero pronto empezó a sufrir de unas migrañas cada vez más fuertes. Nótese la diferencia de perspectiva: para el grupo de sanidad esto fue un milagro. ¿No tenían el testimonio de la paciente? Ella sufría de dolor abdominal y se necesitaría una extensa cirugía para rectificar el problema; oraron por ella, el cirujano operó, y no encontró nada. Pero desde la perspectiva del cirujano la historia era muy diferente, y podemos considerar significativo que los síntomas de la señora pronto cambiaron de dolor abdominal a migraña.[16]

## Efecto de placebo

El «efecto de placebo» describe la mejoría del paciente que ocurre después de recibir medicina o de someterse a un tratamien-

---

16. Dr. Verna Wright, "A Medical View of Miraculous Healing", pp. 205-206.

to médico que tiene muy poco o ningún valor médico demostrable. En el número de julio de 1991 de la revista *Clinical Psychology Review* [Revista de Psicología Clínica], el doctor Alan Roberts, director de psicología médica de la Fundación Clínica y de Investigación Scripps, informó de los hallazgos de un estudio de 6.931 pacientes que recibieron tratamientos que más tarde fueron desacreditados médicamente. Increíblemente, casi un tercio de los ex pacientes informaron buenos resultados de su tratamiento, y cuarenta por ciento reportó una excelente mejoría.[17]

El doctor Payne comenta:

> ¡Lo que es asombroso es que da resultado! El efecto es tan coherente y fuerte que la investigación médica es algunas veces considerada nula, a menos que se administre un placebo a un grupo de pacientes junto con otro grupo que recibe la medicina real. No es nada raro que al grupo placebo le aproveche tanto, y a veces más, que a los que reciben la medicina. Aún más, ¡el placebo puede en realidad causar cambios fisiológicos («reales»)! Por ejemplo, la presión arterial puede reducirse, las úlceras intestinales curarse, y las migrañas aliviarse.[18]

Los sanadores por fe con frecuencia demuestran no ser nada más ni nada menos que «placebos espirituales». Este factor en sí mismo podría fácilmente explicar muchas de las supuestas sanidades en los llamados cultos de sanidad. aun cuando solo una pequeña fracción de los que asisten dicen ser sanados. La mayoría sale con sus esperanzas desvanecidas debido a que el «efecto de placebo» no resultó en ellos. Los que no se sanan pagan el precio en desilusión y dudas, mientras que el sanador por fe continúa pregonando sus triunfos «milagrosos».

### Hipnosis e histeria masivas

Cuando el equipo de John Wimber condujo reuniones en Leeds, Inglaterra, asistieron cinco médicos cristianos, incluyendo uno de los más destacados psiquiatras de Inglaterra. Se enardecieron tanto por lo que todos consideraron un intento de inducción de hipnosis que presentaron el siguiente informe:

---

17. Rita Reuben. "Placebos' Healing Power." *U.S. News & World Report* (22 noviembre 1993). p. 78.

18. Dr. Franklin E. Payne. hijo. *Biblical Healing for Modern Medicine*. pp. 152-153.

Los procedimientos empezaron con una hora de cantos repetidos. Al empezar el canto comenzó también una cantidad apreciable de bamboleo y contorsiones. No hubo espacio para la lectura de las Escrituras. En ningún momento se llamó a la congregación a oraciones de confesión de pecado y arrepentimiento. «Alce sus manos. Sienta el calor que le llena. Sus ojos se sienten pesados. Se siente como que se va a caer; algunas personas pueden gritar. Todo está bien. Usted puede ver al Espíritu Santo descansando sobre las personas, el poder de Dios descansando en muchos.» ...

A algunos voluntarios se les puso en trance mientras otros les imponían las manos. No estaban inconscientes y, como se nos aseguró, oirían lo que se les dijera. Permanecieron así por muchos minutos con una variedad de estremecimientos, temblando, sonriendo, cayéndose, bamboleándose y articulando palabras....

Por todo el edificio, otras personas empezaron a caer en trance. Se le dijo al público que el Espíritu Santo podría guiar a algunas personas a gritar o a respirar muy profundamente. Como se puede esperar de los estados hipnóticos, estas cosas ocurrieron más o menos enseguida. Risa incontrolable, llanto, lamentos, chillidos y sollozos, junto con sonidos mascullados por muchos que deseaban ministrar algún consuelo espiritual a los hermanos afectados, hicieron más que difícil seguir el progreso oficial de los eventos.[19]

El equipo de médicos luego escribió:

El trance hipnótico con sugestión es un instrumento psicológico poderoso. Tiene muchos usos. Los desórdenes psicosomáticos y síntomas físicos relacionados con la neurosis son los que más probablemente responden a este tratamiento a corto plazo. El alivio del dolor, como en una extracción dental o en el alumbramiento, es relativamente común con la hipnosis. En el equipo de la reunión de Wimber no vimos ningún cambio que sugiriese alguna sanidad de enfermedad orgánica o física. Dado el interés de mu-

---

19. Citado por la Dra. Verna Wright, "A Medical View of Miraculous Healing," pp. 211-213. David C. Lewis, antropólogo de profesión, intentó hacer un estudio de seguimiento a los que asistieron a la conferencia de John Wimbers en noviembre de 1986 en Harrogate, Inglaterra. Informa de los resultados en *Healing: Fiction, Fantasy or Facts?* (Londres: Hodder and Stoughton, 1989). Aun cuando las conclusiones de Lewis con simpatía afirman el ministerio de Wimber, ni la comunidad médica ni la comunidad cristiana ha quedado convencida de nada de lo que el estudio da por sentado ni de la interpretación de los datos.

chos de los asistentes en ser de provecho para sus prójimos, sin duda alguna se hicieron muchas sugerencias muy útiles durante los numerosos estados de trance.

El estado hipnótico, aun cuando es consciente, no es lo que las Escrituras quieren decir por dominio propio, la mente de Cristo en nosotros, o la renovación de la mente. Describir estos trances, sus características visibles o audibles, o cualquier sanidad experimentada como el resultado perfectamente legítimo de la hipnosis es válido, pero describir esto como la clara obra del Espíritu Santo es un engaño.[20]

## Engaño deliberado

Soy renuente a hablar de esta razón porque puede parecer cínica, pero la documentaré. La comunidad cristiana necesita admitir que ha habido casos de fraude deliberado.

El ejemplo que voy a referir apareció primero en el *National Courier.* Luego, la revista *Moody Magazine* publicó un reportaje en relación a la retractación subsecuente de parte del *National Courier*, cuando se hizo evidente que los hechos habían sido falsificados.

> El otoño pasado, el *National Courier*, un periódico sensacionalista bisemanal publicado por Logos International, lanzó una serie de testimonios de milagros. Una de las primeras historias fue sobre la sanadora por fe Alice Pattico, que aducía que había sido sanada de cáncer del seno y de cáncer del cerebro, así como de una adicción a los analgésicos, en una reunión con Kathryn Kuhlman en 1974.
>
> Ella decía que sus senos, que habían sido extirpados mediante cirugía, habían sido restaurados, y que Dios había llenado trece agujeros que habían sido taladrados en su cabeza en 1973 para administrarle cirugía con rayos láser. Ella y su esposo dieron al *Courier* cartas de médicos que documentaban sus afirmaciones.[21]

Más recientemente, James Randi ha denunciado abiertamente como engañadores a los sanadores por fe W. V. Grant y Peter Popoff.[22] Popoff recibía transmisiones electrónicas de parte de su

---

20. *Ibid.*
21. "Retraction", *Moody Magazine* (febrero 1977), p. 53.
22. James Randi, *The Faith Healers* (Buffalo: Prometheus Books, 1987), pp. 99-181, da una crónica de sus exitosos esfuerzos por revelar que estos hombres son un fraude. Mike Hertenstein y Jon Trott documentan el fraude del célebre autor y músico cristiano Mike Warnke en *Selling Satan* (Chicago: Cornerstone Press, 1993).

Cómo interpretar las sanidades

esposa, Elizabeth, como la supuesta «palabra de conocimiento»; pero no de Dios, como él aducía. Grant rentaba sillas de ruedas, ponía gente sana en ellas, y luego alegaba que las sanaba. Por favor, sea precavido y esté alerta. La gente que más daño sufre es aquella cuya última esperanza es el sanador por fe, o aquellas a quienes se les dice que Jesús los quiere sanos ahora. En su desesperación acuden a las reuniones, pero no son sanados. Entonces se les deja sin la más mínima esperanza.

### Participación satánica

¿Participa Satanás alguna vez en la sanidad? Segunda Corintios 11 indica que Satanás se disfraza como ángel de luz, al igual que sus «apóstoles». Aparecen y actúan como si fuesen de Dios. Se acercan tanto como pueden lo real cuando en realidad son falsos.

> Porque éstos son falsos apóstoles, obreros fraudulentos, que se disfrazan como apóstoles de Cristo. Y no es maravilla, porque el mismo Satanás se disfraza como ángel de luz. Así que, no es extraño si también sus ministros se disfrazan como ministros de justicia; cuyo fin será conforme a sus obras (2 Co. 11:13-15).

Satanás puede en realidad hacer daño a las personas en sus intentos de imitar a Dios. Job es la ilustración bíblica más familiar. Recuerde también la señora que fue afligida por dieciocho años, probablemente por Satanás a través de sus demonios: «Y a esta hija de Abraham, que Satanás había atado dieciocho años, ¿no se le debía desatar de esta ligadura en el día de reposo?» (Lc. 13:16).

En por lo menos cuatro ocasiones, las Escrituras atribuyen al Anticristo y al falso profeta el poder satánico para realizar señales (2 Ts. 2:9; Ap. 13:3-12; 16:14; 19:20). Es imposible saber a ciencia cierta cuán real o imaginarios pudieran ser estos poderes.

Sin embargo, ni siquiera a los ángeles buenos se les ha dado poder creador. Puesto que Satanás y sus demonios son ángeles malos, podemos razonablemente concluir con respecto a la sanidad milagrosa, la cual requiere poder creador, que ni Satanás ni sus demonios pueden en realidad sanar. De todas maneras, son maestros del engaño que intentan convencer a las personas de que pueden hacer cosas que en realidad no pueden.

### UN ENFOQUE RAZONABLE

La próxima vez que usted oiga hablar de alguna sanidad, no saque conclusiones instantáneas. Asegúrese de tener toda la información. Piense por completo en todas las posibilidades y sus diferentes combinaciones.

El doctor William Nolen, un cirujano mundialmente famoso, se propuso investigar la sanidad por fe. Sus hallazgos se hallan registrados en *Healing: A Doctor in Search of a Miracle* [Sanidad: Un médico en busca de un milagro]. Considere los pensamientos de Nolan, los cuales demuestran que se puede arribar a conclusiones similares respecto a la sanidad, aun cuando el tema de la sanidad por fe se enfoque a partir de dos perspectivas diferentes: la médica y la teológica.

> Hace dos años empecé a buscar un milagro de sanidad. Cuando empecé mi búsqueda esperaba hallar alguna evidencia de que alguien, en alguna parte, tuviese poderes sobrenaturales que pudiese emplear para curar a aquellos pacientes a quienes nosotros, los médicos, con todo nuestro conocimiento y preparación, todavía rotulábamos «incurables». Como ya he dicho antes, no he podido hallar ninguno de tales obradores de milagros.
>
> Lo que he descubierto ... es que no necesitamos buscar obradores de milagros si estamos enfermos. Hacerlo, en cierta manera, es un insulto a Dios.
>
> Nuestras mentes y cuerpos son suficientes milagros.[23]

Nolen llegó a la misma conclusión a la que llegó el salmista hace como 3.000 años: formidables y maravillosas son las obras de Dios.[24]

> Porque tú formaste mis entrañas;
> Tú me hiciste en el vientre de mi madre.
> Te alabaré; porque formidables, maravillosas son tus obras;
> Estoy maravillado,
> Y mi alma lo sabe muy bien.
> No fue encubierto de ti mi cuerpo,
> Bien que en oculto fui formado,
> Y entretejido en lo más profundo de la tierra.
> Mi embrión vieron tus ojos,
> Y en tu libro estaban escritas todas aquellas cosas
> Que fueron luego formadas,
> Sin faltar una de ellas.                          (Salmo 139:13-16).

---

23. William A. Nolen, *Healing: A Doctor in Search of a Miracle*, p. 272.

24. Para explorar los detalles médicos que exaltan el orden creativo de Dios en el cuerpo humano, *véase* Dr. Paul Brand y Philip Yancey, *La obra maestra de Dios* (Miami: Editorial Betania).

Tercera parte
# Dios y su ministerio de sanidad

# 5
# Antes de la cruz

L a esposa de un profeta murió para ilustrar un argumento presentado en la predicación de su esposo (Ez. 24:18). Sumergirse siete veces en el río Jordán sanó a un general visitante de una lepra incurable (2 R. 5:14).

De un ejército invasor, 185.000 hombres murieron una noche mientras dormían (Is. 37:36).

Al colocar la mano dentro de su camisa, un profeta halló que su lepra se sanó (Éx. 4:6, 7).

La locura atacó de súbito a un gobernante mundialmente renombrado. Siete años más tarde le fue devuelta su salud completa, y volvió a asumir prominencia internacional (Dn. 4:33, 34).

Aun cuando su matriz estaba cerrada, de súbito se abrió a la edad de 90 años (Gn. 21:1, 2).

¿Qué tienen en común todos estos eventos únicos? Cada uno ilustra la intervención directa de Dios en los asuntos físicos de las personas en el Antiguo Testamento (Is. 64:8).

La esposa de Ezequiel murió para ilustrar la muerte espiritual de Israel. Dios sanó al pagano Naamán. El ejército sirio de Senaquerib expiró por la voluntad de Dios. Moisés aprendió que los caminos de Dios no son los caminos del hombre. Dios destronó y luego volvió a instalar en el trono al rey Nabucodonosor de Babilonia. Sara concibió y dio a luz a Isaac cuando Abraham tenía

100 años. Estos eventos son tan únicos que nadie podía haberlos imaginado o predicho (*véase* Is. 55:8, 9).

Afortunadamente el Antiguo Testamento también registra la explicación de Dios implícita en estos eventos nada usuales.

> Y Jehová le respondió: ¿Quién dio la boca al hombre? ¿o quién hizo al mudo y al sordo, al que ve y al ciego? ¿No soy yo Jehová? (Éx. 4:11).

> Ved ahora que yo, yo soy, Y no hay dioses conmigo; Yo hago morir, y yo hago vivir; Yo hiero, y yo sano; Y no hay quien pueda librar de mi mano (Dt. 32:39).

> He aquí, bienaventurado es el hombre a quien Dios castiga; Por tanto, no menosprecies la corrección del Todopoderoso. Porque él es quien hace la llaga, y él la vendará; El hiere, y sus manos curan (Job 5:17, 18).

> Que formo la luz y creo las tinieblas, que hago la paz y creo la adversidad. Yo Jehová soy el que hago todo esto (Is. 45:7).

> ¿Quién será aquel que diga que sucedió algo que el Señor no mandó? De la boca del Altísimo no sale lo malo y lo bueno? (Lm. 3:37, 38).

¡Qué testimonios! Por su propia declaración Dios asume la responsabilidad final de la salud o la enfermedad, de la vida o de la muerte.

Pienso que usted estará más que sorprendido por lo que veremos en el resumen que sigue de las experiencias de sanidad en el Antiguo Testamento. Desde el tiempo de Abraham (alrededor del 2.200 a.C.) hasta el tiempo de Isaías (alrededor del 750 a.C.), sólo 20 incidentes específicos de sanidad aparecen en el registro del Antiguo Testamento; cinco en el tiempo de Job y Abraham, cinco en el tiempo de Moisés, dos en tiempos de Samuel, y ocho desde el tiempo de David hasta Isaías. Luego, a partir del 750 a.C. y en adelante, ¡no se registra ninguna sanidad realizada por hombres hasta el tiempo de Cristo![1]

---

1. John Wimber y Kevin Springer. *Power Healing* (San Francisco: Harper & Row, 1987), p. 244. El Apéndice C, "Healing in the Old Testament," debe usarse con gran cautela y cuidadoso estudio, a fin de no quedar con una impresión errónea. De los setenta y cinco textos citados, solo quince tratan de sanidad física. La mayoría trata de restauración espiritual, nacional o milenaria, y no de sanidad física. Es un tanto irónico, considerando el énfasis del libro, que tres de

## ANTIGUO TESTAMENTO
## EL MINISTERIO DE SANIDAD DE DIOS DIRECTAMENTE

1. Génesis 21:1 ---------------- Sara
2. Génesis 29:31 -------------- Lea
3. Génesis 30:22 -------------- Raquel
4. Éxodo 4:6, 7 ---------------- Moisés
5. 1 Samuel 1:19, 20 ----------- Ana
6. 1 Samuel 6:3 ---------------- Los filisteos
7. 2 Reyes 13:21 -------------- Un desconocido
8. 2 Crónicas 30:20 ------------ Israel
9. Job 42 ----------------------- Job

## ANTIGUO TESTAMENTO
## EL MINISTERIO DE SANIDAD DE
## DIOS POR MEDIO DE HOMBRES

1. Génesis 20:17 -------------- Abimelec, su esposa, sus siervas
2. Números 12:1-15 ----------- María
3. Números 16:41-50 ---------- Israel
4. Números 21:4-9 ------------- Israel
5. Números 25:1-9 ------------- Israel
6. 2 Samuel 24:1-17 ----------- Israel
7. 1 Reyes 13:4-6 -------------- Jeroboam
8. 1 Reyes 17:17-24 ----------- El hijo de la viuda
9. 2 Reyes 4:18-37 ------------- El hijo de la sunamita
10. 2 Reyes 5:1-14 -------------- Naamán
11. 2 Reyes 20:1-11 ------------ Ezequías
    (cp. 2 Cr. 32:24-26; Is. 38:1-22)

He dividido en categorías varias características del ministerio de sanidad de Dios en el Antiguo Testamento. Usted puede comparar lo que las personas enseñan hoy respecto a la sanidad (incluyendo a este autor) con el registro bíblico. De esta manera, el Espíritu Santo puede ser su Maestro final y las Escrituras su autoridad final.

---

los textos mencionados contengan el mensaje de que "no hay sanidad" (Jer. 46:11; 51:8, 9; Os. 5:13). Sorprendentemente, la lista no incluye seis de los veinte casos de sanidad del Antiguo Testamento (Gn. 21:1, 2; 29:31; 30:22; Nm. 25:1-9; 1 S. 1:19, 20; 2 S. 24:1-17 y Job 42).

## AFLIGIDO POR DIOS

Dios afligió físicamente a algunas personas en numerosas ocasiones. Este aspecto de la justicia de Dios a menudo escapa a nuestra atención. La gente busca rápidamente sanidad, pero convenientemente ignora el juicio de Dios. Por ejemplo, Dios asestó un golpe destrozador a los egipcios cuando ellos rehusaron dejar que los judíos regresasen a Palestina (Éx. 12:29-30). Literalmente, miles de primogénitos de los hombres y del ganado perdieron su vida como castigo por la desobediencia de una nación.

Dios no siempre trata a su pueblo con mano de seda, tampoco. Nadab y Abiú, los hijos de Aarón, eran nuevos en el ministerio. En su descuido juvenil ofrecieron fuego extraño ante el Señor, lo cual Él había ordenado que no se hiciera. Instantáneamente, fuego descendió de la presencia del Señor y los envolvió (Lv. 10:1, 2). Murieron al instante como una severa advertencia para la nación respecto a la seriedad del pecado.

Uno de los hechos menos conocidos del Antiguo Testamento es que Ezequiel quedó viudo en medio de su ministerio profético.

> Hijo de hombre, he aquí que yo te quito de golpe el deleite de tus ojos; no endeches, ni llores, ni corran tus lágrimas. Reprime el suspirar, no hagas luto de mortuorios; ata tu turbante sobre ti, y pon tus zapatos en tus pies, y no te cubras con rebozo, ni comas pan de enlutados. Hablé al pueblo por la mañana, y a la tarde murió mi mujer; y a la mañana hice como me fue mandado (Ez. 24:16-18).

La esposa de Ezequiel expiró por mano de Dios a fin de que Ezequiel pudiese ser un modelo de lamento para Israel. Así como él se lamentó por la muerte de su esposa, así ellos debían lamentarse por sus pecados y por el juicio de Dios sobre la nación.

## *Enfermedades relacionadas con el pecado*

Algunas aflicciones físicas vienen debido al pecado personal, aun cuando la persona afectada no siempre sea el pecador.

Sorprendentemente, cuando la aflicción era lo más apropiado, Dios ocasionalmente la contuvo. Por ejemplo, después de que Aarón guió a la nación a la adoración idolátrica, el Señor fustigó al pueblo, pero no a Aarón (Éx. 32:35).

En otras ocasiones, el que pecó recibió castigo físico de Dios. María enfermó de lepra por cuestionar el liderazgo de Moisés (Nm. 12:1-15), y Coré murió en su rebelión contra Moisés (Nm. 16:1-50).

Algunas veces, incluso, una persona que no había pecado sufría la aflicción enviada por Dios. El ejemplo más prominente es del hijo que nació de la relación inmoral de David con Betsabé (2 S. 12:1-23).

## Enfermedades inexplicables

El Antiguo Testamento contiene muchos casos de enfermedades inexplicables. Al parecer no tienen nada que ver con el pecado o con alguna enfermedad conocida.

Considérese a Mefi-boset, por ejemplo. Su nodriza lo dejó caer cuando era bebé y quedó cojo de por vida (2 S. 4:4). Otra ocasión fue la muerte del hijo de la sunamita (2 R. 4:18-37). Ese incidente tiene un fin agradable porque Eliseo luego resucitó al niño de entre los muertos. Y Daniel se enfermó más de una vez después de recibir visiones proféticas (Dn. 7:28; 8:27).

### La participación de Satanás

Solamente el bien conocido episodio del Antiguo Testamento cuando Satanás afligió a Job indica que Satanás puede ser un agente de la enfermedad (Job 1—2).

### Los santos se enfermaron

Los creyentes no fueron inmunes a las afecciones físicas. Isaac (Gn. 27:1) y Jacob (Gn. 48:1) se enfermaron y más tarde murieron.

Job fue severamente atacado por úlceras (Job 2:7). Léanse Job 2:13; 3:24; 7:5, 15; 13:28; 16:8; 19:17; 30:17, 30 y 33:21 para ver cuán seriamente se enfermó Job. Pero al final Dios le sanó (Job 42:10).

## SANADO POR DIOS

### Los métodos de curación variaban

Dios no sólo afligió sino que también sanó. Y nadie puede acusar al Señor de tener alguna técnica favorita para sanar. Los medios de sanidad variaron ampliamente y son casi tan numerosos como las mismas sanidades. Los métodos de sanidad varían desde la directa intervención de Dios, a la oración humana, y a algunos de los más extraños métodos imaginables.

Por ejemplo, Moisés oró para que María fuese sanada de la lepra (Nm. 12:13). Después de pasar siete días fuera del campamento, María fue sanada y regresó para volver a unirse a la congregación (Nm. 12:14, 15).

Nabucodonosor fue sanado siete años después de que Dios lo afligió, precisamente como Dios lo había prometido (Dn. 4:28-37).

El general sirio Naamán emergió después de sumergirse siete veces en el río Jordán para descubrir que su lepra había desaparecido (2 R. 5:1-14). Y ocurrió una sanidad entre los israelitas en el desierto de Judea (Nm. 21:4-9).

Ciertamente, los casos del Antiguo Testamento no indican que Dios prefiriera consistentemente un método específico de sanidad. Es un hecho documentado por las Escrituras que, rara vez dos casos siguieron el mismo modelo, e incluso más raro es que la sanidad ocurriese en el contexto de la nación reunida para un culto en el tabernáculo o en el templo.

### Dios sanaba a incrédulos

No era necesario que la persona tuviese una relación salvadora con Dios para ser sanada. Las más notables son la sanidad del general sirio Naamán (2 R. 5:1-14) y la del rey de Babilonia (Dn. 4:28-37). Dios sanaba soberanamente a quien Él quería.

### Dios restauraba la vida

En todo el Antiguo Testamento, solamente a tres personas se les restauró la vida de entre los muertos. El hijo de la viuda de Sarepta fue sanado mediante Elías (1 R. 17:17-24). Eliseo levantó al hijo de la sunamita (2 R. 4:18-37). El tercer caso sigue siendo inolvidable:

> Y murió Eliseo, y lo sepultaron. Entrado el año, vinieron bandas armadas de moabitas a la tierra. Y aconteció que al sepultar unos a un hombre, súbitamente vieron una banda armada, y arrojaron el cadáver en el sepulcro de Eliseo; y cuando llegó a tocar el muerto los huesos de Eliseo, revivió, y se levantó sobre sus pies (2 R. 13:20, 21).

Es innecesario decir que ¡esa sí que puede considerarse una resurrección única!

### RESUMEN

Este es el registro revelado antes del tiempo de la cruz de Cristo:

- Los santos sufrieron.
- Dios afligió.
- Los métodos de sanidad variaron ampliamente.
- Los incrédulos se recuperaron.
- Algunos pecadores quedaron sin castigo físico.

- Los inocentes fueron afligidos.
- Satanás demostró ser insignificante.
- Las resurrecciones fueron raras.
- Los requisitos de fe nunca se mencionan directamente.

De modo que, ¿qué podemos concluir de estos hechos? Básicamente esto: las intervenciones especiales de Dios durante los más de 2.000 años desde Job y Abraham (alrededor del 2.200 a.C.) y hasta Cristo, se quedan pasmosamente cortas respecto a las expectativas de la mayoría de las personas. El Antiguo Testamento presta una atención infinitesimal a la sanidad, en comparación con cualquier otro tema tratado Génesis a Malaquías. Dios afligió más de lo que sanó. Sus sanidades fueron pocas y muy distanciadas entre sí. Y cuando Dios en efecto escogió sanar, sus métodos desafían toda predicción.

¿Qué podemos, entonces, aprender para el día de hoy? Si hacemos a un lado las circunstancias extremadamente singulares en los veinte incidentes de sanidad en el Antiguo Testamento, nos quedarían ocho sanidades. Un cuidadoso examen de ellas nos permite hacer observaciones interesantes, a las cuales retornaremos en la conclusión de este libro.

Considere este resumen de las ocho, y cómo se efectuó la sanidad en cada caso:

1. Génesis 20:17: Abraham oró por la casa de Abimelec.
2. Génesis 21:1: El Señor se acordó de Sara.
3. Génesis 29:31: Dios abrió la matriz de Lea.
4. Génesis 30:22: Dios se acordó de Raquel.
5. 1 Samuel 1:12-16: Ana oró por sí misma.
6. 1 Reyes 13:6: El hombre de Dios oró por Jeroboam.
7. 2 Reyes 20:3: Ezequías oró por sí mismo.
8. 2 Crónicas 30:18: Ezequías oró por Israel.

En tres de las ocasiones mencionadas, Dios sanó sin ningún estímulo humano. Dos veces Dios contestó la oración del afligido. Tres veces Dios sanó como respuesta a la oración de alguna otra persona. Ciertamente, el compromiso de uno mismo a descansar en la voluntad soberana de Dios y a interceder personalmente a favor del afligido define el modelo del Antiguo Testamento con el cual podemos comparar las sanidades de hoy.

Por supuesto, no podemos llegar a conclusiones respecto a la participación de Dios en la sanidad presente mientras no veamos el registro bíblico completo. De modo que en los próximos dos capítulos veremos cómo Dios obró en las vidas de las personas en las páginas del Nuevo Testamento. Entonces podremos comparar el registro bíblico completo con las afirmaciones recientes y las necesidades personales actuales, para ver cómo debemos responder y lo que debemos esperar.

# 6

# *Jesús y las multitudes*

Una bien conocida colección de récords empieza con estas palabras:

> ¡Aquí están! El más grande, el más largo, el más profundo, el más alto, el más rápido, el más gordo, el más viejo, el más nuevo, el más asombroso … el más espectacular … el más increíble … repleto de hechos fantásticos y cifras fascinantes documentadas … aquí está.[1]

¿De qué libro de trata? Del *Guinness Book of World Records* [Libro de Guiness de récords mundiales]. Aunque usted no lo crea, una introducción al ministerio de sanidad de Cristo contiene incluso superlativos más grandes:

> Y hay también otras muchas cosas que hizo Jesús, las cuales si se escribieran una por una, pienso que ni aun en el mundo cabrían los libros que se habrían de escribir (Jn. 21:25).

El *Diccionario de la Lengua Española* de la Real Academia Española define *único* como «solo y sin otro de su especie; singu-

---

1. Norris McWhirter y Ross McWhirter, *Guinness Book of World Records* (Nueva York: Bantam, 1977), p. 1.

lar, extraordinario, excelente». Ninguna otra palabra describe acertadamente los milagros de sanidad de Cristo. En ningún otro momento de la historia humana han sido sanadas tantas personas de una multitud tal de enfermedades, en tan corto tiempo como durante los tres años de ministerio público de Cristo. La historia no se ha repetido. El ministerio de sanidad verdaderamente único de Cristo sigue sin igual.

No es sorpresa que los judíos se asombraran del ministerio de sanidad de Jesús, porque «nunca se había visto cosa semejante en Israel» (Mt. 9:33; *véase también* Mr. 2:12; Lc. 10:24; Jn 9:32). Considere los siguientes relatos por usted mismo; pienso que estará de acuerdo.

### EL MINISTERIO DE SANIDAD DE DIOS POR MEDIO DE JESÚS[2]

| | Mateo | Marcos | Lucas | Juan |
|---|---|---|---|---|
| 1. Multitudes | 4:23-24 | 1:39 | — | — |
| 2. Leproso | 8:2-3 | 1:40-42 | 5:12-13 | — |
| 3. Siervo | 8:5-13 | — | 7:2-10 | — |
| 4. Mujer | 8:14-15 | 1:30-31 | 4:38-39 | — |
| 5. Multitudes | 8:16-17 | 1:32-34 | 4:40-41 | — |
| 6. Endemoniado | 8:28-34 | 5:1-20 | 8:26-39 | — |
| 7. Paralítico | 9:1-8 | 2:1-12 | 5:17-26 | — |
| 8. Muchacha | 9:18-19, 23-26 | 5:21-23, 35-43 | 8:40-42 49-56 | — |
| 9. Mujer | 9:20-22 | 5:24-34 | 8:43-48 | — |
| 10. Ciego | 9:27-31 | — | — | — |
| 11. Endemoniado | 9:32-34 | — | — | — |
| 12. Multitudes | 9:35 | — | — | — |
| 13. Multitudes | 11:2-5 | — | 7:18-22 | — |
| 14. Hombre | 12:9-14 | 3:1-6 | 6:6-11 | — |
| 15. Multitudes | 12:15-21 | 3:7-12 | — | — |
| 16. Endemoniado | 12:22-23 | — | — | — |
| 17. Unos pocos | 13:54-58 | 6:1-6 | — | — |
| 18. Multitudes | 14:13-14 | — | 9:10-11 | 6:1-3 |
| 19. Multitudes | 14:34-36 | 6:53-56 | — | — |

2. Esta tabla se conforma a la cronología sinóptica de acuerdo a Robert L. Thomas y Stanley N. Gundry, *A Harmony of the Gospel* (Chicago: Moody Press, 1979).

| | | | | |
|---|---|---|---|---|
| 20. Muchacha | | | | |
| gentil | 15:21-28 | 7:24-30 | — | — |
| 21. Multitudes | 15:29-31 | — | — | — |
| 22. Endemoniado | 17:14-21 | 9:14-29 | 9:37-43 | — |
| 23. Multitudes | 19:2 | — | — | — |
| 24. Ciegos | 20:29-34 | 10:46-52 | 18:35-43 | — |
| 25. Ciegos/cojos | 21:14 | — | — | — |
| 26. Endemoniado | — | 1:21-28 | 4:31-37 | — |
| 27. Sordo | — | 7:32-37 | — | — |
| 28. Ciego | — | 8:22-26 | — | — |
| 29. Multitudes | — | — | 5:15 | — |
| 30. Multitudes | — | — | 6:17-19 | — |
| 31. Hijo de viuda | — | — | 7:11-17 | — |
| 32. Mujeres | — | — | 8:2 | — |
| 33. Endemoniado | — | — | 11:14 | — |
| 34. Mujer | — | — | 13:10-13 | — |
| 35. Hombre | — | — | 14:1-4 | — |
| 36. Diez leprosos | — | — | 17:11-21 | — |
| 37. Oreja de un hombre | — | — | 22:50-51 | — |
| 38. Hijo de un hombre | — | — | — | 4:46-54 |
| 39. Paralítico | — | — | — | 5:1-9 |
| 40. Ciego | — | — | — | 9:1-7 |
| 41. Lázaro | — | — | — | 11:1-45 |
| 42. Muchos más | — | — | — | 20:30-31; 21:25 |

## EL MINISTERIO DE SANIDAD DE DIOS POR MEDIO DE HOMBRES

| | Mateo | Marcos | Lucas | Juan |
|---|---|---|---|---|
| 1. Discípulos | 10:1-15 | 3:15; 6:7-13 | 9:1-6 | — |
| 2. Hombres desconocidos | — | 9:38-40 | 9:49-50 | — |
| 3. Los setenta | — | — | 10:1-20 | — |

El siguiente recuento general da un cuadro detallado de lo que el ministerio de sanidad de Cristo nos hubiera parecido a nosotros si hubiéramos vivido en su tiempo. Esto nos ofrece una tremenda perspectiva para nuestra discusión más tarde, cuando preguntemos: «¿Se parece el modelo de las supuestas sanidades de hoy en alguna manera a las hechas por nuestro Señor?» Usted puede decidir por usted mismo a partir de este estudio inductivo de los Evangelios.

## RAZONES PARA LA SANIDAD

Existieron varias razones para el ministerio de sanidad de Cristo, las cuales contribuyeron a la autenticación de la persona de Jesús como el verdadero Mesías. Cristo jamás realizó milagros de sanidad meramente por su beneficio físico, como podemos ver en estos pasajes del Nuevo Testamento. Los milagros de sanidad fueron:

- Mateo 8:17 — Un cumplimiento previo de la profecía mesiánica de Isaías 53:4.
- Mateo 9:6 — Para que gente supiera que Cristo tenía la autoridad para perdonar pecados (*véanse también* Mr. 2:10; Lc. 5:24).
- Mateo 11:2-19 — Para autenticar el ministerio mesiánico de Juan el Bautista, que estaba en prisión (cp. Is. 35; *véase también* Lc. 7:18-23).
- Mateo 12:15-21 — Un cumplimiento previo de la profecía mesiánica de Isaías 42:1-4.
- Juan 9:3 — Para que la gente viera las obras de Dios exhibidas en Cristo.
- Juan 11:4 — Para la gloria de Dios por medio de Cristo.
- Juan 20:30, 31 — Para llamar a la gente a que creyera que Jesús es el Cristo.
- Hechos 2:22 — Para Dios autenticar a Cristo.

## CARACTERÍSTICAS DE LAS SANIDADES DE CRISTO

### La sanidad tuvo un propósito

Aun cuando Jesús hizo muchos milagros, no los realizó indiscriminadamente. No siempre sanó a todo el que necesitaba sanidad (Jn. 5:3-5), ni realizó señales a petición (Mt. 12:38-40), ni tampoco usó sus poderes para evadir la cruz (Mt. 26:52, 53). Los milagros de nuestro Señor siempre lograron los propósitos que describimos en la sección anterior.

### La sanidad fue inmediata

Con tres excepciones, todas las sanidades efectuadas por Cristo fueron instantáneas (Mt. 8:22-26; Lc. 17:11-19; Jn. 9:1-7). No se necesitó un período de recuperación; los enfermos fueron restaurados de inmediato a completa salud. No hubo recaídas ni malos entendidos respecto a la sanidad: «Pues para que sepáis que el Hijo del Hombre tiene potestad en la tierra para perdonar pecados (dice entonces al paralítico): Levántate, toma tu cama, y vete a tu casa. Entonces él se levantó y se fue a su casa» (Mt. 9:6, 7).

Asimismo, las tres dilaciones en la sanidad fueron solamente *de minutos*, y los hombres involucrados fueron sanados *totalmente*. Por ejemplo, en Marcos capítulo 8 le llevaron un ciego a Jesús:

> Vino luego a Betsaida; y le trajeron un ciego, y le rogaron que le tocase. Entonces, tomando la mano del ciego, le sacó fuera de la aldea; y escupiendo en sus ojos, le puso las manos encima, y le preguntó si veía algo. Él, mirando, dijo: Veo los hombres como árboles, pero los veo que andan. Luego le puso otra vez las manos sobre los ojos, y le hizo que mirase; y fue restablecido, y vio de lejos y claramente a todos. Y lo envió a su casa, diciendo: No entres en la aldea, ni lo digas a nadie en la aldea (vv. 22-26).

### Las sanidades fueron abundantes

Los milagros de Jesús fueron ilimitados en número y alcance. «De manera que la multitud se maravillaba, viendo a los mudos hablar, a los mancos sanados, a los cojos andar, y a los ciegos ver; y glorificaban al Dios de Israel» (Mt. 15:31). Sus milagros jamás fueron confinados a tiempos ni lugares especiales. Jesús sanó en el curso de sus viajes por todo Israel. De las masas sufrientes, sus ayudantes nunca seleccionaron a los pocos que en realidad le veían; más bien, frecuentemente sanó a todos los que vinieron a Él.

### Sanidad en ausencia

La sanidad no requirió la presencia física de Jesús. Meramente pensaba o decía la palabra, y la sanidad se efectuaba. Un siervo de un centurión (Mt. 8:5-13), la hija de la cananea (Mt. 15:21-28), y el hijo de un oficial en Capernaum (Jn. 4:49-53) recibieron sus sanidades aparte de la presencia física de Jesús.

### Los métodos de sanidad variaron

Igual que Dios en el Antiguo Testamento, Jesús usó una variedad de métodos de sanidad en el Nuevo Testamento. El poder de Dios sanó; no había nada mágico que produjera sanidad en el método mismo.

1. Cristo tocó (Mt. 8:15).
2. Cristo habló (Jn. 5:8, 9).
3. La enferma tocó el manto de Jesús (Mt. 9:20-22).
4. Cristo usó saliva (Mr. 8:22-26).

5. Cristo tocó los oídos del hombre con sus dedos y le puso saliva en la lengua (Mr. 7:33-35).
6. Cristo untó barro (Jn. 9:6).

## Jesús aprobó a los médicos

Jesús reconoció los medios normales de sanidad física: el médico y la medicina. En ninguna ocasión menospreció a la profesión médica. Un día anunció: «Los sanos no tienen necesidad de médico, sino los enfermos» (Mt. 9:12). Con aprobación dijo que el samaritano usó aceite, vino y vendajes para ayudar al judío abandonado (Lc. 10:30-37).

## Sanidad para la gloria de Dios

Aun cuando la enfermedad puede resultar directamente del pecado personal, como se evidencia en el Antiguo Testamento, en ninguna parte de los relatos de los Evangelios se atribuye la enfermedad directamente al pecado personal. Sin embargo, las Escrituras indican dos veces que el propósito de las enfermedades era que Dios fuera glorificado. Por ejemplo, Marta y María se acercaron a Jesús un día y le pidieron que sanara a su hermano Lázaro. Él respondió: «Esta enfermedad no es para muerte, sino para la gloria de Dios, para que el Hijo de Dios sea glorificado por ella» (Jn. 11:4).

## El ministerio de sanidad de Cristo fue único

Las Escrituras afirman enfáticamente que en la historia nunca había habido un ministerio de sanidad como el de Cristo: «Mientras salían ellos, he aquí, le trajeron un mudo, endemoniado. Y echado fuera el demonio, el mudo habló; y la gente se maravillaba, y decía: Nunca se ha visto cosa semejante en Israel» (Mt. 9:32, 33).

## Jesús esquivó la aclamación

Jesús se esforzó para evitar la aprobación o recompensa pública por sus milagros de sanidad. En Lucas 10:20 dijo a sus discípulos explícitamente que no se regocijaran por el poder que se les había dado, sino en el hecho de que sus nombres estaban escritos en el cielo.

Cristo jamás buscó la fama ni la fortuna mediante la sanidad. Por un tiempo atrajo a grandes multitudes que oyeron su mensaje del reino, pero más tarde lo crucificaron a pesar de todos sus milagros.

### Las sanidades fueron innegables

La reacción de los espectadores a las sanidades de Cristo fueron fenomenales. Todos, incluso sus enemigos, se quedaron pasmados, asombrados e incapaces de negar ni desacreditar los milagros.

Es más, una de las afirmaciones más increíbles del ministerio de Cristo vino de los fariseos y sacerdotes incrédulos:

> Entonces los principales sacerdotes y los fariseos reunieron el concilio, y dijeron: ¿Qué haremos? Porque este hombre hace muchas señales. Si le dejamos así, todos creerán en él; y vendrán los romanos, y destruirán nuestro lugar santo y nuestra nación (Jn. 11:47, 48).

### Las reacciones se extendieron mucho

Las sanidades de Cristo produjeron reacciones de largo alcance. Marcos 1:45 describe cómo las noticias del ministerio de sanidad de Cristo se extendieron al punto en que no podía entrar a la ciudad sin que lo acosaran. Aun cuando se quedaba en áreas despobladas, la gente venía a Él *de todas partes*.

### La sanidad de Cristo no necesariamente salvó

Los milagros de Cristo no podían ser negados (Jn. 3:2), pero ellos no necesariamente condujeron a la fe. Por ejemplo, considere a los residentes de Corazín, Betsaida y Capernaum:

> Y os digo que en aquel día será más tolerable el castigo para Sodoma, que para aquella ciudad. ¡Ay de ti, Corazín! ¡Ay de ti, Betsaida! que si en Tiro y en Sidón se hubieran hecho los milagros que se han hecho en vosotras, tiempo ha que sentadas en cilicio y ceniza, se habrían arrepentido. Por tanto, en el juicio será más tolerable el castigo para Tiro y Sidón, que para vosotras. Y tú, Capernaum, que hasta los cielos eres levantada, hasta el Hades será abatida (Lc. 10:12-15).

### La fe no era necesaria

Una expresión de fe personal *no era* requisito necesario para la sanidad. Lázaro (Jn. 11), la hija de Jairo (Mt. 9), y el hijo de la viuda (Lc. 7), estaban muertos y eran incapaces de exhibir fe alguna. Sin embargo, fueron resucitados.

Asimismo, donde quiera que Jesús sanó a las multitudes se puede dar por sentado que la mayoría, si acaso no todos, a la larga rechazaron a Cristo y su evangelio. En Lucas 17, cuando Jesús sanó a diez leprosos, solamente «uno de ellos, viendo que había sido sanado, volvió, glorificando a Dios a gran voz, y se postró rostro en tierra a sus pies, dándole gracias» (Lc. 17:15, 16). Nótese la respuesta de Jesús:

> ¿No son diez los que fueron limpiados? Y los nueve, ¿dónde están? ¿No hubo quien volviese y diese gloria a Dios sino este extranjero? Y le dijo: Levántate, vete; tu fe te ha salvado (Lc. 17:17-19).

### Se honra la fe de otro

A veces Cristo sanó cuando otra persona, no el enfermo, exhibió fe. Nótese especialmente Mateo 17:19, 20; los discípulos habían sido incapaces de echar fuera al demonio, y vinieron a Jesús privadamente pidiendo instrucciones. Él les informó que les faltaba fe. El pasaje paralelo en Marcos 9:28, 29 añade que la oración hubiera tenido éxito. De modo que cualquiera que aduce que una persona seguirá enferma debido a su falta de fe necesita que se le corrija y advierta. En este caso, la fe deficiente estaba en los supuestos sanadores.

### Las sanidades no se planificaban de antemano

Jesús sanó desde el principio de su ministerio (Mt. 4:23-25) hasta el final (Jn. 11:1-44). A menudo inició la interacción y se acercó a la persona, como lo hizo con el paralítico en Betesda (Jn. 5:1-9). Además, Jesús siempre sanó durante el curso normal de su ministerio cotidiano. Dos ciegos que providencialmente estaban en el mismo lugar que Jesús durante sus viajes, fueron sanados cuando le pidieron misericordia (Mt. 9:27-29).

### Sanidad para la enfermedad causada por Satanás

No toda enfermedad es causada directamente por Satanás o los demonios, pero aquellos que están poseídos por demonios son susceptibles a enfermarse físicamente. Lucas 13:10-17 provee el ejemplo clásico, de una mujer que había sido atada por Satanás (posiblemente por medio de un demonio) y había estado encorvada por dieciocho años.

### Poder celestial de sanidad

Debido a que Cristo había abandonado voluntariamente el ejercicio *independiente* de sus atributos divinos, su poder sanador venía de Dios el Padre; no era generado por sí mismo:

- Echaba fuera demonios por el Espíritu de Dios (Mt. 12:28).
- El poder del Señor estaba presente para que Él realizara la sanidad (Lc. 5:17).
- Echaba fuera demonios por el dedo de Dios (Lc. 11:20).
- «… No puede el Hijo hacer nada por sí mismo …» (Jn. 5:19).
- «… prodigios y señales que Dios hizo entre vosotros por medio de él…» (Hch. 2:22).
- Cristo sanó porque Dios estaba con Él (Hch. 10:38).

### Sanidad por los discípulos

Otras personas, aparte de Cristo, realizaron sanidades, según los relatos de los Evangelios. Por ejemplo, Jesús mismo envió a los discípulos en un recorrido de predicación y sanidad (Mt. 10:1-15). Otros setenta salieron con una comisión similar del Señor a predicar y a sanar (Lc. 10:1-16).

### Una palabra final

La evidencia es contundente. Las sanidades de Cristo fueron:

- innegables
- espectaculares
- asombrosas
- abundantes
- sorprendentes

- instantáneas
- autorizadas
- sin limitaciones
- totales
- convincentes

Nadie, ni antes ni después, ha manifestado ni remotamente el mismo poder de Jesucristo para sanar. Él sigue siendo único. Nadie podría afirmar tener un ministerio de sanidad como el de Cristo. Sin embargo, el poder de sanidad de Dios no cesó con su Hijo, sino que continuó a través de los apóstoles. Los Hechos y las epístolas del Nuevo Testamento nos cuentan la historia a continuación.

# 7

# El legado apostólico

El Señor Jesucristo dejó a sus discípulos en el aposento alto con esta expectación: «De cierto, de cierto os digo: El que en mí cree, las obras que yo hago, él las hará también...» (Jn. 14:12). Comisionó a los doce a predicar el evangelio acompañados de las poderosas obras de Dios (Mr. 16:14-18).

La palabra de Jesús siguió siendo autorizada. Debido a que lo había prometido, cumpliría a ciencia cierta lo que había dicho. Justo antes de que ascendiera desde el monte de los Olivos, les dijo a sus discípulos que recibirían poder en poco tiempo (Hch. 1:8).

Los apóstoles ya habían visto el poder de sanidad de Dios obrando por medio de ellos antes de que Cristo muriera (Mt. 10:1-15; Lc. 10:1-16). Después de que Cristo ascendió a la diestra de Dios el Padre, los apóstoles se convirtieron en sus principales representantes y predicadores del evangelio en la tierra, y a través de ellos Dios obró milagrosamente (Hch. 2:43).

Y Jesús guardó la promesa que hizo en Juan 14:12. Su propio ministerio fue autenticado por los milagros (Hch. 2:22), y asimismo lo fue el de los apóstoles (He. 2:1-4). La prueba está en el libro de los Hechos y en las epístolas del Nuevo Testamento.

## LOS HECHOS DE LOS APÓSTOLES

En el período de aproximadamente treinta años que cubre el libro de los Hechos, se registran solamente dieciséis sanidades. Su cronología concuerda con la expansión del evangelio desde Jerusalén hasta Roma.

### EL MINISTERIO DE SANIDAD DIRECTO DE DIOS

1. Hechos 9:17, 18: Pablo es sanado por Dios (cp. Hch. 22:12, 13).
2. Hechos 14:19, 20: Pablo es sanado por Dios.
3. Hechos 28:1-6: Pablo es protegido por Dios.

### EL MINISTERIO DE SANIDAD DE DIOS POR MEDIO DE HOMBRES

1. Hechos 2:43: Los apóstoles hicieron señales y maravillas.
2. Hechos 3:1-10: Pedro sanó al mendigo cojo.
3. Hechos 5:12-16: Los apóstoles sanaron.
4. Hechos 6:8: Esteban sanó.
5. Hechos 8:7: Felipe sanó (cp. 8:13).
6. Hechos 9:32-35: Pedro sanó a Eneas.
7. Hechos 9:36-43: Pedro resucitó a Dorcas.
8. Hechos 14:3: Pablo y Bernabé hicieron señales y maravillas (cp. 15:12).
9. Hechos 14:8-18: Pablo sanó a un cojo.
10. Hechos 19:11, 12: Pablo sanó gente en Éfeso.
11. Hechos 20:7-12: Pablo resucitó a Eutico.
12. Hechos 28:7, 8: Pablo sanó al padre de Publio.
13. Hechos 28:9: Pablo sanó a muchos en Malta.

Cuando Dios sanó por medio de hombres, las sanidades se extendieron de Jerusalén hasta el fin de la tierra, en cumplimiento de la comisión de Cristo a los discípulos (Hch. 1:8). Las sanidades números 1 al 7 de la lista anterior acompañaron la predicación del evangelio en Jerusalén, Judea y Samaria (Hch. 1—12). Solamente seis sanidades (números 8 al 13) aparecen en todos los viajes de Pablo (Hch. 13—28). Puesto que parece haber poca repetición del mismo escenario, Hechos 4:29, 30 sería lo más cercano que hay al establecimiento de cualquier modelo de ministerio de sanidad. Allí los apóstoles predicaron la Palabra mientras Dios sanaba la sanidad.

Como lo hicimos con Jesús en los Evangelios, examinemos las principales características de las sanidades de Dios en el libro de los Hechos. Podrá ver por usted mismo lo que las Escrituras registran y luego compararlo con lo que varias personas enseñan respecto a la sanidad (incluyendo este autor). De esa manera, usted será un buen «bereano» al escudriñar las Escrituras para ver si estas cosas son así (Hch. 17:11).

## Las técnicas de curación variaron

Tal como ocurrió en el Antiguo Testamento y en los Evangelios, las técnicas de curación en el libro de los Hechos fueron variadas. La variedad sin ninguna fórmula establece la norma. La sanidad tuvo lugar:

1. Mediante una orden (Hch. 3:6).
2. A la sombra del sanador (Hch. 5:15).
3. Al tocar de una prenda de vestir del cuerpo del sanador (Hch. 19:11, 12).
4. Por la oración e imposición de manos (Hch. 28:8, 9).

## La sanidad fue inmediata

En el libro de los Hechos, los enfermos fueron restaurados de inmediato a plena salud. Es decir que las sanidades fueron instantáneas, sin que se requiriera ningún período de recuperación. Nadie afirmó que su sanidad fuera por fe, porque obviamente todavía no la habían recibido si no habían sido sanados al instante.

> Y cierto hombre de Listra estaba sentado, imposibilitado de los pies, cojo de nacimiento, que jamás había andado. Este oyó hablar a Pablo, el cual, fijando en él sus ojos, y viendo que tenía fe para ser sanado, dijo a gran voz: Levántate derecho sobre tus pies. Y él saltó, y anduvo (Hch. 14:8-10).

## Algunos incrédulos fueron sanados

Como en el ministerio de Cristo, la fe salvadora en Cristo Jesús no fue un requisito necesario para la sanidad.

> Y la gente, unánime, escuchaba atentamente las cosas que decía Felipe, oyendo y viendo las señales que hacía. Porque de muchos que tenían espíritus inmundos, salían éstos dando grandes voces; y muchos paralíticos y cojos eran sanados (Hch. 8:6, 7).

Al mismo tiempo que los no creyentes eran sanados, santos como Dorcas cayeron enfermos (Hch. 9:36-43).

### Se honró la fe del enfermo

En ocasiones se elogió la fe del enfermo. Pedro pronunció este elogio: «Y por la fe en su nombre, a éste, que vosotros veis y conocéis, le ha confirmado su nombre; y la fe que es por él ha dado a éste esta completa sanidad en presencia de todos vosotros» (Hch. 3:16).

Sin embargo, en otras ocasiones, no se requirió necesariamente una fe personal de parte del enfermo: «Y le dijo Pedro: Eneas, Jesucristo te sana; levántate, y haz tu cama. Y en seguida se levantó» (Hch. 9:34).

### Las sanidades fueron innegables

Las sanidades hechas por los apóstoles fueron innegables, y hasta los gobernantes judíos y las autoridades que constituían el sanedrín tuvieron que reconocerlo. Incluso, los oponentes más acérrimos del evangelio fueron incapaces de desacreditar las sanidades, puesto que fueron públicamente espectaculares.

> ¿Qué haremos con estos hombres? Porque de cierto, señal manifiesta ha sido hecha por ellos, notoria a todos los que moran en Jerusalén, y no lo podemos negar. Sin embargo, para que no se divulgue más entre el pueblo, amenacémosles para que no hablen de aquí en adelante a hombre alguno en este nombre (Hch. 4:16, 17).

### Enfermedad relacionada con el pecado

Algunas veces Dios afligió a personas debido al pecado personal. Afligió a Ananías y Safira después de que mintieron al Espíritu Santo (Hch. 5:5,10).

Pablo (Hch. 9:8), Herodes Agripa (Hch. 12:23), y Elimas (Hch. 13:4-12) tuvieron la misma experiencia.

### Vida restaurada

Dos personas fueron resucitadas: Dorcas (Hch. 9:36-43) y Eutico (Hch. 20:9-12). Añádase a estos dos las tres resurrecciones del Antiguo Testamento, más las tres del ministerio de Cristo, y en todas las Escrituras tenemos solamente ocho personas mencionadas específicamente por haber sido resucitadas. La única otra mención de resurrección es el episodio único registrado en Mateo 27:51-53, cuando el velo del templo se rasgó en dos a la muerte de Cristo, y muchos santos fueron levantados de la tumba.

### Sanidad en ausencia

Dios obraba tan poderosamente por medio de Pablo que los paños que lo tocaban podían dar sanidad sin que él estuviese presente (Hch. 19:11, 12).

### Sanidad no apostólica

Rara vez sanó alguien que no haya sido de los Doce. Las únicas posibles excepciones son Esteban (Hch. 6:8), Felipe (Hch. 8:7) y Bernabé (Hch. 14:3).

### LAS ENFERMEDADES EN LAS EPÍSTOLAS

Mientras los Evangelios indican que los discípulos verían a Dios hacer grandes milagros por medio de ellos, precisamente lo opuesto sucede en las epístolas. No hay ningún indicio bíblico de que las generaciones postapostólicas de cristianos experimentarían o realizarían milagros de sanidad como Cristo o los apóstoles.

### El propósito de la sanidad

Dios usó señales, milagros y maravillas para autenticar a los apóstoles y su ministerio (Ro. 15:18, 19; 2 Co. 12:12; He. 2:4). Si los apóstoles mismos (o, en rara ocasión, aquellos con quienes ellos ministraban) hicieron las señales, éstas eran para atestiguar la autoridad de los apóstoles como reveladores de la verdad (*véase* Hch. 2:42, 43).

Si se suponía que los cristianos no apostólicos a través de los siglos iban a poder realizar tales obras, entonces éstas no podrían haber servido como señales de apostolado (*véase* 2 Co. 12:12). Las señales hechas por los apóstoles atestiguaban que sus palabras tenían igual autoridad que las de Cristo mismo, porque Él los había escogido como sus portavoces (*véase* Mt. 10:11-15, 20, 40; 1 Co. 14:37). Las verdaderas señales podían ser falsificadas, pero no engañarían a Dios (Mt. 7:21-23). La iglesia recibió advertencias continuas para que estuviese alerta, vigilante y ejerciese discernimiento (Hch. 20:17-32; 2 Co. 11:13-15).

### La declinación de la sanidad

En las epístolas, la frecuencia con que Pablo sanaba declinó con el paso del tiempo.

1. Gálatas 4:13, 14: Pablo estaba enfermo.
2. 2 Corintios 12:7-10: Pablo estaba posiblemente enfermo.
3. Filipenses 2:25-30: Epafrodito estaba enfermo.

4. 1 Timoteo 5:23: Timoteo estaba enfermo.
5. 2 Timoteo 4:20: Trófimo estaba enfermo.

## Aprobación de la medicina

Pablo reconoció y recomendó la medicina. Sugirió a Timoteo que bebiera vino para aliviar su estómago (1 Ti. 5:23).

## Enfermedades relacionadas con el pecado

Santiago 5:14-20 da la respuesta bíblica para las enfermedades físicas severas o intempestivas que pudieran venir como castigo de Dios por el pecado personal. Este pasaje es tan importante que lo trataremos ampliamente en un capítulo posterior. Mientras tanto, por favor observe que este pasaje no dice nada respecto a la sanidad que en alguna manera se asemeje a las sanidades realizadas por medio de los apóstoles.

## La desaparición de la sanidad

Las sanidades llegaron a ser significativamente menos notorias con el paso del tiempo en la era apostólica. En sus tres últimas epístolas, 1 y 2 Timoteo y Tito, Pablo no menciona nada respecto a un futuro ministerio de sanidad. En sus otras cartas, Pablo tampoco menciona nada respecto a sanidades ocurridas en ese entonces. La única excepción aparece en la carta a los Corintios (1 Co. 12:9, 28, 30). Ni 1 ni 2 de Pedro dicen nada respecto a la sanidad, aun cuando Pedro alerta a sus lectores respecto a la posibilidad del sufrimiento (1 P. 4:19). Juan tampoco menciona la sanidad en sus tres epístolas. Es interesante notar que ninguna de las epístolas no apostólicas, Hebreos, Santiago y Judas, instruye a los santos respecto a futuros ministerios de sanidad milagrosa.

Las instrucciones específicas de Cristo a la Iglesia tampoco dicen absolutamente nada respecto a la sanidad física (Ap. 2—3). De hecho, ocurre exactamente lo opuesto: Jesús prepara a la iglesia de Esmirna para el sufrimiento y la muerte (Ap. 2:10), advierte a la iglesia de Tiatira en cuanto al inminente juicio de Dios que incluiría enfermedad y muerte debido a la inmoralidad y la idolatría (2:22, 23), y reprende a los laodicenses por jactarse de su salud física a costa del bienestar espiritual (3:17, 18).

## UN RESUMEN BÍBLICO DE LA SANIDAD

La evidencia bíblica puede resumirse de esta manera: la sanidad es *notable* en el Antiguo Testamento (en un lapso de 2.000

años), *impresionante* en los Evangelios (alrededor de tres años), *ocasional* en los Hechos (alrededor de treinta años), e *insignificante* en las epístolas (alrededor de cuarenta años). Cuando terminó la era apostólica, cesó la sanidad milagrosa por intervención humana directa. Y las sanidades de que informan los historiadores de la iglesia primitiva no se comparan con las del registro bíblico en cuanto a la calidad milagrosa de la sanidad instantánea, total e innegable.

### ¿POR QUÉ HAY TANTA CONFUSIÓN?[1]

Una de las más grandes amenazas de hoy a la correcta interpretación de la Biblia es dar por sentado que cualquier experiencia histórica específica de las Escrituras es una expectativa válida y general para hoy. Esta línea de pensamiento, que yo llamo «generalización», normalmente descansa en pasajes tales como Malaquías 3:6: «Porque yo, Jehová, no cambio», o Hebreos 13:8: «Jesucristo es el mismo ayer, y hoy, y por los siglos.»

### Generalización

Este peligro se me hizo patente hace poco, cuando visité el campus de la Universidad de California en Los Ángeles como uno de los tres invitados a una mesa redonda sobre el movimiento carismático. A cada participante se le había pedido que «expusiera su punto de vista apoyándolo con las Escrituras».

La primera persona dijo que los fenómenos carismáticos debieran considerarse normativos hoy en día, puesto que lo eran en la iglesia apostólica; y demostró por los primeros capítulos del libro de Hechos que esas experiencias resultaban bastante corrientes.

Un enfoque diferente caracterizó al siguiente panelista. Razonó que si Dios había hecho algo en el pasado, entonces no debíamos negar que podría hacerlo hoy. Sin embargo, admitió que las lenguas y otras experiencias similares no eran para todo el mundo hoy.

En ambos casos, las reflexiones de uno y otro se basaban en esa idea de que lo que Dios ha hecho en el pasado podemos automáticamente esperar que vuelva a realizarlo.

Cuando llegó mi turno, expuse varias verdades bíblicas. En primer lugar, que no se trata de la capacidad de Dios para hacer algo:

---

1. Esta sección ha sido copiada de Richard Mayhue, *Cómo interpretar la Biblia uno mismo* (Grand Rapids: Editorial Portavoz, 1994), pp. 120-124. *Véase también* Colin Brown, "The Other Half of the Gospel?", *Christianity Today* (21 abril 1989), pp. 26-29.

el Señor puede efectuar cualquier cosa, en cualquier momento y de la manera que quiera.

En segundo lugar, indiqué que es erróneo argumentar que, puesto que Dios ha hecho algo en el pasado, lo hará también automáticamente por usted o por otras personas. No permita que nadie le haga sentirse culpable persuadiéndole de que decir que el Señor no está haciendo una determinada cosa en nuestros días es negarle a Él o hacerle menos que Dios. A menos que podamos demostrar, mediante la autoridad de las Escrituras, que es la voluntad divina el hacer algo, afirmar que Él puede hacerlo y exigir que lo realice es abusar pecaminosamente del Señor.

En tercer lugar, señalé que Dios siempre ha advertido contra las falsificaciones: falsos profetas (Dt. 13:1-5; 18:14-22), falsos apóstoles (2 Co. 12:12), e incluso falsos creyentes (Mt. 7:13-23). Cristo previno acerca de que ni siquiera exclamaciones tales como «Señor, Señor», ni experiencias como los milagros o exorcismos distinguían necesariamente entre lo verdadero y lo falso (Mt. 7:21-23). De modo que *generalizar es abrir la puerta, de par en par, a toda clase de engaños y errores.*

Si se aplicase ampliamente la generalización a todas las experiencias bíblicas, llegaríamos a unas conclusiones equivocadas bastante obvias. Ya que unas pocas personas fueron resucitadas de los muertos en el pasado, creeríamos que Dios resucita a la gente también hoy en día; o puesto que el Señor suplió alimentos sobrenaturalmente a los judíos en el desierto (Éx. 16:1-21), e impidió que las prendas de vestir y el calzado de éstos se desgastasen durante su periplo de cuatro décadas (Dt. 29:5), debería alimentarnos y vestirnos a nosotros de esa misma manera.

Nosotros no esperamos un viaje al tercer cielo como el de Pablo (2 Co. 12:1-10). Tampoco los enfermos de lepra se bañan siete veces en un río para ser sanados (2 R. 5:1-14).

### Experiencialización

Otro obstáculo para una buena interpretación bíblica, la *experiencialización*, comienza con un suceso personal, y argumenta que si cualquier experiencia aparece en la Biblia y a mí se me ocurre, la misma debe provenir de Dios.

Esta línea de pensamiento utiliza la experiencia para validar las Escrituras, en vez de actuar a la inversa.

Para saber si es posible que una determinada experiencia proceda de Dios debemos empezar por la Biblia. Recuerde que había quienes afirmaban que su hablar en lenguas era de Dios, y sin embargo Pablo dijo que nadie con el Espíritu Santo diría lo que algunos corintios estaban diciendo: que Jesús es anatema (1 Co. 12:3). En otras palabras, que el Espíritu de Dios no era el origen de sus lenguas.

Para que una experiencia pueda proceder de Dios debe ser corroborada por las Escrituras y por otras personas piadosas. Jesús enseñó que la prueba consistiría en el fruto (Mt. 7:20). Pablo dijo que los profetas habían de ser juzgados por profetas (1 Co. 14:29) y que todo debía examinarse fuera bueno o malo (1 Ts. 5:21, 22). Y Juan lo dejó muy claro al advertir acerca de los falsos profetas y ordenar a los creyentes que los probasen para ver si venían de Dios (1 Jn. 4:1).

Si somos cuidadosos y usamos las Escrituras para evaluar la experiencia, en lugar de querer introducir dicha experiencia en la Biblia, contribuiremos a acabar con la confusión actual respecto a la cuestión de la sanidad.

# 8

# ¿Hay sanidad en la expiación?

Mientras hojeaba algunos comentarios en mi librería favorita de Columbus, Ohio, una estimada señora a quien había visitado y por quien había orado recientemente en el hospital, entró y se me acercó. Saludándola, destaqué lo bien que se veía.

Ella respondió: «Por sus heridas he sido sanada. Alabado sea Dios porque hay sanidad en la expiación de Cristo.»

Al instante decidí que la librería no era el lugar para una discusión teológica. No quería desanimarla, ni tampoco quería privarla de la confianza de que de alguna manera Dios había intervenido en su recuperación física. Sin embargo, su comprensión de Isaías 53:5 y 1 Pedro 2:24 no describen acertadamente lo que ella había experimentado.

Me pregunté dónde habría ella aprendido aquellos textos bíblicos. Tal vez había leído o había escuchado la explicación de algún sanador por fe sobre Isaías 53. Un amigo o vecino tal vez le habló de aquellos versículos, y tal vez usted también se ha preguntado al respecto.

¿Hay sanidad en la expiación? Si la hay, ¿de qué clase? ¿Cuánta? ¿Dónde la conseguimos? Analicemos el asunto.

## LA EXPIACIÓN

Isaías 53 es el punto central de la teología de sanidad.[1] La «carta magna» de las promesas de sanidad de Dios trata sobre la muerte sacrificial de Cristo en el Calvario. La expiación aparece primero en Levítico como parte del sistema sacrificial mosáico. En el día señalado del año, el sumo sacerdote de Israel entraba en el Lugar Santísimo, se acercaba al arca del pacto, y rociaba la sangre para expiar los pecados de Israel.

Aarón, el hermano de Moisés, fue el primer sacerdote. Levítico 16:3 nos dice que Aarón entraba en el Lugar Santo con un becerro como ofrenda. Ahora bien, ¿era aquella una ofrenda por el pecado o por la enfermedad? Incuestionablemente, era una ofrenda por el pecado. Aarón ofrecía el toro como una ofrenda por el pecado; primero por sí mismo y luego por su casa (Lv. 16:5, 6; cp. vv. 11, 16, 21, 34).

Moisés instituyó el día de la expiación por autoridad de Dios alrededor del año 1440 a.C. Cientos de años más tarde (alrededor del 700 a.C.) Isaías escribió respecto al Siervo que vendría y que sería «la expiación». El rito expiatorio que Moisés estableció fue cumplido más tarde por Jesucristo cuando murió por nuestros pecados, no por nuestras enfermedades.

Al estudiar el libro de Hebreos (el «Levítico» del Nuevo Testamento), se puede apreciar la unidad de las Escrituras. Cuando la expiación finalmente ocurrió, Cristo fungió como el sumo sacerdote y como el sacrificio (He. 9:11, 12). Jesucristo, Dios encarnado se convirtió en el Cordero inmolado por los pecados del mundo.

---

1. Quedé grandemente sorprendido por la deficiente atención dada a Isaías 53 por parte de algunos de los más recientes y altamente visibles volúmenes que defienden el ministerio contemporáneo de sanidad. Por ejemplo, Jack Deere, *Surprised by the Power of the Holy Spirit* (Grand Rapids: Zondervan Publishing House, 1993) le dedica solamente un párrafo (p. 169) en un libro de 299 páginas sobre la sanidad. John Wimber y Kevin Springer, *Power Healing* (San Francisco: Harper & Row, 1987) le dedican menos de cuatro páginas completas (pp. 152-156) de 269 páginas, pero usan la mayor parte del espacio para discutir lo que los hombres han dicho en vez de lo que las Escrituras enseñan. Benny Hinn, *Lord, I Need A Miracle* (Nashville: Thomas Nelson Publishers, 1993) provee menos de dos páginas (pp. 55-56) [De este libro hay traducción castellana titulada *Señor, necesito un milagro*, de la Editorial Caribe de Miami.] Jeffery Niehaus en *The Kingdom and the Power* (Ventura, CA: Regal Books, 1993) le dedica menos de tres páginas completas (48-50). Para una discusión exegética completa de Isaías 53, *véase* Edward J. Young, *The Book of Isaiah*, tomo 3 (Grand Rapids: Eerdmans, 1972), 340-354.

Hebreos 10 contiene varios pasajes que se relacionan con el cumplimiento de la expiación en Jesucristo.

> Y diciendo luego: He aquí que vengo, oh Dios, para hacer tu voluntad; quita lo primero, para establecer esto último. En esa voluntad somos santificados mediante la ofrenda del cuerpo de Jesucristo hecha una vez para siempre (He. 10:9, 10).

Año tras año, el sumo sacerdote tenía que hacer primero expiación por sí mismo y por su familia, y luego por la nación. Pero Cristo tuvo que ofrecerse a sí mismo solamente una vez (He. 10:12, 14). Eso es lo que Isaías 53 profetizó.

Tanto Levítico como Hebreos demuestran que en la mente de Dios la expiación trataba primeramente con el pecado, no con la enfermedad. La expiación está completamente ligada a nuestro problema con el pecado y a la redención que se necesitaba para quitar el pecado, a fin de que pudiésemos estar eternamente ante un Dios santo. La expiación de Cristo pagó la pena debida por el pecado, la cual incluía la ira de Dios derramada sobre Jesucristo. El principal énfasis de Isaías 53 se centra claramente en la salvación espiritual.[2]

## EL TEXTO DE ISAÍAS 53

Isaías 53:4-6 formula la pregunta: ¿Qué promete el profeta respecto a la restauración física, si es que promete algo?

La palabra hebrea que se traduce por «enfermedades» y «dolores» en Isaías 53:4 puede legítimamente referirse tanto a dolor físico o mental *como* a problemas espirituales. Los que dicen que el lenguaje se refiere *solamente* a problemas físicos deben decir más acertadamente que las palabras *pueden* referirse a problemas físicos.

Afortunadamente, las palabras siempre se usan en el contexto y con el significado que refleja la intención del autor. Normalmente el contexto indica lo que el autor quiso decir con las palabras que usó.

Nótese que la palabra «pecado» se usa cuatro veces en Isaías 53 e identifica el principal énfasis del pasaje. En Isaías 53:5, Cristo fue molido por nuestros pecados. Según Isaías 53:6, el Señor «cargó

---

2. El Nuevo Testamento presenta siempre a Cristo como el sustituto del cristiano que cargó los pecados en su expiación. *Véase* Mateo 20:28; Juan 1:29; Romanos 4:25; 5:6-8; 8:3; 1 Corintios 15:3; 2 Corintios 5:21; Gálatas 1:4; 3:13; 4:4-5; Hebreos 9:28; 1 Pedro 3:8 y 1 Juan 2:2; 4:10.

en él el pecado de todos nosotros». Él llevó nuestras iniquidades (53:11), y llevó el pecado de muchos (53:12; cp. He. 9:28). *El énfasis primario de Isaías 53 son los efectos espirituales y eternos del pecado,* no sus efectos físicos e inmediatos sobre el cuerpo. En Isaías 53:4 leemos que Él «llevó» nuestras enfermedades y «sufrió» nuestros dolores. Isaías usó estos mismos verbos en los versículos 11 y 12. Al comparar los versículos 3 y 4 con los versículos 11 y 12 vemos que el énfasis primario de nuevo es la salvación.

## ACLARACIÓN DEL SIGNIFICADO

Ahora consideremos algunas porciones bíblicas adicionales que afirman lo que acabamos de descubrir acerca de Isaías 53.

Primero, nuestro cuerpo presente es corruptible; o sea, se degenerará y morirá. Lo físico al fin y al cabo será separado de lo espiritual (Stg. 2:26). Pero las buenas nuevas para todos los creyentes son que un día nos vestiremos de lo incorruptible, una forma que permanecerá constante, pura y sin pecado por toda la eternidad (Ro. 8:23; 1 Co. 15:50-54).

Segundo, Cristo murió por nuestros *pecados*. El evangelio son buenas e inmediatas noticias respecto a nuestro problema con el pecado, pero no así respecto a nuestros problemas físicos. Se puede leer acerca de ello en Mateo 1:2, Juan 1:29, 1 Corintios 15:1-3 y otros pasajes.

Además, Cristo *fue hecho* pecado y no enfermedades. Segunda Corintios 5 habla acerca de su ministerio de reconciliación (*véanse* los vv. 18-21).

Cuarto, Cristo *perdonó* nuestros pecados, no nuestras enfermedades. Juan dice: «Os escribo … porque vuestros pecados os han sido perdonados por su nombre» (1 Jn. 2:12).

Quinto, Cristo *se dio* a sí mismo por nuestros pecados y no por nuestras enfermedades (Gá. 1:3, 4).

También, la Biblia enseña que si una persona es verdaderamente salva no puede perder su salvación (Jn. 5:24; 10:28, 29; Fil. 1:6; Jud. v. 24). Ahora, llevemos este pensamiento a su conclusión lógica: si la sanidad física es parte de la expiación, al igual que la sanidad espiritual (redención), no deberíamos perder nunca nuestra salud física, y por lo tanto así jamás moriríamos.

Pero, ¿es esto lo que realmente ocurre? No; las Escrituras dicen que todos moriremos (He. 9:27). Podríamos mirar ejemplos piadosos, tales como Abraham, Isaac, Daniel, Pablo y Timoteo, para mostrar que los más grandes santos de Dios sufrieron enfermedades y a la larga murieron. Por consiguiente, podemos concluir

bíblicamente que aunque hay un aspecto de sanidad física incluido en la expiación, no se aplicará sino *después* de la muerte y de la
redención de nuestros cuerpos por la resurrección (Ro. 8:23).

Séptimo, como verdaderos creyentes tenemos la seguridad de
nuestra salvación, pero no garantía de nuestra vida física o de nuestra salud. Santiago 4:13, 14 nos dice que no tenemos certeza de
que ninguno de nosotros estaremos aquí mañana. Pero es totalmente seguro que si ponemos nuestra fe en Jesucristo seremos sus
hijos e hijas para siempre (Ef. 1:5).

Octavo, si hay sanidad en la expiación y si se aplica físicamente
hoy, los que piden por fe sanidad física y no son sanados no tienen
derecho lógico de tener seguridad de su salvación. Sin embargo,
Dios dice que si somos salvos tenemos todo el derecho de estar
seguros de nuestra salvación. De modo que si en la expiación hubiese sanidad física, y si pedimos ser sanados y no lo somos, no
sólo perdemos nuestra seguridad de lo físico sino que deberíamos
también perder nuestra seguridad de lo espiritual. Afortunadamente,
sólo se puede llegar a tal conclusión antiescritural si consideramos erróneamente el verdadero concepto de la expiación: el perdón de nuestros pecados.

Noveno, si consideramos que la salud física en la expiación se
aplica hoy, la vida eterna debe también aplicarse hoy, así como la
adquisición de cuerpos inmortales.

Sin embargo, la muerte continúa siendo nuestro gran vengador
y tropezadero. Todos vamos a morir (He. 9:27). La muerte no será
abolida de la experiencia humana sino hasta que empiece el estado eterno. Por lo tanto, cualquier beneficio físico que se supone
que se halle en la expiación no se experimentará por completo
sino hasta que estemos en la presencia de Dios.

Considere esto igualmente: si Cristo pagó la pena por nuestro
pecado y todavía seguimos pecando, ¿cuál debería ser la experiencia paralela en el campo físico? ¿Salud total o salud quebrantada?
Así como tenemos quebrantada la salud espiritual, así también
continuaremos teniendo una salud física quebrantada hasta que se
quite la experiencia del pecado. Eso no ocurrirá sino hasta la muerte
o hasta cuando el Señor venga.

En realidad, Cristo pagó la pena por el pecado, pero no quitó el
pecado de la vida del creyente. Cristo se ocupó de *la causa* de la
enfermedad: *el pecado*, que es la causa de la enfermedad en su sentido moral. Pero no eliminó la enfermedad de la experiencia de la vida
de los creyentes, porque no los libró del acosamiento del pecado.

Finalmente, si es verdad que Isaías 53 trata del pecado y no de la enfermedad, el Nuevo Testamento verificará ese hecho. Las Escrituras están unificadas maravillosamente y no se contradicen mutuamente.

Como es de esperarse, Isaías 53 tiene su contraparte en el Nuevo Testamento. Felipe encontró al eunuco etíope leyendo Isaías 53 (Hch. 8:28, 32, 33). Cuando el eunuco le pidió a Felipe una explicación, «Felipe le anunció el evangelio de Jesús» (Hch. 8:35). Evidentemente el eunuco invitó a Cristo a ser su Salvador personal y Señor, porque luego pidió ser bautizado. El punto que debemos notar es este: tanto Felipe como el eunuco entendieron que Isaías 53 se refería al *pecado,* no a la enfermedad.

## MATEO E ISAÍAS 53

Mateo capítulos 8 y 9 registran el período más concentrado de sanidad en el registro de los Evangelios. En Mateo 8:14-17 hallamos una referencia a Isaías 53:4; referencia que algunas personas podrían usar para respaldar la afirmación de que la salud física es parte de la expiación:

> Vino Jesús a casa de Pedro, y vio a la suegra de éste postrada en cama, con fiebre. Y tocó su mano, y la fiebre la dejó; y ella se levantó, y les servía. Y cuando llegó la noche, trajeron a él muchos endemoniados; y con la palabra echó fuera a los demonios, y sanó a todos los enfermos; para que se cumpliese lo dicho por el profeta Isaías, cuando dijo: Él mismo tomó nuestras enfermedades, y llevó nuestras dolencias.

Aun cuando a primera vista parecería que Mateo 8:14-17 confirma la idea de que la expiación incluye la sanidad física, una observación más de cerca del texto revela lo que nuestro Señor en realidad trataba de enseñar.

Las palabras griegas que se traducen por «tomó» y «llevó» en Mateo 8:17 son diferentes de las palabras griegas correspondientes que se usan en la Septuaginta, que es la traducción griega de Isaías 53. Hay buenas razones para el cambio.

Las palabras en Mateo 8 significan «alejar de», no «llevar a cuestas». (Recuerde que las palabras usadas en Isaías 53:4 significan «llevar a cuestas como un sacrificio»; de aquí la idea de que «Él llevó sobre sí nuestros pecados».) Mateo dice que Cristo «alejó» las enfermedades de las personas. Cristo no «llevó a cuestas» la enfermedad de la suegra de Pedro en un sentido sustituidor. Él no dijo: «Que la fiebre se pase de ella a mí.»

Simplemente la tocó y la fiebre se fue. Él no llevó a cuestas las aflicciones de los que estaban enfermos ni los demonios de los endemoniados (Mt. 8:16). Más tarde, Él llevaría nuestro pecado en el Calvario, pero en este punto en Mateo 8 solamente alejaba las enfermedades.

El siguiente pensamiento es importante. Lo que Cristo hizo en el Calvario ocurrió varios años después del ministerio de sanidad en Capernaum que aparece en Mateo 8. No hay en lo absoluto relación de efecto entre lo que Cristo hizo en Capernaum y su expiación en la cruz del Calvario. Más bien, Mateo empleó un uso normal ilustrativo del Antiguo Testamento. Halló un punto de continuidad; un punto de identidad entre Isaías 53 y el ministerio de sanidad de Cristo en Capernaum.

Veámoslo de otra forma: Mateo 8 es a Isaías 53 lo que Mateo 17 (la transfiguración de Cristo) es a Apocalipsis 19. Es meramente un vistazo previo, así como Mateo 8 es un vistazo previo del reino eterno venidero que libertará del pecado y de la enfermedad. Un erudito escribe:

> En verdad, como he argumentado en otro lugar, Mateo 8:16, 17 conecta explícitamente los milagros de Jesús de sanidad y exorcismo con la expiación que todavía no había tenido lugar. Sirven para gustar de antemano la obra de la cruz, que es su fundamento y justificación, y están basados en ella.[3]

Sugerir que no hay ahora ninguna enfermedad porque Cristo trató con la aflicción física en el Calvario es como sugerir que no hay ahora pecado porque Cristo llevó nuestros pecados en el Calvario. En tanto y en cuanto el pecado exista (y existe), la base moral para la enfermedad continuará.

## PEDRO E ISAÍAS 53

¿Murió Cristo por nuestros pecados o por nuestras enfermedades? Algunos enseñan que 1 Pedro 2:24, que dice: «por cuya herida fuisteis sanados», es una afirmación de que Cristo cargó en la cruz nuestras enfermedades físicas. Pero el contexto del pasaje exige que comprendamos que Cristo murió por nuestros pecados.

Una pregunta que se hace con frecuencia es: ¿Qué significa la

---

3. D. A. Carson, *Showing the Spirit* (Grand Rapids: Baker Book House, 1987), pp. 156-157.

palabra «herida», o la frase «por cuya herida»? La palabra que se traduce por «heridas» en la BLA y en la NVI, y «herida» en RVR, se traduce mejor a partir del texto hebreo de Isaías 53:5 como «heridas resultado del maltrato físico». Así fue exactamente como Pedro comprendió a Isaías.

En el contexto, Pedro no habla primariamente de la flagelación que Cristo recibió a modo de preparación y a manos de los soldados, sino más bien de la totalidad del tormento agudísimo que sufrió en el Calvario (Sal. 22:14-17). Los azotes y las aflicciones que sufrió antes de ser clavado en la cruz fueron nada en comparación con la agonía que sufrió en el Calvario mismo cuando cargó con los pecados del mundo. Primera de Pedro 2:21-24 se refiere a nuestra sanidad espiritual y el pago que Cristo hizo por el pecado, no a nuestra enfermedades.

### RESUMEN

Isaías 53 se refiere a la expiación y a su valor redentor, no a su efecto terapéutico en un sentido espiritual. Cuatro líneas de evidencia respaldan esta conclusión:

1. La idea de expiación en Levítico y Hebreos claramente se aplica a la salvación.
2. El contexto de Isaías 53 hace hincapié primariamente en la provisión de la expiación para el pecado.
3. El contexto teológico de la muerte de Cristo y de la salvación se centra en el pecado.
4. Mateo, Pedro y el eunuco etíope entendieron que Isaías 53 se refería al pecado.

Toda la evidencia bíblica afirma que Isaías 53 habla del ser espiritual del hombre. Su principal énfasis es el pecado, no la enfermedad. Se concentra en la causa moral de la enfermedad, que es el pecado, y no en la remoción inmediata de uno de los resultados del pecado: la enfermedad.

Recuerde la pregunta que hicimos al principio: «¿Hay sanidad en la expiación?» Mi respuesta es «¡Sí!» pero con esta explicación: hay sanidad «por medio» de la expiación o «como resultado» de la expiación, pero jamás se les promete a los creyentes para el presente.[4] Cuando el pecado sea finalmente eliminado, la sani-

---

4. Parece más preciso bíblicamente decir: *«Habrá* sanidad física *mediante* la expiación» que decir *«Hay* sanidad física *en* la expiación.»* Concuerdo con lo

dad física de los creyentes será completa, pero solamente en el futuro, cuando nuestros cuerpos hayan sido redimidos por el poder de Dios (Ro. 8:23; Ap. 21:4).

> Por lo tanto, no se debe predicar que hay sanidad en la expiación en base de Mateo 8:16, 17 a menos que sea apoyado por otras citas bíblicas. Pero la Biblia no enseña eso en ninguna otra parte, y no se puede afirmar con seguridad sólo en base de Mateo 8:16, 17. No, la sanidad para nuestros cuerpos mortales no está en la expiación. Esta conclusión queda respaldada de inmediato por el hecho de que el perdón de los pecados y la limpieza de la culpa son ofrecidos mediante la cruz libre y certeramente y en el momento presente a todo el que sinceramente «cree», en tanto que la sanidad de todas nuestras debilidades y enfermedades no se ofrece libre ni certeramente al presente a todo el que cree. A ninguno de los que han creído para perdón y limpieza se les ha negado, pero a miles y miles de los que han creído para sanidad física se les ha negado. Esto no puede ser soslayado, por una razón muy pertinente. El plan y el propósito de Dios para con nosotros en la vida presente jamás permite la presencia del pecado, pero a munudo sí permite la presencia de las enfermedades, y así lo aprendemos tanto a partir de las Escrituras como a partir del testimonio cristiano.... En conclusión, tanto las Escrituras como la experiencia, dicen no; no hay sanidad corporal en la expiación.[5]

Al 1) analizar el lenguaje que se usa, 2) comprender el contexto en el cual se hallan los pasajes antedichos, 3) ver los pasajes complementarios de Levítico y Hebreos, y 4) darse cuenta de lo que implica la expiación, podemos concluir que la expiación con el pecado y la necesidad de satisfacer la ira justa de un Dios santo y

---

expresado por Doug Moo en "Divine Healing in the Health and Wealth Gospel," *Trinity Journal*, 9 (1988), p. 204: «Preferiríamos, entonces, decir que la sanidad física es uno de los *efectos* de la muerte expiatoria de Cristo.» *Véase también* W. Kelly Bokovay, "The Relationship of Physical Healing to the Attonement", *Didaskalia* (abril 1991), p. 35: «Es equívoco para cualquiera sugerir que la sanidad está "en" la expiación sin más ni más; la enfermedad solamente se elimina en el sentido de que es un *efecto* del pecado y su erradicación final está garantizada porque nuestros pecados han sido expiados.»

5. J. Sidlow Baxter, *Divine Healing and the Body* (Grand Rapids: Zondervan Publishing House, 1979), pp. 136-137. Baxter no escatima palabras aquí al negar rotundamente que la expiación provea base alguna para la sanidad física presente.

justo. Usted y yo no tendremos ninguna esperanza de bienestar físico garantizado sino hasta que la muerte quite el pecado de nuestra existencia personal.[6] Cuando la resurrección añada el fruto pleno de la redención a las primicias presentes (Ro. 8:23) conoceremos la plenitud de la salud física provista mediante la expiación. J. I. Packer capta elocuentemente la intención de Isaías 53 con este incisivo resumen.

> Es verdad: la salvación abarca el cuerpo y el alma. Y hay en verdad, como algunos lo ponen, sanidad para el cuerpo en la expiación. Pero debemos observar que la perfecta salud física se promete, no para esta vida, sino para el cielo, como parte de la gloria de resurrección que nos espera en el día cuando Cristo «transformará el cuerpo de la humillación nuestra, para que sea semejante al cuerpo de la gloria suya, por el poder con el cual puede también sujetar a sí mismo todas las cosas». El bienestar corporal pleno se presenta como una bendición futura de salvación, no como una bendición presente. Lo que Dios ha prometido, y cuándo lo dará, son cuestiones distintas.[7]

---

6. John Wimber y Kevin Springer, *Power Healing*, p. 154, citan a R. A. Torrey, *Divine Healing* (Grand Rapids: Baker Book House, reimpreso 1974), p. 53 (en realidad en la página 43). Según ellos, Torrey afirma que Isaías 53 quiere decir «... que en base de la experiencia de Cristo en la cruz, nosotros, como consecuencia, podemos experimentar ciento por ciento de sanidad aquí en la tierra». En el mejor de los casos, esto es una exageración de lo escrito por Torrey (pp. 43-46); en el peor, una representación errada. Que el lector sea cauto al leer las citas de otros escritores, especialmente cuando la literatura citada no está inmediatamente disponible para verificación.

7. James I. Packer, "Poor Health May Be the Best Remedy," *Christianity Today* (21 mayo 1982), p. 15.

# 9.

# ¿Es Santiago 5 para mí?

Hola, Dick Mayhue al habla.

—Gracias por recibir mi llamada, Pastor Dick. Mi esposo ha estado enfermo por tanto tiempo y parece que los médicos no pueden hacer nada. De modo que decidí llamarlo para un culto de ungimiento de Santiago 5. ¿Podrían venir usted y los ancianos?

—Estoy encantado de que usted quiera depender de Dios en esta cuestión tan importante. ¿Ha leído usted con todo cuidado Santiago 5:13-20 y comprende usted lo que enseña?

—No exactamente, pero está en la Biblia, y parece que es nuestra última esperanza. ¿Nos haría el favor de venir usted y algunos de los ancianos?

Tal conversación telefónica no es rara. Las cuestiones reales de vida y la muerte, la calidad de la vida y la paz mental están en juego. Son tantas las emociones que embargan a una persona que hace esta clase de llamadas que una prolongada lección de teología en ese momento sería inapropiada. Este es el momento de ofrecer compasión, amor y atención. Sin embargo, la mejor manera de preparase para esta situación es proveer la enseñanza correcta respecto a Santiago 5 antes que la crisis se presente.

114

## NUESTRO DESAFÍO

Una lectura casual de Santiago 5 puede suscitar más preguntas de las que contesta. Nuestro desafío es interpretar apropiadamente este pasaje y luego aplicarlo en términos prácticos.[1] Para tener éxito tendremos que examinar cuidadosamente cada parte del texto. Las siguientes son algunas de las preguntas legítimas que suscita Santiago 5: ¿Se limitaba el pasaje al primer siglo o es aplicable hoy? ¿Se aplica a toda la humanidad o solamente a los cristianos? ¿Se extiende a todos los cristianos o solamente a algunos? ¿Es su propósito preparar a las personas para morir o restaurar a las personas a una vida de calidad? ¿Se refiere a los problemas físicos, emocionales o espirituales? ¿Son los problemas mencionados en Santiago 5 severos u ordinarios? ¿Se debe practicar en un culto público o en privado? ¿Tiene la intención de que se incluya el ungimiento medicinal o simbólico? ¿Es la sanidad milagrosa o providencial? ¿Es la promesa absoluta o condicional?

---

1. Me ha sorprendido ver cuántas obras que tratan sobre la sanidad citan a Santiago 5:13-20 totalmente o en parte, pero jamás interpretan el pasaje. Por ejemplo, Benny Hinn, en su obra *Lord, I Need a Miracle* [de la cual hay traducción castellana titulada *Señor, necesito un milagro*, de la Editorial Caribe de Miami] cita este texto varias veces en siete cortos capítulos cuyo propósito es desarrollar una teología de los milagros. En *The Kingdom and the Power* (Ventura, CA: Regal Books, 1993), editado por Gary S. Greig y Kevin N. Springer, se cita Santiago 5 por lo menos en treinta y tres ocasiones, pero las explicaciones más extensas de este pasaje cubren apenas un párrafo (pp. 118, 125, 409). *Surprised by the Power of the Spirit* de Jack Deere (Grand Rapids: Zondervan Publishing House, 1993), se refiere brevemente a Santiago 5 en por los menos tres ocasiones, pero nunca ofrece da ninguna explicación para validar sus puntos. John Wimber y Kevin Springer, *Power Healing* (San Francisco: Harper & Row, 1987) cita a Santiago 5 en varias ocasiones, pero nunca expone con el texto. Con solamente dos pasajes que enseñan acerca de la sanidad física en las epístolas del Nuevo Testamento (1 Co. 12:8, 29, 30 es el otro), esperaríamos más que meras referencias casuales si la teología de una persona ha de tener credibilidad bíblica. Por otro lado, cada una de las obras mencionadas arriba abunda en respaldo detallado y anecdótico para sus opiniones sobre la sanidad. Por el contrario, Ralph P. Martin, en su obra *James* en *Word Biblical Commentary*, tomo 48 (Dallas: Word Publishing, 1988), pp. 197-216, provee el tratamiento más erudito, equitativo y convincente de Santiago 5:12-18 que este escritor conozca, junto con Peter Davids, *Commentary on James* (Grand Rapids: Eerdmans, 1982), pp. 191-198.

## LA CLAVE

En términos generales, una imagen vale más que mil palabras. Es por eso que Santiago sabiamente usó casí el treinta por ciento del texto para ilustrar su punto (en español son 44 de las 163 palabras). Elías e Israel (5:17, 18) ilustran un paralelo de la verdad que Santiago enseña en 5:14-16 y luego predica en 5:19, 20. Si comprendemos la ilustración primero, tendremos la clave para descubrir las riquezas prácticas de Santiago 5:13-20. Afortunadamente, la ilustración es excepcionalmente clara.

El profeta Elías vivió una vida recta. Fue un hombre con una naturaleza *(pathos)* como la nuestra y sus oraciones lograron mucho. Debido al pecado de Israel, Elías anunció que no llovería (1 R. 17:1). Por tres años y medio la tierra sufrió una sequía (Stg. 5:17).

Esto no es inesperado si comprendemos el contexto del Antiguo Testamento. Dios había prometido enfermedad sobre la tierra (incluyendo la sequía) si Israel se olvidada de su pacto con Él (Dt. 28:23, 24; 29:22-27). Más tarde Salomón oró con esto en mente:

> Si el cielo se cerrare y no lloviere, por haber ellos pecado contra ti, y te rogaren en este lugar y confesaren tu nombre, y se volvieren del pecado, cuando los afligieres, tú oirás en los cielos, y perdonarás el pecado de tus siervos y de tu pueblo Israel, enseñándoles el buen camino en que anden; y darás lluvias sobre tu tierra, la cual diste a tu pueblo por heredad (1 R. 8:35, 36; cp. 2 Cr. 6:26, 27).

Después de los días del rey Acab, Israel experimentó la maldición de Dios en varias otras ocasiones (Jer. 14:1-9; Am. 1:2; Hag. 1:9-11). Dios castigó a la nación físicamente debido a los prolongados patrones de pecado sin arrepentimiento.

Dios le dijo a Salomón cómo podía revertirse la maldición: «Si yo cerrare los cielos para que no haya lluvia, … si se humillare mi pueblo, sobre el cual mi nombre es invocado, y oraren, y buscaren mi rostro, y se convirtieren de sus malos caminos; entonces yo oiré desde los cielos, y perdonaré sus pecados, y sanaré su tierra» (2 Cr. 7:13, 14).

Santiago usó esta misma experiencia de Israel como una ilustración de lo que enseña a nivel personal en Santiago 5:14, 15. El rey Acab había pecado seriamente sin precedentes (1 R. 16:30, 33). De modo que Dios castigó al rey y a su reino con sequía (1 R. 17:1, 7; 18:5). No fue sino hasta cuando Elías confrontó a los falsos profetas de Baal y Asera que la gente se arrepintió, al punto inclusive de matar a los sacerdotes idólatras (1 R. 18:37, 39,

40). Cuando el pueblo se volvió a Dios, la necesidad de castigo físico de la tierra dejó de existir, de modo que Elías oró y llovió (1 R. 18:42, 45). Dios sanó la tierra de acuerdo a su promesa a Salomón.

Ahora que comprendemos la ilustración de Santiago, regresemos a Santiago 5:13-20 como un todo y veamos qué podemos aprender.

### LA SITUACIÓN

Santiago escribe en 5:13: «¿Está alguno entre vosotros afligido? Haga oración. ¿Está algunos alegre? Cante alabanzas.» La palabra «afligido» en el versículo 13 no debe confundirse con la palabra «enfermo» en el versículo 14 (aun cuando la enfermedad pudiera ser parte del sufrimiento). «Sufrimiento» es una palabra general que puede involucrar bien sea aflicción mental o emocional, o una combinación de ambas. En el contexto, se refiere a Santiago 5:10, donde el sustantivo «aflicción» se refiere a los profetas que sufrieron (cp. 2 Ti. 2:3, 9). Santiago escribe, en efecto: «Si usted tiene un problema en su vida debido al sufrimiento circunstancial, acuda a Dios en oración. Si todo marcha bien y usted está alegre, acuda a Dios con alabanza.»

Entonces Santiago cambia a un nuevo énfasis con «enfermedad» en 5:14. La palabra para «enfermo» proviene de la palabra griega *astheneia* (literalmente «sin fuerza»), que tiene el significado básico de estar débil bien sea emocional, espiritual o físicamente.[2] Sólo el contexto puede identificar el significado que el autor quiso darle, pero lo que es importante notar aquí es que la palabra significa «estar débil». Sin embargo, el término no indica la severidad de la debilidad.

Miremos un poco más adelante al versículo 15: «Y la oración de fe salvará al enfermo....» La palabra «enfermo» no es la misma palabra griega que se usa en el versículo 14. En el versículo 14 se usa *astheneia*, y en el versículo 15 se usa *kamnō*. Es el uso compa-

---

2. El grupo de palabras, *astheneō, astheneia, asthenēs* ocurre alrededor de ochenta y tres veces en el Nuevo Testamento. Con raras excepciones, los Evangelios lo traducen en referencia a la enfermedad física. Seis de las siete veces que aparece en Hechos se refieren a la enfermedad. Incluso en las epístolas, en donde «débil» es el uso mayoritario, se usa en referencia a Epafrodito (Fil. 2:26, 27), Trófimo (2 Ti. 4:20), y los corintios (1 Co. 11:30) para hablar de enfermedades físicas. Puesto que Santiago fue escrito antes que los Evangelios y antes que Hechos, el sentido de *astheneia* sería mejor tomado como debilidad física, especialmente si otros factores textuales apuntan también en esa dirección.

rativo de estas dos palabras lo que nos ayuda a identificar la severidad de la enfermedad.

*Kamnō*, en su sentido más general, quiere decir «fatiga», o algo que está gastado por el uso, o agotado. Describía documentos que se habían gastado por el uso.

A partir de un examen amplio del uso griego, sabemos que *kamnō* frecuentemente significaba enfermo severamente en el campo físico; o sea, enfermo al punto en que la muerte era inminente. También se usaba para describir a los muertos. Así, *kamnō* nos da la dimensión adicional para comprender que Santiago se refiere a un problema serio, y no una ocurrencia ordinaria. Santiago 5 no describe un rito genérico que los cristianos deban realizar cada vez que sufran alguna enfermedad de cualquier tipo. Esto trivializaría lo que Dios diseño como algo sagrado.

Algunos han sugerido que Santiago 5:14, 15 no trata con lo físico de ninguna manera, sino más bien con los problemas emocionales y espirituales.[3] Sin embargo, cuando se considera 1) el uso muy normal de *astheneia* en los Evangelios y en Hechos, 2) el hecho de que *kamnō* se refiere a la enfermedad física seria, y 3) la ilustración de Elías en Santiago 5:17, 18 (que incuestionablemente establece el problema como castigo físico), entonces la sugerencia de que Santiago 5 no trata con lo físico es menos que convincente. Indudablemente, la selección de palabras del autor en Santiago 5:14, 15, combinada con la ilustración en Santiago 5:17, 18, llevó a los expertos traductores de las versiones RVR, BLA y NIV a usar unánimemente «enfermo», en 5:14 y en 5:15, para traducir tanto *astheneia* como *kamnō*. El comentarista bíblico Doug Moo escribe:

> El lenguaje de Santiago hace imposible eliminar la dimensión física. Primero, mientras que *astheneō* puede denotar debilidad espiritual, este significado es usualmente aclarado por un calificati-

---

3. *Véase* Carl Armerding, "Is Any Among You Afflicted?" *Bibliotheca Sacra* (abril-junio 1938), pp. 195-201 y Daniel R. Hayden, "Calling the Elders to Pray," *Bibliotheca Sacra* (julio-septiembre 1981), pp. 258-266. La exposición de Hayden no me convence porque 1) en realidad no hace justicia a la ilustración en Santiago 5:17, 18; 2) trata inaceptablemente de interpretar Santiago con el uso paulino mayoritario (pero no exclusivo) de *astheneō, astheneia, asthenēs;* y 3) efectivamente ignora el hecho de que veinticuatro de los veinticinco usos evangélicos de *iaomai* (usado en Santiago 5:16) se refieren a una enfermedad física. Así, su propuesta yace en el extremo inferior de la escala de posibilidad gramatical.

vo (cp. Romanos 14:2, «cree»; 1 Corintios 8:7, «conciencia») o el contexto. Todavía más, en el material que es más relevante a Santiago, los Evangelios, *astheneō* casi siempre se refiere a la enfermedad. Lo mismo sucede con *kamnō*. Y *iaomai,* cuando no se usa en una cita del Antiguo Testamento, siempre se refiere en el Nuevo Testamento a la sanidad física. Más allá de esto, es significativo que la única otra mención de «unción con aceite» en el Nuevo Testamento viene en una descripción de sanidad física (Mr. 6:13).[4]

## EL PROCESO DE SANIDAD

A partir del uso frecuente de Santiago del término «hermanos», término común del Nuevo Testamento para los cristianos, es claro que escribe a creyentes. Santiago también escribe de la fe de sus lectores en Jesucristo (2:1). De modo que sabemos que Santiago 5 se aplica a los cristianos de hoy, y no está limitado solamente a la iglesia judía del primer siglo.[5]

### El llamado

Santiago dice que el que está físicamente enfermo en una forma severa, «llame a los ancianos» (5:14). «Llamar» *(proskaleō)* quiere decir convocar o llamar a alguien al lado de uno. El enfermo debe pedir a los ancianos que vengan a él; no debe ir a ellos (muy probablemente impedido por la enfermedad física). Por consiguiente, el culto de ungimiento que se celebra frente a la iglesia, el tipo en que la iglesia invita a los enfermos, es extraño al lenguaje y al significado de Santiago 5. Es más, Santiago 5 no respalda la idea de ninguna reunión pública de sanidad.

> El rito se prescribe solamente para los miembros de la iglesia; no se hace una invitación pública indiscriminada a los enfermos o a los afligidos del mundo.[6]

---

4. Doug Moo, *James* en *Tyndale New Testament Commentaries* (Grand Rapids: Eerdmans, 1985), p. 184. C. Samuel Storms, *Healing and Holiness* (Phillipsburg, NJ: Presbyterian and Reformed Publishing Company, 1990), p. 111, también provee una convincente discusión exegética.

5. *Véase* Merrill Unger, "Divine Healing", *Bibliotheca Sacra* (julio-septiembre 1971), pp. 234-244 y Henry Frost, *Miraculous Healing* (Londres: Evangelical Press, reimpreso 1972), p. 68 para una defensa de esta perspectiva hiperdispensacionalista.

6. Lewis B. Smedes, *Ministry and the Miraculous* (Pasadena: Seminario Teológico Fuller, 1987), pp. 32-33. Basado en Santiago 5, Jack Deere escribe en *Surprised by the Power of the Spirit*: «Le hicimos saber a nuestra iglesia que a

¿Quiénes son los ancianos? Eran los hombres a quienes Dios había designado para supervisar a la iglesia. Los requisitos para ser anciano se hallan en 1 Timoteo 3:1-7 y en Tito 1:6-9. Tres palabras del Nuevo Testamento describen el oficio, y cada una describe un aspecto diferente del mismo. «Obispo» se refiere a la función básica de dirigir; «anciano» indica la madurez de la vida de uno; y «pastor» implica el papel o la función de las actividades diarias. Son hombres justos de oración y líderes espirituales así como Elías.

El cristiano enfermo debe llamar a los ancianos que vengan a él. Estos hombres deben primero ungirlo con aceite y luego orar por la persona. Inequívocamente, la confesión de pecados juega un papel preponderante en el proceso. Santiago 5:15, 16 implica fuertemente que un modelo de no confesión de pecado en la vida de un creyente es la causa de la debilidad física. Y en el contexto inmediato, Santiago enfoca directa o indirectamente el pecado en cada uno de los versículos de Santiago 5:15-20.[7]

Note también que el creyente enfermo llama a los ancianos, no a alguien con «don de sanidad» (1 Co. 12:9, 28, 30). Una lectura cuidadosa del texto acerca de los «dones de sanidad» no relaciona ni limita su distribución a los ancianos. Por consiguiente, podemos concluir que no hay relación explícita o implícita entre Santiago 5 y los «dones de sanidad» mencionados en 1 Corintios 12.[8]

Cuando el pecado es el problema, la enfermedad puede resultar de la culpa por el pecado (como con David en el Salmo 32), o directamente del pecado mismo. En 1 Corintios 11 Pablo mencio-

---

partir de este momento aplicaríamos este pasaje en nuestros cultos y también en nuestras entrevistas privadas de asesoramiento. Desde hoy y en adelante, los ancianos y los pastores de la iglesia están dispuestos a visitar los hogares cuando sean llamados, y orarán por los enfermos en sus hogares» (30). En su aplicación, Deere va mucho más allá de la intención del autor de este pasaje.

7. Benny Hinn, en *Lord, I Need a Miracle*, afirma: «Cuando el Señor perdona el pecado, siempre incluye la sanidad … (Stg. 5:14, 15)» (p. 68). La conclusión lógica de esta afirmación no bíblica es que cualquiera que es salvado también es sanado. En ninguna parte la Biblia enseña esto; mucho menos en Santiago 5.

8. A. J. Gordon, *The Ministry of Healing* en *Healing: The Three Great Classics on Divine Healing* (Camp Hill, PA: Christian Publications, reimpreso 1992), pp. 140-141 y A. B. Simpson, *The Gospel of Healing* en *Healing: The Three Great Classics on Divine Healing*, p. 294 conectan, ambos, los dos textos sin ninguna base contextual o exegética. Este también parece ser el caso de Jack Deere, *Surprised by the Power of the Spirit*, pp. 164-165.

na que algunos de los corintios estaban debilitados y enfermos, y que algunos incluso habían dormido (estaban muertos) debido a que hicieron abominación del pan y de la copa. Hay incluso pecado de muerte (1 Jn. 5:16). Santiago se centra en los problemas espirituales que llevan a enfermedades físicas impuestas por Dios.

## El ungimiento

A menudo se ha hecho la pregunta de si el ungimiento es medicinal o simbólico.[9] En el primer siglo se usaba el aceite en un sentido medicinal; los antiguos creían que el aceite tenía efectos curativos en las personas. El samaritano recogió al hombre que había sido asaltado y echó aceite y vino sobre sus heridas (Lc. 10:34). Los apóstoles ungieron a personas y las sanaron (Mr. 6:13; cp. Is. 1:6).

La palabra natural para el ungimiento simbólico, *chriō,* no se usa aquí. La palabra de nuestro texto, *aleiphō,* se usa normalmente en la literatura griega extra bíblica para hablar de la unción con aceite con propósitos medicinales. Pero tres veces en el Antiguo Testamento en griego (la traducción Septuaginta: Gn. 31:13; Éx. 40:13; y Nm. 3:3), el verbo griego que se usó es una traducción de la palabra hebrea que quiere decir ungimiento simbólico o ceremonial. Por consiguiente, debe determinarse si el ungimiento de Santiago 5 se usaba en un sentido medicinal o simbólico por el contexto, y no únicamente por la lingüística.

Hagamos la pregunta: «Si el aceite debe entenderse en un sentido medicinal, ¿cómo curaría éste el cáncer, la tuberculosis, la arteriosclerosis, o una miríada de otras enfermedades?» En realidad, sabemos que el aceite no provee beneficio medicinal para ninguno de estos problemas. Si lo hiciera, entonces no habría necesidad de la oración de los ancianos ni del poder del Señor. Además, ver el aceite como que representa el cuidado médico no toma en cuenta el resto de Santiago 5.

Tanto el bien conocido uso del término «ungir» como el sentido común apuntan al uso *simbólico* del aceite. Pero si el aceite es simbólico, ¿qué representa? A la luz del contexto de la debilidad física y del uso simbólico de *aleiphō* en Santiago 5:14, el significado más normal, proveniente del bien conocido uso de la palabra

---

9. *Véase* Gary S. Shogren, "Will God Heal Us—A Re-examination of James 5:14-16*a*", *The Evangelical Quarterly*, (abril 1989), pp. 99-108. Este artículo apareció más tarde en J. I. Packer, ed. gen., *The Best of Theology,* tomo 4 (Carol Stream, IL: Christianity Today, Inc., 1990), pp. 75-83. Contiene una completa discusión de las posibilidades interpretativas de «la unción».

en el Antiguo Testamento, sería ilustrar lo que se promete en el pasaje: bienestar físico (cp. Sal. 23:5; 133:2). El aceite simbolizaba salud y bienestar, que es lo que Santiago prometió que resultaría (5:15). De manera que los ancianos ilustran el resultado del bienestar físico ungiendo simbólicamente con aceite al cristiano arrepentido «en el nombre del Señor» (Stg. 5:14). Es por autoridad del Señor («en el nombre del Señor») que actúan.

## La oración

Después del ungimiento viene la oración: «y oren por él» (5:14). ¿Quién ora? Los ancianos. Una «oración de fe salvará al enfermo» (v. 15). De modo que, ¿de quién es la oración y de quién es la fe? Es la oración y la fe de los ancianos. La fe del enfermo en realidad tiene muy poco, si acaso, que ver con la restauración (cp. Mt. 8:10, 13; Mr. 2:5).[10] Él ya ha expresado su fe al llamar a los ancianos. Esta verdad expone, de una vez por todas, el error de decir que si una persona tiene suficiente fe será sanada, o que si la persona no es sanada en un culto de sanidad es debido a su falta de fe.[11] Estas aserciones comunes no encajan con Santiago 5. La oración eficaz de los ancianos justos, tales como Elías, logra mucho a favor del enfermo.

### EL RESULTADO FINAL

«La oración de fe salvará al enfermo, y el Señor lo levantará; y si hubiere cometido pecados, le serán perdonados» (5:15).[12] ¡El eslabón entre lo físico y lo espiritual no podía ser más claro!

Note que el instrumento para levantar al enfermo no es *su* oración, sino la de los *ancianos.* El poder que lo levanta no es el de los ancia-

---

10. John Wimber y Kevin Springer, *Power Healing* yerran cuando afirman, concerniente a Santiago 5:14, 15: «Este pasaje da por sentado que la sanidad es un don de Dios dado libremente a su pueblo, no simplemente un medio de ganar nuevos convertidos» (p. 161). Este pasaje se refiere solamente a los ancianos, no a los cristianos en general.

11. *Ibid.,* p. 152. Wimber y Springer también yerran cuando explican por qué algunas personas no son sanadas: «Algunas personas no tienen fe en Dios para sanidad (Stg. 5:15).» La fe de la cual se habla en este texto es la de los ancianos, no de la persona enferma.

12. Roger Barrier, en *The Kingdom and the Power* afirma: «Sin una palabra de Dios no es posible orar la oración de fe (cp. el uso que hace Santiago de Elías como ejemplo en Santiago 5:14-18 y 1 Reyes 18:1, 41-44)» (p. 226). Sin embargo, la palabra de Dios a Elías en 1 Reyes 18 no es el punto de la ilustración en Santiago 5:17, 18. Importar este ejemplo histórico del Antiguo Testamento y luego imponerlo sobre Santiago 5:14-16 es excederse grandemente e interpretar mal el texto.

nos; es la intervención del Señor. La idea de la sanidad por medio del canal de líderes humanos es completamente extraña a Santiago 5. Este pasaje ilustra excelentemente 1 Juan 5:14, 15, en donde Dios promete contestar la oración que corresponde a su voluntad (véase consideración adicional al pie de la página en la nota no. 13).

Este es entonces el punto de Santiago 5:13-20: un creyente se ha descarriado, ha caído en el pecado y ha permanecido en pecado. Dios le ha castigado enviando enfermedad a su vida para hacerle volver a Él. Cuando el creyente reconoce que Dios ha enviado una enfermedad severa e intempestiva que lo incapacita, debe llamar a los ancianos de la iglesia. Los ancianos deben venir a él. Él debe confesar su pecado, y ellos deben ungirle con aceite y orar por él. Si el pecado es la causa de la enfermedad, entonces Dios lo levantará.

Nunca se dice que la sanidad será instantánea o milagrosa, pero sí que será completa. Debido a que se arregló el pecado mediante la confesión, no habrá más necesidad de castigo. Así que Dios quita el castigo y el creyente es restaurado a la salud física.[14] Esta es la pro-

---

13. «Si hubiere cometido pecados» (v. 15) es una cláusula compleja (condición de tercera clase, perfecto perifrástico). Lleva la idea de persistencia y probabilidad. Incluso, aun cuando una persona ha persistido en el pecado abierta, imprudente y neciamente y en rebelión, aquellos pecados le serán perdonados. Esto implica que 1) la persona ha confesado sus pecados, y 2) ha pedido perdón y Dios le concede sanidad basada en el arrepentimiento, como en los días de Elías (vv. 17, 18).

La última cláusula en el versículo 15 es «le serán perdonados». El texto griego en realidad dice: «*le será* perdonado»; es decir, el estado de pecado será perdonado. Así, este pasaje atañe a un creyente que imprudentemente se enreda en pecado sin arrepentimiento. Tal vez sucumbió a la deshonestidad, la inmoralidad o algún otro patrón de pecado en su vida. Pero ahora se arrepiente y confiesa su pecado, pidiéndole a Dios perdón.

J. B. Mayor, quien ha escrito uno de los más eruditos y completos comentarios sobre el libro de Santiago, sugiere que este pasaje debería decir: «Si ha cometido pecados que han dado lugar a la enfermedad.» Esta última parte del versículo 15 da la *condición* que nos ayuda a comprender su promesa absoluta. La condición explica la limitación del pasaje. Santiago 5 se aplica solamente a las personas que persisten en un patrón de vida de pecado y se enferman físicamente como resultado del castigo divino.

14. El sacramento católico romano de la extrema unción (o más comúnmente llamado «los santos óleos»), conocido en la cristiandad solamente desde el siglo IX, supuestamente se apoya en Santiago 5. Sin embargo, la comprensión católicorromana de este pasaje es contraria a la intención de Santiago. Santiago 5 habla de restaurar a la vida a una persona seriamente enferma, en tanto que el sacramento se propone preparar a la persona para la muerte. Santiago 5:15 en

mesa absoluta de Santiago 5:15 en el contexto y de acuerdo con el punto de la ilustración de Elías en Santiago 5:17, 18. Cuando se remedia la causa del castigo físico por el pecado sin arrepentimiento de acuerdo a Santiago 5, el cristiano arrepentido será sanado por cuanto no hay más necesidad de castigo físico. Podemos considerar esta situación la forma final de disciplina eclesiástica divinamente impuesta, que acaba con la restauración (cp. Mt. 18:15-20).

## EL CUADRO COMPLETO

Santiago 5 no indica que algunas personas en la iglesia experimentaban el castigo de Dios por el pecado sin resolver, como en Corinto (1 Co. 11:30). La asamblea a la cual Santiago escribió tenía problemas con la perseverancia, la fe, la ira, las buenas obras, el favoritismo, la conducta, los celos, las ambiciones egoístas, la mundanalidad, el egocentrismo y los juramentos. Santiago dijo que debían confesarse los pecados unos a otros (causa) para que pudieran ser sanados (efecto) (5:16). La palabra griega *iaomai,* que aquí se traduce por «sanar», puede usarse en un sentido físico (Mt. 8:8; Hch. 3:11) o espiritual (He. 12:13; 1 P. 2:24). Sin embargo, el uso predominante (por lo menos veinticuatro de las veintiocho ocasiones en que aparece) en el Nuevo Testamento indica restauración física. Puesto que no es una idea extraña al contexto aquí y puesto que es el uso más común de la palabra, la sanidad física explica mejor el texto.

Santiago también parece sugerir una práctica más amplia en 5:16 (unos a otros) que lo que sugiere en 5:14, 15, la cual está limitada a los ancianos. Para problemas espirituales menores o patrones de pecado menos establecidos así era, muy probablemente, como de-

---

realidad promete recuperación tanto espiritual como físicamente en esta situación en particular (5:14*a*) cuando se sigue el proceso correctivo (5:15*b*).

Según *Anointing and Pastoral Care of the Sick* (Washington: U.S. Catholic Conference, 1973), p. 5: «El sacramento de unción de los enfermos se administra a los que están peligrosamente enfermos, ungiéndolos en la frente y las manos con aceite de oliva o, si es oportuno, con algún otro aceite vegetal apropiadamente bendecido.» Esto fue un cambio radical para la iglesia romana. Por siglos habían usado Santiago 5 para respaldar el sacramento de la extrema unción, o remoción de pecado como preparación para la muerte. Los principales cambios vinieron en la omisión de cualquier mención al peligro de muerte como condición para el ungimiento. La iglesia romana finalmente reconoció que el contenido de Santiago 5 indica la experiencia de un cristiano que está seriamente enfermo y necesita que su salud sea restaurada, no que se lo prepare para morir.

bían arreglar cuentas a corto plazo con Dios y prevenir la deterioración de la situación al punto de poner en peligro la vida, lo cual exigiría el proceso de restauración de 5:14, 15.[15] Santiago habla más de *prevención* que de corrección, según se indica en el modo subjuntivo (modo de probabilidad) del verbo *iaomai* («sanar»).

Los que usan Santiago 5 para abogar por una restauración en la iglesia de los ministerios de sanidad física yerran por completo. Santiago enfatiza la eliminación del pecado, no el lograr la sanidad física. Lo que la iglesia necesita hoy es un renovado énfasis en la confesión y el manejo del pecado.

### LA EXHORTACIÓN

Santiago 5:19, 20 amplía los versículos previos sobre la sanidad. Los versículos 19 y 20, en efecto, dicen: «Hermanos, si alguno de entre vosotros se ha extraviado de la verdad, y alguno le hace volver, sepa que el que haga volver al pecador del error de su camino, salvará de muerte un alma, y cubrirá multitud de pecados.»

Pero, ¿no tiene la persona salva ya su alma redimida? De nuevo es provechoso analizar al lenguaje griego. El texto literalmente dice: «salvará su alma». La palabra para «alma» se usa frecuentemente para describir a la persona, el ser humano completo. La restauración física, no la salvación redentora, encaja mejor aquí. La traducción NVI acertadamente capta el énfasis de Santiago: «lo salvará de la muerte». No es muy diferente de la exhortación de Ezequiel en Ezequiel 18:24-29. El uso de *sōzō* («salvar») tanto en Santiago 5:15 como en 5:20 sugiere fuertemente que Santiago 5:19, 20 resume lo que Santiago acaba de escribir en 5:14-18.

El pecador redimido será salvo de la muerte física que puede presentarse a causa de la disciplina de Dios. Santiago escribe en el

---

15. Siguiendo a A. B. Simpson, *The Gospel of Healing*, p. 295, Gary S. Greig y Kevin N. Springer, *The Kingdom and the Power* afirman que Santiago 5:16 ordena a la iglesia orar por los enfermos (pp. 30-31). Jack Deere, *Surprised by the Power of the Spirit*, en las páginas 129-130 indica: «Dios comisionó a toda la iglesia a sanar....» Una lectura cuidadosa del texto apunta a la obligación de «... los creyentes de confesar los pecados unos a otros y orar unos por otros...» (5:16). El énfasis está en lo espiritual, no en lo físico. Trata primariamente con el pecado, no con la enfermedad. Si hay algún vínculo entre las dos cosas, parece ser mejor ver 1) la sanidad solamente como una posibilidad, no una certeza, y 2) la enfermedad como resultado del pecado. Esto no constituye un mandato para la iglesia a tratar con los problemas físicos y el sufrimiento, sino más bien a tratar con el pecado.

espíritu de Mateo 18:15-20 y Gálatas 6:1, apuntando hacia la meta de la restauración.

Podemos sacar por lo menos tres conclusiones de Santiago 5:19, 20:

1. Dios pide a los creyentes que se responsabilicen de restaurar a los hermanos y hermanas extraviados de la fe.
2. Continuar en el pecado sin resolver puede resultar en muerte, porque el creyente se descalificará a sí mismo para representar a Dios o realizar su obra.
3. La restauración es posible incluso si los pecados son frecuentes y serios; la confrontación cubrirá multitud de pecados. No podemos pecar tanto como para que Dios no pueda perdonarnos, pero para que Dios nos perdone necesitamos volvernos de nuestro pecado a Dios.

### UN EJEMPLO PRÁCTICO

Las conclusiones bíblicas que hemos descubierto respecto a Santiago 5 invalidan la mayoría de las enseñanzas de los ministerios contemporáneos de sanidad. Usualmente se usa Santiago 5 como texto de prueba en el Nuevo Testamento para toda suerte de ministerios de sanidad. Para evitar esta clase de errores, a continuación se da un ejemplo claro de lo que pudiera ser la experiencia de Santiago 5:14, 15.

La persona enferma de gravedad era una creyente, esposa de un médico. Sufría de un dolor terrible e insoportable en toda la espalda. Los médicos no podían encontrar la causa. Varios especialistas en ortopedia, muy competentes, trabajaban juntos en el caso sin ningún resultado. Se preguntaban, ¿podría ser el dolor resultado de algún conflicto psicológico? Consultaron con un psiquiatra; pero tampoco resultó. Ella buscó también asesoramiento neurológico. Tal vez el problema residía en la espina dorsal, el sistema nervioso. No pudieron encontrar la respuesta.

Su increíble dolor había llevado a los médicos a recetarle fuertes remedios que podían llegar a crear hábito, y su esposo naturalmente estaba muy preocupado por eso, tanto como ella. Por último la hospitalizaron.

Debido a que éramos viejos amigos, me llamó y me dijo:

—¿Me pregunto … si podrías reunir a un grupo de ancianos de la iglesia para que vengan a orar?

—Por supuesto que iremos —le respondí. Y fuimos, seis o siete de nosotros.

Entramos en su habitación del hospital un domingo por la noche después del culto vespertino. Ella tenía tanto dolor que casi ni podía hablar.

—No sé lo que voy a hacer —dijo—. Estoy a punto de desesperarme. ¿Qué podemos hacer? ¿Qué podemos hacer?

—Podemos hacer lo que Dios nos instruye ... orar. Oraremos que si es su soberana voluntad, ¡te salve, te restaure y te levante!

Cerramos la puerta, redujimos la intensidad de las luces, y varios nos arrodillamos y empezamos a orar. Concluí mi oración suplicándole a Dios alivio y, que si era su voluntad, le diera plena recuperación. Cuando otro hombre empezó a orar, la mujer alargó su brazo y me tocó en el hombro. Me hacía señas como si quisiera decir algo. Alargué mi mano hacia el hombre que estaba orando, y le tomé por la rodilla, apretándosela con firmeza, como diciéndole: «¡Espera un minuto!» Él se detuvo. Espontáneamente, la mujer dijo:

—Discúlpenme por interrumpirles, pero ya no siento ningún dolor. Y empezó a llorar. Varios de nosotros también. Estábamos tan agradecidos a Dios en ese momento.

—Debo decirles algo —dijo la mujer, mientras se sentaba en su cama, cosa que no había podido hacer por varios días. En realidad, pienso que ella pudo haberse levantado, salido caminando del hospital, subirse a su vehículo y conducir a su casa esa misma noche. El dolor había desaparecido por completo.

—Tengo que contarles algo respecto a mi vida —dijo ella.

Quietamente y sin vacilar, empezó a referir una historia de pecado que había sido parte de su estilo de vida. No es necesario entrar en detalles ... baste decir que ella había estado viviendo una vida de engaño, tanto frente a nosotros como frente a su familia. Pero hubo algo compulsivo en nuestra oración y en la sinceridad de nuestra fe al reunirnos alrededor de ella que le produjo tal convicción ardiente de su pecado que ni siquiera pudo dejarnos terminar. Dios oyó su oración de confesión y su deseo de arrepentimiento.[16]

## ¿Y AHORA QUÉ?

Si Santiago 5 no se aplica a su propia condición física, ¿qué debe hacer? ¿Cómo puede usted enfrentar bíblicamente la enfermedad cuya causa no es un patrón de pecado, y cuya fuente no es la mano castigadora de Dios?

---

16. Charles R. Swindoll, *Más cerca de la llama* (Miami: Editorial Betania, 1994), pp. 197-199.

Muy sencillamente: acudir a Dios en oración. Invite a su pastor, a su familia y a sus amigos cristianos a orar que se haga la voluntad de Dios y que la gloria de Dios se manifieste por medio suyo. La oración siempre es oportuna.

También, a medida que avance en la lectura de este libro, usted querrá prestar atención especial al Capítulo «En cama por designio divino». Allí descubrirá los beneficios espirituales de lo que la mayoría de nosotros consideraríamos un severo revés. Usted hallará que el sufrimiento, desde la perspectiva de Dios, puede convertirse en un significativo avance espiritual.

# 10

# *Los demonios y la enfermedad*

**M**uchos líderes cristianos afirman la realidad de los demonios y la posibilidad de que ellos residan en una persona. Considere uno de tales testimonios:

Una noche me llamaron a la iglesia, y hallé a uno de nuestros ancianos batallando con una muchacha poseída por demonios. Los demonios usaban la boca de ella para hablar, pero las voces que procedían de su boca no eran la de ella. Ocurrían cosas sorprendente en esa habitación. Ella había volcado un escritorio y estaba destrozando otras cosas en el salón.

Cuando entré en el salón, la muchacha se sentó de súbito en una silla, me lanzó una mirada iracunda, y en una voz que no era la suya me dijo: «¡Sáquenlo de aquí! ¡Sáquenlo!» Me alegré de que los demonios supiesen de qué lado estaba yo. Al principio no supimos qué hacer. Tratamos de hablarles a los demonios. Les ordenamos que nos dijeran sus nombres, y les ordenamos en el nombre de Jesús que se fueran al abismo. Pasamos dos horas tratando de sacar de ella a aquellos demonios.

Cuando finalmente dejamos de tratar de hablar con los demonios y tratamos directamente con aquella joven, empezamos a lograr algún resultado.

Le presentamos el evangelio, explicándole que necesitaba confesar y dejar sus pecados. Ella oró con un corazón arrepentido, confesó su pecado, y halló verdadera libertad en la salvación. Al hacerlo, se puso de pie con «el evangelio de la paz». Esa noche salió firme. Los demonios se habían ido y ella nunca más volvió a tener esos problemas.[1]

## PREGUNTAS CLAVE

En la última década, han circulado muchos libros nuevos sobre la guerra espiritual, con el mayor énfasis sobre la residencia y expulsión de demonios. Sorprendentemente, los libros están más bien equitativamente distribuidos entre autores carismáticos/de Tercera Ola[2] y no carismáticos.[3]

Usted tal vez se pregunte: ¿Por qué los demonios reciben de pronto tanta atención? ¿Son todos esos nuevos materiales bíblicamente correctos, o son simplemente elucubraciones de personas mal informadas que ven un demonio detrás de cada matorral y debajo de cada piedra? ¿Se ha acelerado la actividad demoníaca? ¿Cómo puedo saber cuáles conceptos son bíblicamente acertados y cuáles no lo son?

Este tema merece un libro completo,[4] pero lo resumiremos en este capítulo. Permítame empezar haciendo algunas observaciones generales a fin de evitar malos entendidos o tergiversaciones.

---

1. John F. MacArthur, Jr., *How to Meet the Enemy* (Wheaton: Victor Books, 1992), pp. 103-104.

2. Por ejemplo, Jack Deere, *Surprised by the Power of the Spirit* (Grand Rapids: Zondervan Publishing House, 1993); Michael Green, *Exposing the Prince of Darkness* (Ann Arbor: Servant Publications, 1991); Gary S. Grieg y Kevin N. Springer, eds., *The Kingdom and the Power* (Ventura, CA: Regal Books, 1993); John Wimber y Kevin Springer, *Power Healing* (San Francisco: Harper & Row, 1987).

3. Por ejemplo, Mark I. Bubeck, *El adversario* (Grand Rapids: Editorial Portavoz, 1988) y *Venciendo al adversario* (Grand Rapids: Editorial Portavoz, 1991); C. Fred Dickason, *Demon Possesions & the Christian* (Chicago: Moody Press, 1987); Merrill F. Unger, *What Demons Can Do to Saints* (Chicago: Moody Press, reimpreso 1991).

4. He escrito previamente sobre el tema de Satanás, pero no de los demonios. Véase *Unmasking Satan* (Wheaton, IL: Victor Books, 1988).

1. Creo en la realidad histórica de Satanás y los demonios, tanto en el pasado como en el presente, conforme se verifica en la Biblia.
2. Creo que la Biblia nos advierte que debemos esperar que Satanás y los demonios operen ahora como lo hicieron tanto en tiempos del Antiguo como del Nuevo Testamento.
3. Creo que vivimos al presente un incremento en la actividad demoníaca.
4. Creo que la Biblia enseña que, al vivir nuestra vida cristiana, experimentaremos una batalla espiritual real con Satanás y su ejército de demonios.
5. Creo que la sola Escritura, independiente de la experiencia personal o información clínica, determinará verdaderamente la realidad de las experiencias demoníacas, y nos ayudará a comprender nuestros encuentros con Satanás y los demonios.

### EL CAMPO DE BATALLA

En las Escrituras Satanás y los demonios se involucran prominentemente con las tinieblas espirituales (Ef. 6:12), el engaño (2 Co. 11:13-15), y la muerte (Jn. 8:44). Prosperan en esta clase de ambientes. Creo que en los últimos diez años, nuestra nación ha acelerado su marcha hacia estas condiciones, como lo atestigua el incremento en la falsa religión e idolatría, la inmoralidad y las perversiones sexuales, el uso de drogas, la actividad ocultista, el interés en el satanismo, la impiedad, la desvergüenza por el pecado, el desacato de la ley, la devaluación de la vida humana, y los intentos sociales de suprimir la verdad bíblica.

No sólo ha creado nuestra nación un ambiente donde Satanás y los demonios prosperan, sino que la comunidad cristiana también, inadvertidamente, se ha cobcado en una posición vulnerable a grandes engaños. En la iglesia esto normalmente se refleja en dos extremos: demasiado o muy poco énfasis en el mundo de los espíritus.

Una gran porción de la comunidad cristiana hoy presta muy poca atención a las enseñanzas y advertencias bíblicas acerca de Satanás y los demonios. Debido a que la actividad demoníaca ha sido relativamente poca en el pasado, razonan que seguirá igual en el futuro. Para algunos cristianos, la ignorancia de las Escrituras, combinada con una actitud de materialismo, produce una indiferencia nociva a la guerra invisible con las tinieblas. En otros domina una actitud nada realista de invencibilidad espiritual. Esto deja a muchos cristianos grandemente vulnerables y desprevenidos para la guerra espiritual.

Por otro lado, un segmento creciente del cristianismo evangélico no sólo ha reconocido la necesidad de estar alertas, sino que ha hecho de la guerra espiritual una prioridad suprema, e incluso extremista. Gran parte del énfasis exagerado que vemos hoy es una reacción a haber sido criados en una tradición que restaba importancia a Satanás y los demonios. Las conclusiones de estos creyentes proceden tanto de informes clínicos, de asesoría y de experiencias personales, como de las Escrituras.[5] La imaginación cristiana también ha sido atizada por la ficción cristiana contemporánea, que excede y en ocasiones distorsiona lo que las Escrituras enseñan respecto a Satanás y los demonios.[6] J. I. Packer observa: «Con el desvanecimiento del interés en la santidad sobrenatural ha crecido el interés en la sanidad sobrenatural y en los poderes sobrenaturales del mal contra los cuales los cristianos deben batallar.»[7]

Ciertamente, no todos estos factores están presentes en todo creyente que se embarca en la guerra espiritual. Creo, sin embargo, que este perfil general describe equitativa y acertadamente tanto a la comunidad secular como a la evangélica en la década de los noventa.

### EL REGISTRO BÍBLICO

La revelación especial de Dios en la Biblia provee la única información y comprensión fidedignas respecto a Satanás y a los demonios. Usted se sorprenderá al ver cuán poco se dice acerca de los demonios en las Escrituras fuera de los Evangelios. Los siguientes resúmenes bíblicos indican los relatos claros e históricos de relación humana con los demonios.

---

5. C. Fred Dickason, *Demon Possesions & the Christian,* 325, explica: «Hemos llegado a la conclusión de que ni la Biblia en sí misma ni ninguna proyección lógica o teológica de verdad bíblica puede resolver finalmente la cuestión. También hemos considerado la riqueza de evidencia clínica disponible, y hemos concluido que hay una buena base para sostener que los creyentes pueden tener demonios residiendo en ellos.» Para un claro análisis del error en la lógica de Dickason, *véase* Brent Grimsley, "Can a Christian Be 'Demonized'?" *Christian Research Journal* (verano de 1993), pp. 19, 37.

6. Frank E. Perreti, *Esta patente oscuridad* (Miami: Editorial Vida, 1989) sienta la norma, junto con su continuación *Penetrando la oscuridad* (Miami: Editorial Vida,). Lo único que quisiéramos es que la reciente aparición de ficción cristiana fuera tan orientada a las Escrituras como los clásicos de Juan Bunyan: *El progreso del peregrino* y *La guerra santa.*

7. J. I. Packer, *Rediscovering Holiness* (Ann Arbor: Servant Publications, 1992), p. 9.

Empiezo por aquí a fin de que toda persona emp
registro bíblico. Cualesquiera que sean las conclusiones a las ,
lleguemos, deben proceder de esta información bíblica. A continuación una lista de los relatos e informes incuestionables e históricos de encuentros personales con demonios en las Escrituras.

### ANTIGUO TESTAMENTO
1. Saúl ---------------------- 1 Samuel 16:14-23
2. Saúl ---------------------- 1 Samuel 18:10
3. Saúl ---------------------- 1 Samuel 19:9
4. Profetas de Acab ------- 1 Reyes 22:22, 23[8]

### JESÚS EN LOS EVANGELIOS[9]

| | Mateo | Marcos | Lucas | Juan |
|---|---|---|---|---|
| 1. Multitudes | 4:24 | 1:39 | — | — |
| 2. Multitudes | 8:16 | 1:29-34 | 4:38-41 | — |
| 3. Gadareno | 8:28-34 | 5:1-20 | 8:26-40 | — |
| 4. Sordo | 9:32-34 | — | — | — |
| 5. Ciego y sordo | 12:22 | — | — | — |
| 6. Muchacha gentil | 15:21-28 | 7:24-30 | — | — |
| 7. Epiléptico | 17:14-21 | 9:14-29 | 9:37-43 | — |
| 8. Hombre | — | 1:23-28 | 4:33-37 | — |
| 9. Multitudes | — | 3:11 | — | — |
| 10. María Magdalena | — | 16:9 | 8:2 | — |
| 11. Multitudes | — | — | 6:18 | — |
| 12. Multitudes | — | — | 7:21 | — |
| 13. Hombre | — | — | 11:14 | — |
| 14. Mujer | — | — | 13:10-17 | — |
| 15. Multitudes | — | — | 13:32 | — |
| 16. Judas[10] | — | — | — | 13:27 |

8. Para una discusión amplia de este pasaje en relación a Satanás y los
demonios *véase* Richard L Mayhue, "False Prophets and the Deceiving Spirit",
*The Master's Seminary Journal* (otoño de 1993), pp. 135-163.

9. El material del Evangelio en esta sección se conforma a la cronología
sinóptica de acuerdo a Robert L. Thomas y Stanley N. Grundy, *A Harmony of
the Gospels* (Chicago: Moody Press, 1979). No se ha incluido el zarandeo de
Pedro por parte de Satanás (Lc. 22:31, 32) porque las Escrituras no dan evidencia de actividad demoníaca, incluso aun cuando John Wimber y Kevin Springer,
*Power Healing*, p. 117, sugieran esta posibilidad.

10. John Wimber y Kevin Springer, *Power Healing*, p. 117, erróneamente
incluyen a Judas entre sus ejemplos de verdaderos creyentes que tuvieron encuentros con demonios.

## OTROS EN LOS EVANGELIOS

|   | Mateo | Marcos | Lucas | Juan |
|---|---|---|---|---|
| 1. Los doce | 10:1, 8 | 6:7, 13 | 9:1 | — |
| 2. Los doce | — | 3:15 | — | — |
| 3. Discípulos desconocidos | — | 9:38 | 9:49 | — |
| 4. Los doce | — | 16:17 | — | — |
| 5. Los setenta | — | — | 10:17-20 | — |

## HECHOS[11]

1. Multitudes --------------- 5:16
2. Multitudes --------------- 8:7
3. Pablo y la esclava ------ 16:16-18
4. Pablo y la multitud ----- 19:12
5. Los hijos de Esceva ---- 19:13-17

### ¿DEMONIOS RESIDENTES?

No hay duda de que los demonios en efecto algunas veces residen en los seres humanos. De otra manera no habría necesidad de echarlos fuera.[12] Las Escrituras también afirman que cuando los

---

11.  No he incluido el incidente de Ananías y Safira (Hch. 5:1-11) porque la frase «llenó Satanás tu corazón para que mintieses» no significa estar invadido por demonios. Tampoco he incluido al fornicario impenitente de 1 Corintios 5:1-13 porque 1) no hay evidencia de intervención de demonios, y 2) hay una fuerte posibilidad de que fuese un cristiano falso (cp. «llamándose hermano» [5:11] y «perverso» [5:13] como indicadores), pero no hay evidencia de demonios ni de Satanás morando en David. Para una exposición más completa de este episodio, *véase* Richard Mayhue, *Unmasking Satan*, pp. 136-144.

12.  Para fines de claridad, estoy hablando aquí en el sentido bíblico de «posesión demoníaca» *(daimonizomai)*. Este verbo ocurre 13 veces en los Evangelios, y uniformemente se traduce en la NIV [en inglés] como «poseído por demonios». Para ser precisos, no se trata de «propiedad» sino de «ocupación». Bíblicamente, *daimonizomai* quiere decir poseer en el sentido de residir espacialmente/habitar con la necesidad de que el demonio sea echado fuera. Aun cuando Dickason, en su obra *Demon Possession and the Christian*, pp. 33-40, prefiere el término «demonización» antes que «poseído de demonios», correctamente identifica el fenómeno asociado con *daimonizomai* como un demonio «que reside en una persona» (p. 40). John Wimber y Kevin Springer, en su libro *Power Healing*, pp. 109-110, confunden el asunto al traducir *daimonizomai* como «endemoniar» y luego redefinir el término en inglés para que signifique «influido, afligido o atormentado de alguna manera por el poder demoníaco» (p. 109). Con esto se refieren bien sea a la actividad demoníaca externa o interna

demonios habitan en los seres humanos, con frecuencia debilitan al ser humano en que habitan. La epilepsia (Mt. 17:14-18), la ceguera (Mt. 12:22), la sordera (Mr. 9:25) y la imposibilidad de hablar (Mt. 9:32, 33) han ocurrido como resultado de la residencia demoníaca. Cuando el demonio es echado fuera, el problema físico también se va y la persona es sanada.

La pregunta que muchas personas hacen hoy es: «¿Pueden verdaderamente residir en los cristianos demonios responsables de una enfermedad que se curaría por medio del exorcismo?» Busquemos nuestra respuesta en un estudio cuidadoso de las Escrituras y no en la experiencia.

¿Hay en las Escrituras ejemplos bíblicos claros de verdaderos creyentes en los cuales residían demonios? Un examen de la información bíblica rápidamente elimina todas las posibilidades, excepto dos: Saúl en el Antiguo Testamento y la mujer encorvada en Lucas 13:10-17.[13] En todos los demás casos, los demonios habitaban solamente en no creyentes.

## Saúl

Primero, veamos a Saúl. ¿Era un verdadero creyente? Para fines de esta discusión, demos por sentado que verdaderamente confió en Dios para salvación. Como evidencia, nótese que ocho veces Saúl recibió el calificativo de «el ungido de Jehová» (1 S. 24:6, 10; 26:9, 11, 16, 23; 2 S. 1:14, 16). También le dijo Samuel a Saúl que en la muerte los dos estarían juntos (1 S. 28:19).

Puesto que Saúl por lo menos parece haber sido un creyente, podemos preguntar: «¿Residieron en él demonios que debían ser echados fuera?» El siguiente lenguaje describe los encuentros de Saúl con el «espíritu malo»:

* «le atormentaba» ------- 1 Samuel 16:14, 15
* «sobre ti» ---------------- 1 Samuel 16:16
* «sobre Saúl» ------------ 1 Samuel 16:23
* «tomó a Saúl» ---------- 1 Samuel 18:10
* «vino sobre Saúl» ------ 1 Samuel 19:9

---

tanto en el creyente como en el no creyente. Aun cuando tanto Dickason (p. 325) como Wimber (p. 114) concluyen que los cristianos pueden tener demonios residiendo dentro de sí que necesitan ser expulsados, arriban a esa conclusión por diferentes rutas: Dickason acierta con el texto bíblico pero va más allá con la experiencia, y Wimber es desacertado con el texto bíblico.

13. No he incluido 1 Corintios 12:1-3 puesto que parece claro que aquellos que maldicen a Cristo son incrédulos sin el Espíritu Santo (Ro. 8:9).

Ninguna de estas frases sugiere que el espíritu malo existía *dentro* de Saúl. En cada caso, el texto habla de un tormento *externo*. De modo que podemos concluir con seguridad que aun cuando Saúl pudiera haber sido creyente, no es un ejemplo de un creyente en el cual habitase un demonio. No obstante, tenga en cuenta que Saúl presenta un ejemplo extremo y ciertamente no provee de base para desarrollar ni generalizar la experiencia cristiana con los demonios.

## La mujer en Lucas

Pasemos ahora a la mujer encorvada de Lucas 13:10-17. Nadie puede cuestionar el hecho de que padeció físicamente por 18 años debido a un espíritu (v. 11) identificado como Satanás (v. 16). Pero, ¿era ella creyente? Los que dicen que sí lo hacen debido a que Cristo se refiere a ella como «hija de Abraham» (v. 16). Sugieren un paralelo con Zaqueo, a quien, después que se convirtió, Jesús llamó «hijo de Abraham». Pero si observamos más de cerca a Lucas 19:9 veremos un cuadro diferente:

> Jesús le dijo: Hoy ha venido la salvación a esta casa; por cuanto él también es hijo de Abraham.

La salvación vino *debido a* que Zaqueo era un «hijo de Abraham» y *debido a* que «el Hijo del Hombre vino a buscar y a salvar lo que se había perdido» (Lc. 19:10). Jesús vino a salvar a su pueblo (los judíos) de sus pecados (Mt. 1:21). Zaqueo no llegó a ser «hijo de Abraham» como resultado de la salvación en el sentido de Gálatas 3:7, que dice que «los que son de fe, éstos son hijos de Abraham». Más bien, era un judío, también conocido como «hijo de Abraham»[14]; y debido a que Jesús vino a salvar a su pueblo, atrajo a Zaqueo a la creencia salvadora. Zaqueo siempre había sido «hijo de Abraham»; sólo que posteriormente creyó en el Señor Jesucristo para salvación.

De la misma manera, la mujer en Lucas 13, una hija de Abraham, era una incrédula que había sido atada por una enfermedad física causada por Satanás y los demonios. Recibió liberación de su tormento mediante el ministerio de Jesús. Experimentó la presencia maligna en su cuerpo, no como creyente, sino como incrédula.

No hay ningún caso claro en las Escrituras en donde un verda-

---

14. El rico que rechazó a Dios en Lucas 16:24 clamaba desde el Hades al «Padre Abraham». Los fariseos incrédulos se creían «hijos de Abraham» (Lc. 3:8; Jn. 8:33). Jesús afirmó que esto era verdad (Jn. 8:37).

dero creyente haya tenido residiendo en sí demonios que necesitaran ser expulsados.

## Un repaso del Nuevo Testamento

Las epístolas del Nuevo Testamento nunca advierten a los creyentes respecto a la posibilidad de que en ellos moren demonios, aun cuando se habla con bastante frecuencia de Satanás y los demonios. Las epístolas del Nuevo Testamento tampoco instruyen nunca a los creyentes sobre cómo echar fuera a los demonios, bien sea de un creyente o de un no creyente.

Es bíblicamente inconcebible que un verdadero creyente pueda tener demonios viviendo dentro de sí, cuando la Biblia no presenta ningún ejemplo histórico claro, y cuando no se da ninguna advertencia o instrucción para una experiencia espiritual tan seria.

Por lo menos otros cinco factores bíblicos apoyan esta conclusión:

1. El énfasis de 2 Corintios 6:14-18 hace imposible que el Espíritu Santo habite conjuntamente con los espíritus inmundos en el verdadero creyente, ni siquiera temporalmente.
2. La salvación, según se describe en Colosenses 1:13, habla de verdadera «liberación» de Satanás y transferencia al reino de Cristo.
3. Los siguientes pasajes, combinados todos, forman una declaración poderosa que hace imposible que de los demonios habiten en los cristianos:
   * Romanos 8:37-39: Somos más que vencedores por medio de Cristo.
   * 1 Corintios 15:57: Dios nos da la victoria por medio de nuestro Señor Jesucristo.
   * 2 Corintios 2:14: Dios siempre nos guía en triunfo en Cristo.
   * 1 Juan 2:13, 14: Hemos vencido al maligno.
   * 1 Juan 4:4: El mayor poder reside en nosotros.
4. El sello del Espíritu Santo protege al cristiano contra la invasión de los demonios (2 Co. 1:21, 22; Ef. 4:30).
5. La promesa de 1 Juan 5:18 hace que la idea de la invasión de demonios sea un concepto contrario a la Biblia y una imposibilidad para un verdadero creyente.[15]

---

15. *Véase* I. Howard Marshall, *The Epistles of John* [Las Epístolas de Juan] en *New International Commentary on the New Testament* (Grand Rapids: Eerdmans, 1978). La idea esencial de «tocar» *(haptomai)* en el contexto de Satanás/demonios es «aferrarse a uno con la intención de hacer daño». Este pasaje

Sabemos que todo aquel que ha nacido de Dios, no practica el pecado, pues Aquel que fue engendrado por Dios le guarda, y el maligno no le toca (1 Jn. 5:18).

Ahora regresemos a la pregunta: «¿Pueden los demonios habitar en los verdaderos creyentes de tal forma que sea necesario echarlos fuera?» Después de un completo estudio de las Escrituras apropiadas la respuesta es: «¡No!»[16] Por consiguiente, los cristianos no pueden enfermarse porque en ellos moren demonios. La Biblia concluye que la idea de liberar a un cristiano de demonios que residen en él es un absurdo.

En cuanto a todas las otras cuestiones que pudieran discutirse

---

no enseña que los cristianos jamás encontrarán a Satanás o a los demonios, sino que ciertamente debe significar que una vez que hemos sido libertados del dominio de las tinieblas y transferidos al reino del amado Hijo de Dios (Col. 1:13), jamás tendremos que ser librados de nuevo. Ciertamente, 1 Juan 5:18 descarta que se esté sujeto a demonios residentes. Este maravilloso texto, que exalta la liberación cristiana de la muerte, del pecado y de Satanás, no podría significar nada menos.

16. A la luz de esta conclusión bíblica debo indicar que, en mi opinión, las siguientes personas han entendido mal las Escrituras en este punto, y enseñan ampliamente un error de importancia que tiene potencialmente serias consecuencias. Todos ellos creen que los demonios pueden residir en los verdaderos cristianos, y que esos demonios deben ser expulsados: Jack Deere, *Surprised by the Power of the Spirit*, pp. 26-28; C. Fred Dickason, *Demon Possession & the Christian*, p. 325, Lloyd D. Fretz, en *The Kingdom and the Power*, pp. 248-252; D. Martyn-Lloyd Jones, *Healing and the Scriptures* (Nashville: Thomas Nelson Publishers, 1988), pp. 165-167; Ed. Murphy, *The Handbook for Spiritual Warfare* (Nashville: Thomas Nelson Publishers, 1992), p. 286-287; Merril F. Unger, *What Demons Can Do to Saints*; John Wimber, *Power Healing*, p. 114.

Por otro lado, Brent Grimsley, "Can a Christian Be 'Demonized'?" pp. 19, 37; Edward Gross, *Miracles, Demons, & Spiritual Warfare* (Grand Rapids: Baker Book House, 1990), pp. 163-167; Thomas Ice and Robert Dean, Jr., *Overrun by Demons* (Eugene: Harvest House Publishers, 1993), pp. 119-129; John MacArthur, Jr., *How to Meet the Enemy* (Wheaton, IL: Victor Books, 1992), pp. 135-136; y Robert Morey, *Satan's Devices* (Eugene: Harvest House Publishers, 1993), pp. 94-95, todos concuerdan en que los demonios no pueden residir en los verdaderos creyentes.

El lector tal vez se sorprenda al enterarse de que la posición pentecostal histórica de la iglesia de las Asambleas de Dios (Springfield, MO) concuerda con esta conclusión de «no posesión/residencia». *Véase* W. Duane Collins, "An Assemblies of God Perspective on Demonology, Part I" en *Paraclete* (otoño de 1993), p. 29, y L. Grant McClury, Jr., en C. Peter Wagner y F. Douglas Pennoyer, eds., *Wrestling with Dark Angels* (Ventura, CA: Regal Books, 1990), p. 207.

en cuanto al campo de los demonios, por razón del espacio debo referir al lector a otros libros que tienen discusiones mucho más amplias sobre el tema.[17] Pero ahora contestemos una pregunta más.

### ¿PUEDEN LOS DEMONIOS SANAR?

¿Pueden los demonios sanar como Jesús o los apóstoles?

Como mencioné en la sección del Capítulo 4, «Cómo interpretar las sanidades», no creo que Satanás ni los demonios posean poder creativo o puedan sanar milagrosamente como sana Dios.[18] Sin embargo, cuando los demonios salen de los no creyentes (por su propia voluntad), la enfermedad también puede salir. Esto podría dar la apariencia de algo milagroso.

Aparentemente, la respuesta negativa a la pregunta «¿pueden los demonios sanar?» era una verdad obvia para los palestinos del primer siglo. Por lo menos en seis ocasiones habían acusado a Jesús de tener un demonio: 1) Mateo 9:32-34; 2) Mateo 12:22-29; Marcos 3:30; 3) Lucas 11:14-26; 4) Juan 7:20; 5) Juan 8:48, 49, 52; y 6) Juan 10:20, 21. Los que conocieron mejor el ministerio de Cristo respondieron a esta acusación: «¿Puede acaso el demonio abrir los ojos de los ciegos?» (Jn. 10:21). En términos bíblicos, los demonios pueden dar la apariencia convincente de sanidad, pero en realidad no pueden sanar milagrosamente.

### LA CUESTIÓN DE FONDO

La Biblia se yergue suprema como la única fuente de revelación divina del mundo espiritual de Satanás y los demonios. Las experiencias clínicas y de consejería jamás se igualarán a las Es-

---

17. Thomas Ice y Robert Dean, Jr., *Overrrun by Demons* y John MacArthur, Jr., *How to Meet the Enemy*, son obras escritas en nuestro tiempo. Además, recomiendo ampliamente el clásico puritano de Thomas Brooks, *Precious Remedies Against Satan's Devices* (Edimburgo: The Banner of Truth Trust, reimpreso 1984).

18. Otra manera de comprender la resurrección del Anticristo en Apocalipsis 13:3-12 es como «apariencia de resurrección». La apariencia de muerte y la subsecuente apariencia de resurrección engañó al mundo entero. En mi opinión, *Miracles, Demons, & Spiritual Warfare* de Ed Gross, pp. 96-107, equívocamente otorga a Satanás poder milagroso sin substanciar eficazmente su aseveración con una fuerte defensa bíblica. Los pasajes que cita, Éxodo 7—12 y 2 Tesalonicenses 2, se entenderían mejor como ilusiones muy convincentes y engañosas en vez de verdaderamente milagrosas. J. Sidlow Baxter, *Divine Healing of the Body* (Grand Rapids: Zondervan Publishing House, 1979), p. 19, también atribuye poder milagroso a Satanás. Robert Morey, *Satan's Devices*, pp. 72-73, 77-78, presenta una interpretación provechosa.

crituras, y nunca se las debe usar para sacar conclusiones que no son primera y claramente enseñadas en la Palabra de Dios.

La Biblia enseña convincentemente que, en los verdaderos creyentes, ni Satanás ni los demonios pueden habitar. Sin embargo, pueden ser atormentados y hostigados externamente, inclusive a un grado severo. Si en realidad se encontraran demonios residiendo en una persona, esto sería evidencia de que él o ella carece de una genuina salvación, independientemente de cuán fuerte sea el desacuerdo al respecto de esa persona, o de algún consejero o pastor o demonio. Si encontramos a una persona verdaderamente endemoniada, entonces debemos reconocer la fuerza del enemigo, acudir a Dios en oración, y usar el poder de las Escrituras, especialmente del evangelio, para tratar la situación.

# 11

# *Respuestas a las preguntas: «¿Qué me dice de...?»*

Debbie Stone me pidió urgentemente que me encontrara con ella en el patio de la iglesia Grace Community Church. Nunca me he olvidado de aquel día. Ella acababa de regresar a su casa del hospital, y su preocupación era obvia por el teléfono.

Nadie jamás acusó a Debbie de ser ordinaria. Poco después de haber nacido fuera de matrimonio, esta infante judía contrajo polio. En sus primeros años había sido llevada de un hogar de crianza a otro. Nunca había dado ni un paso en toda su vida; más bien siempre estaba sentada en una silla de ruedas o acostada en una cama. Creyó posteriormente en Jesucristo como su Salvador y Señor, y por ello de adulta, reflejaba el gozo del Señor.

Sin embargo, cuando salí al patio, su risa se había tornado en llanto. Después de recuperar su compostura, con agonía Debbie me contó sobre su última hospitalización. Al parecer algunos cristianos bien intencionados (pero terriblemente equivocados) se habían detenido para hablar con ella y le habían dicho que podía ser sanada por completo si tan solo tuviese suficiente fe. La visitaron en varias ocasiones para darle estas supuestamente «buenas nuevas».

141

En medio de su desalentadora aflicción, Debbie empezó a dudar de todo lo que había aprendido de las Escrituras, y se preguntaba: «Tal vez, a lo mejor sólo tal vez, si creo lo suficiente, Dios me sanará y seré libre para andar y disfrutar de la vida como cualquier otra persona sin el impedimento de una silla de ruedas ni de vez en cuando conectarme a un pulmón de acero.»

Cuando trató de creer tanto como fuese posible y no ocurrió nada, Debbie empezó a dudar. Se preguntaba si el problema era que no tenía suficiente fe. O tal vez Dios ya no la amaba. ¿Podría ser que Dios no podía prestar la misma clase de atención a todo el mundo, de modo que ella había sido ignorada? O, si Dios no era omnipotente como la Biblia enseña, entonces esto explicaría por qué ella todavía tenía grandes limitaciones físicas. ¿Por qué no se había sanado? ¿Estaba Dios en receso o de vacaciones? ¿Por qué?

Ahora comprende usted la razón por la que Debbie regresó a su casa aturdida. Gimoteando dijo: «Dick, por favor ¡dígame que lo que he aprendido de la Biblia respecto a Dios y a la enfermedad todavía es verdad! He perdido mi seguridad en el amor y poder de Dios.»

Después de orar abrimos la Palabra de Dios y leímos algunos grandes pasajes sobre el poder de Dios, incluyendo Isaías 40—48 y Romanos 8. Nos deleitamos juntos al pensar en el amor de Dios, amor tan grande que aun cuando éramos todavía pecadores, Cristo murió por nosotros (Ro. 5:8). Pronto la encantadora sonrisa de Debbie volvió y ella recordó: «Sé que lo que hemos leído es verdad. Dios me ama, y un día me llamará a mi hogar para estar con Él para siempre disfrutar de su gloria y tener salud perfecta.»

Al escribir sobre este recuerdo, Debbie vive al presente sus dos esperanzas anteriores sin ninguna de las limitaciones físicas que tanto usted como yo soportamos. Debbie está viviendo ahora en su hogar, en el cielo, con Cristo.

### INTERPRETEMOS CORRECTAMENTE LOS TEXTOS

Este capítulo es para todas las Debbies del mundo; es acerca de una buena teología. Pero es más que simplemente presentar una doctrina sana; es comprender a Dios, sus promesas, esta vida y lo que guarda el futuro. Es vivir la esperanza.

Como Debbie comprobó, nada puede ser tan cruel como que se le dé a alguien la esperanza de sanidad física si las Escrituras no proveen realmente esa esperanza. Así que es imperativo que interpretemos correctamente las Escrituras, a fin de evitar crear la desesperanza dañina que experimenta la gente como Debbie.

Algunos de los textos frecuentemente interpretados mal *supuestamente* ofrecen la promesa de sanidad física. La esperanza errónea de sanidad física hoy para todo el que cree en ellas procede de estos errores de interpretación. Tomémonos el tiempo para comprender estos pasajes correctamente y librar a nuestros amigos de la agonía de la falsa esperanza, e incluso del abuso no intencionado.

## Éxodo 15:26 (Éxodo 23:25; Deuteronomio 7:15)

> Si oyeres atentamente la voz de Jehová tu Dios, e hicieres lo recto delante de sus ojos, y dieres oído a sus mandamientos, y guardares todos sus estatutos, ninguna enfermedad de las que envié a los egipcios te enviaré a ti; porque yo soy Jehová tu sanador.

Muchas personas afirman que este pasaje es una promesa de sanidad para hoy. Pero, ¿lo es?

Después de que Moisés guió a los hijos de Israel a salir de Egipto y a través del mar Rojo, llegaron al desierto de Shur. Por tres días sufrieron sin líquidos. Finalmente hallaron agua, pero era amarga y rezongaron contra Moisés. Él oró a Dios y luego tomó un árbol que el Señor le mostró y lo echó en el agua, y el agua se endulzó.

En Éxodo 15:26, Dios exhortó fuertemente a los judíos a hacer lo recto y a obedecer todos sus mandamientos. Si lo hacían, Dios no los afligiría como afligió a los egipcios. Los judíos tenían una ayuda visual para enfatizar el alcance de la afirmación del Señor: la mirada agonizante en la cara de Faraón como reacción a las plagas testificaba del poder de Dios para afligir.

La base teológica para esta exhortación se centra en el hecho de que Dios asume la responsabilidad final de todas las sanidades, independientemente de la enfermedad, la cura o el estado espiritual de la persona curada. Dios dice en Deuteronomio 32:39: «Ved ahora que yo, yo soy, y no hay dioses conmigo; yo hago morir, y yo hago vivir; yo hiero, y yo sano; Y no hay quien pueda librar de mi mano.» Para tranquilizar a los judíos, Dios añadió en Éxodo 15:26 «Yo soy Jehová tu sanador.»

Al seguir el éxodo histórico de la nación judía, más adelante llegamos a Deuteronomio 28, que explica ampliamente la historia subsecuente de Israel en el Antiguo Testamento. En Deuteronomio 28 Dios promete a Israel que si le desobedecía podía esperar pestilencia y enfermedades (entre otras cosas), así como lo había visto cuarenta años antes en Egipto (vv. 21, 22, 27, 35, 59-61).

Años más tarde, Israel desobedeció continuamente, y Dios finalmente lo juzgó. Los ejemplos del cumplimiento del juicio prometido en Deuteronomio 28 incluyen Jeremías 14:12; 21:6; Ezequiel 5:12; 6:11; y Amós 4:9, 10. Israel pecó; Dios le juzgó. El Salmo 106 también provee un excelente recuento panorámico del pecado de Israel desde el punto de vista de Dios durante ese período.

Dos cuestiones necesitan aclaración: primero, Éxodo 15:26 hace una promesa condicional a un grupo específico de personas (Israel). Segundo, la promesa es temporal en su naturaleza. Está condicionada, no a la capacidad de Dios para sanar, sino a la obediencia de Israel. Debido a que Israel desobedeció, Dios cumplió su promesa condicional primariamente en juicio, no en sanidad.

Asimismo, aun cuando Israel no disfrutó de las bendiciones de Dios con respecto a la salud, esa bendición no eliminaba el uso del cuidado relativo a la salud o de los médicos. Dios nombró a los sacerdotes levíticos para que sirvieran como oficiales de salud (Lv. 13). Las leyes sanitarias del código levítico proveían medios de cuidar la salud que no fueron practicados en el mundo occidental sino apenas en los últimos dos siglos.

Hoy no esperamos ninguno de los juicios prometidos a Israel (Dt. 28:15-68). De la misma manera, no experimentamos ninguna de las bendiciones de las que disfrutó Israel durante su peregrinaje de cuarenta años por el desierto (tales como las raciones diarias de maná y de codornices mencionadas en Éx. 16:1-21, o que los vestidos y zapatos nunca se gastaran, como se menciona en Dt. 29:5).

La promesa condicional a Israel en Éxodo 15:26 no se aplica a los creyentes hoy. Dios ha sido, es, y siempre será capaz de sanar cualquier enfermedad en cualquier tiempo, pero sólo de acuerdo a su voluntad revelada en las Escrituras. Éxodo 15:26 simplemente no es una promesa que puede ser reclamada por los cristianos hoy.

### Salmos 103:1-3

> Bendice, alma mía, a Jehová,
> Y bendiga todo mi ser su santo nombre.
> Bendice, alma mía, a Jehová,
> Y no olvides ninguno de sus beneficios.
> El es quien perdona todas tus iniquidades,
> El que sana todas tus dolencias.

El Salmo 103 abre un monólogo de cinco versículos de David en el cual le recuerda a su propia alma las bendiciones que el Señor ha derramado sobre él. Es una hermosa combinación de bendiciones tanto espirituales como materiales.

La palabra hebrea para «dolencias» en el versículo 3 aparece cinco veces en el Antiguo Testamento, y siempre se refiere a la enfermedad física. En el paralelismo típico de la poesía hebrea, David elocuentemente contrasta la bendición espiritual de Dios de perdonar iniquidades con la bendición material de Dios de sanidad física. David vuelve a afirmar aquí lo que Moisés escribió en Deuteronomio 32:39: que el Señor es el responsable final de toda sanidad.

Cualquiera que se ha recuperado de alguna dolencia física, creyente o no creyente, puede agradecer a Dios por la recuperación. Muchos médicos admiten que incluso después de que se ha aplicado al problema la mejor tecnología médica, es realmente Dios quien cura. David meramente se regocijaba en esa verdad eterna.

En lo que respecta al registro bíblico, David nunca sufrió de una enfermedad incurable. Siempre se recuperó de las enfermedades, y en cada caso dio la gloria a Dios.

La vida de David demuestra claramente que el pecado puede ser la causa de las dolencias físicas. Salmos 32:3, 4; 38:3; y 41:4 se refieren a síntomas físicos que brotan de una enfermedad espiritual. David, que era un hombre con un corazón conforme a Dios, sabía cómo reconocer el pecado, pero no siempre tuvo cuidado de evitarlo. La culpa de la conciencia de David produjo efectos físicos negativos. Al angustiarse por su pecado, su cuerpo se consumió (Sal. 32:3, 4), pero su confesión y arrepentimiento trajo alivio tanto espiritual como físico (vv. 5-7). En el caso de David, su culpa brotaba primariamente de un problema espiritual, antes que fisiológico; sin embargo, sufrió efectos físicos definidos.

No debemos interpretar la declaración de David en Salmo 103:3 como que Dios sana todas las enfermedades. Dios es capaz de hacerlo, pero no siempre escoge hacerlo así. David simplemente estaba repasando para sí mismo el hecho de que Dios le había sanado de todas sus enfermedades anteriores.

Salmo 103:3 tampoco niega, ni imposibilita, ni prohibe el uso de medios para obtener la salud. Es más, los comentarios de David complementan la verdad de que cualquiera que sean los medios que se usen, la gloria se le debe dar a Dios.

Por consiguiente, lo que fue cierto en la vida de David en términos de alivio físico no es necesariamente cierto (ni tampoco es una promesa) en la vida de algún otro creyente. David mismo estuvo sujeto a la muerte, durmió con sus padres, y fue sepultado en la ciudad de David (1 R. 2:1, 10; Hch. 2:29; 13:36).

## Isaías 35:4, 5

> Decid a los de corazón apocado:
> Esforzaos, no temáis; he aquí que vuestro
> Dios viene con retribución, con pago;
> Dios mismo vendrá, y os salvará.
> Entonces los ojos de los ciegos serán abiertos,
> y los oídos de los sordos se abrirán.

Una rápida lectura de Isaías 35 nos dice que el profeta escribía respecto a un tiempo espectacular en el futuro de Israel. ¿Cuándo será ese tiempo? Tanto Mateo 11:2-6 como Lucas 7:18-23 registran el hecho de que Jesús se refirió a Isaías 35 cuando verificó su autoridad mesiánica al curar muchas enfermedades y dolencias, tanto como dar vista a muchos ciegos (Lc. 7:21). Le dijo a los discípulos de Juan el Bautista que regresaran a Juan y le dijesen lo que habían visto. Cristo sabía que cuando Juan oyese el informe, sabría sin lugar a dudas que Jesús era el Mesías.

El ministerio terrenal de Cristo no cumplió ni por asomo la mayoría de las promesas de Isaías 35. Lo que Cristo hizo durante su ministerio respecto a la sanidad fue solamente un vistazo previo de lo que vendrá más adelante durante su reino de mil años sobre la tierra (Ap. 19:1—20:15).

Al final del período milenario, Cristo entregará el reino a Dios el Padre (1 Co. 15:24). Pero debe reinar hasta que ponga a todos sus enemigos bajo sus pies, y el último enemigo que será abolido será la muerte (vv. 25, 26).

Cuando la muerte haya sido abolida, será la señal del fin del pecado. Ya no habrá más base para la enfermedad. Incluso el ministerio milenario de sanidad del Mesías ya no será necesario. Apocalipsis 21:4 dice que la muerte, el llanto, el lamento y el dolor pasarán. Apocalipsis 22:3 revela la razón: la maldición de Génesis 3:8-22 ya no existirá más: habrá sido eliminada.

Isaías 35:4, 5 se refiere entonces primariamente a las condiciones milenarias futuras. El ministerio de sanidad de Cristo en los Evangelios, y específicamente para los discípulos de Juan, era un vistazo previo de las cosas por venir, y autenticó a Jesús como el Mesías. Isaías 35 tiene muy poca relación con nuestra comprensión de la obra sanadora de Dios hoy, como no sea animar al creyente fervoroso mediante el conocimiento de su relación eterna futura con Dios, donde no habrá pecado y por lo tanto nada de enfermedad.

## Marcos 16:9-20

Habiendo, pues, resucitado Jesús por la mañana, el primer día de la semana, apareció primeramente a María Magdalena, de quien había echado siete demonios. Yendo ella, lo hizo saber a los que habían estado con él, que estaban tristes y llorando. Ellos, cuando oyeron que vivía, y que había sido visto por ella, no lo creyeron. Pero después apareció en otra forma a dos de ellos que iban de camino, yendo al campo. Ellos fueron y lo hicieron saber a los otros; y ni aun a ellos creyeron. Finalmente se apareció a los once mismos, estando ellos sentados a la mesa, y les reprochó su incredulidad y dureza de corazón, porque no habían creído a los que le habían visto resucitado. Y les dijo: Id por todo el mundo y predicar el evangelio a toda criatura. El que creyere y fuere bautizado, será salvo; mas el que no creyere, será condenado. Y estas señales seguirán a los que creen: En mi nombre echarán fuera demonios; hablarán nuevas lenguas; tomarán en las manos serpientes, y si bebieren cosa mortífera, no les hará daño; sobre los enfermos pondrán sus manos, y sanarán. Y el Señor, después que les habló, fue recibido arriba en el cielo, y se sentó a la diestra de Dios. Y ellos, saliendo, predicaron en todas partes, ayudándoles el Señor y confirmando la palabra con las señales que la seguían. Amén.

Los versículos finales del Evangelio de Marcos continúan siendo uno de los problemas textuales más controversiales del Nuevo Testamento. Pero este pasaje de la Gran Comisión merece el esfuerzo extra necesario para comprenderlo. Existen tres posibilidades textuales:

1. Marcos 16:1-8: terminación normal
2. Marcos 16:1-20: terminación más extensa
3. Marcos 16:1-8: con una adición especial

Marcos 16:9-20 no aparece en los manuscritos griegos más antiguos existentes (Código Sinaítico [alrededor del 340 d.C.] y Código Vaticano [alrededor de 325-350 d.C.]) ni en un buen número de otros importantes manuscritos de mucha antigüedad del Nuevo Testamento. Muchos eruditos creen que «en base de la buena evidencia externa y de fuertes consideraciones internas, parece que las formas más antiguas que se podrían comprobar del Evangelio de Marcos concluían en 16:8."[1]

Por otro lado, tampoco existe evidencia conclusiva de que los versículos 9-20 *no* sean genuinos. Es más, la evidencia de manuscritos posteriores que se consideran confiables aboga en favor de su autoridad. Sin embargo, la evidencia no es lo suficientemente conclusiva en ninguna manera como para asumir dogmáticamente una solución correcta. Incluso, si acaso Marcos no escribió los versículos 9-20, parece ser una adición primitiva genuina. En tal caso, sería tan real como el resumen hecho por Josué respecto a la muerte de Moisés en Deuteronomio 34:1-12.

Dando por sentado, para esta consideración, que el final más largo es auténtico, hagamos varias observaciones al respecto.

1. Jesús se dirigía a los discípulos y se refería a los conversos inmediatos que creerían la predicación de los apóstoles (v. 20).
2. El único propósito de las «señales» era la confirmación de la palabra predicada (v. 20).
3. Las Escrituras no dan ni el menor indicio de que aquellos fenómenos (señales) continuarían más allá del ministerio de los apóstoles.
4. O bien todas las señales están presentes hoy, o ninguna de ellas sigue activa en la actualidad. En ninguna parte de la iglesia de hoy todas aquellas señales autentican una experiencia de salvación en un nuevo converso (v. 17), y confirman de este modo la palabra predicada (v. 20).
5. Los apóstoles experimentaron el cumplimiento de los versículos 17 y 18 entre sus conversos, conforme se explica en el versículo 20.

Carecemos de suficiente prueba para substanciar conclusivamente cualquiera de las tres posibles terminaciones, pero nuestra breve investigación de los versículos 9-20 indica que si la opción más prolongada contiene las verdaderas palabras de Cristo, Él limitó su cumplimiento al tiempo de los apóstoles y sus conversos inmediatos.

Pero, independientemente de las conclusiones de uno, necesitamos ejercer cautela. Debido a la incertidumbre de la evidencia

---

1. Bruce M. Metzger, *A Textual Commentary on the Greek New Testament* (Nueva York: United Bible Society, 1971), p. 126.

textual, Marcos 16:9-20 no debe usarse como respaldo bíblico primario para ninguna posición teológica. A. T. Robertson ha aconsejado sabiamente contra el uso dogmático de estos versículos:

> La gran duda acerca de la genuinidad de estos versículos (pruebas que en mi opinión son claras en contra de ellos) hace imprudente tomar estos versículos como base para la doctrina o práctica, a no ser que sean apoyados por otras secciones, genuinas, del N. T.[2]

Algunas personas han razonado recientemente que puesto que obedeceríamos todos lo que Cristo ordenó en la Gran Comisión de Mateo 28:18-20, y puesto que Marcos 16:9-20 expresa la Gran Comisión, entonces todos los creyentes de todos los tiempos deberían obedecer los mandamientos de la Gran Comisión de Marcos 16.[3]

Pero hay un error en esa lógica. Igualan el *mandato a toda la Iglesia* de Mateo 28 con *la instrucción específica* de Cristo a los discípulos en Marcos 16, luego tratan de hacer su conclusión de sanidad antes de siquiera demostrar su argumento inicial. (También tratan el texto a la ligera, con escasa precisión exegética.)[4] Pero el mandato a los discípulos no es necesariamente el mandato a la Iglesia.

Ya hemos visto que la evidencia textual de Marcos 16:9-20 es incierta, en el mejor de los casos, y que una interpretación justa del texto realmente lo limita al tiempo de los discípulos. Por consiguiente, concluimos que «la iglesia no tiene un mandato específico actualmente de parte de Jesús para sanar registrado en las Escrituras auténticas».[5]

---

2. A. T. Robertson, *Imágenes verbales del Nuevo Testamento*, tomo 1. (Terrassa, España: Editorial CLIE, 1988), p. 415.

3. Gary Greig y Kevin N. Springer, *The Kingdom and the Power* (Ventura, CA: Regal Books, 1993), pp. 399-400. Andrew Murray, *Divine Healing* (Fort Washington, PA: Christian Literature Crusade, reimpreso 1971), p. 11, también razonaba de esta manera hace casi 100 años.

4. J. Sidlow Baxter, *Divine Healing of the Body* (Grand Rapids: Zondervan Publishing House, 1979), p. 116, que se inclina sostener misma la conclusión de Greig y Springer, advierte del peligro de tratar Marcos 16 de esta manera al dar por sentado que algo tiene un potencial positivo si no ha sido expresamente condenado o prohibido.

5. Colling Brown, *That You May Believe* (Grand Rapids: Eerdmans, 1985), p. 192.

## Juan 14:12

> De cierto, de cierto os digo: El que en mí cree, las obras que yo hago, él las hará también; y aun mayores hará, porque yo voy al Padre.

Cristo les hablaba a los once discípulos (Judas ya había salido) y les dijo que los discípulos presentes, los que creían en Él, harían las mismas obras que Él había hecho (*véanse* Hch. 2:22 y He. 2:4) e incluso obras mayores; esto es, no solamente que harían señales milagrosas, sino obras más grandes a través de aquellas señales milagrosas.

Nuestro estudio inductivo previo de Hechos y de las epístolas reveló que los discípulos no hicieron señales milagrosas *más grandes* que Cristo, ni en cantidad ni en calidad. A decir verdad, fueron *menos* en cantidad, y no más. Tampoco realizaron milagros de creación (pan, pescado, vino) ni milagros de la naturaleza (calmar tormentas, controlar peces).

J. Sidlow Baxter lleva este razonamiento un paso más adelante. Sabiamente anota que ningún cristiano hoy tampoco realiza milagros de creación ni con la naturaleza.

> Si tomamos las palabras «las obras que yo hago, él las hará también», e insistimos en aplicarlas *hoy,* debemos obligatoriamente convertir el agua en vino, andar sobre el mar, hacer que los peces se acumulen, alimentar las multitudes con vituallas multiplicadas, y pescar monedas para pagar los tributos. Somos incoherentes si reclamamos solamente los milagros *de sanidad* mientras que admitimos que los otros obviamente *no se* aplican hoy.[6]

¿Cómo sabemos si los creyentes a quienes menciona Juan 14:12 son los discípulos inmediatamente presentes o todos los creyentes? Para contestar esa pregunta clave, note primero que Cristo estaba hablándoles *sólo a los once.* Estamos frente a las opciones de limitar el pasaje a los oyentes inmediatos solamente o concluir que se aplica igualmente a todos los creyentes en la edad de la Iglesia.

Parece obvio que Cristo se dirigía a los discípulos porque usó el pronombre personal «vosotros» [ustedes] en todo el pasaje. Es iló-

---

6. J. Sidlow Baxter, *Divine Healing of the Body*, p. 118.

gico dar por sentado que Cristo dejó de dirigirse a los creyentes en 14:10, 11 para enfocar a todos los creyentes en 14:12 y luego volvió a los discípulos en 14:13. Así como no comprenderíamos la comisión de Cristo a los Doce en Lucas 9 como algo que se aplica a todos los creyentes, tampoco se exigiría tal comprensión e incluso no sería innecesaria en Juan 14:12. El encargo de Cristo a los discípulos no debe asignarse automáticamente a todos los creyentes a través de todas las edades a menos que se indique específicamente en el texto. Nada aquí apunta más allá de los discípulos.

¿Por qué Jesús dijo a los discípulos que podrían hacer mayores obras? Cristo explicó: «Yo voy al Padre.» Ahora bien, si estas obras mayores fueran meramente milagros físicos, Cristo no necesitaría ir al Padre, porque el Padre ya hacía tales milagros por medio de Él en la tierra. Cristo fue al Padre para servir como nuestro intercesor sacerdotal ante el trono de Dios (1 Ti. 2:5) y así el Espíritu Santo vendría (Jn. 16:7-11). El libro de Hebreos explica la obra de Cristo en la presencia del Padre (He. 1:3; 4:14-16; 7:23-28; 9:11-28). Juan 3:1-21 expande el tema de las obras mayores que el Espíritu Santo haría por medio de los discípulos en relación al milagro espiritual de la salvación.

Juan 5:20, 21 verifica fuertemente esta conclusión. El versículo 20 se refiere a «obras» y «obras mayores que estas». El versículo 21, que es paralelo con el versículo 20, explica que las «obras» fueron milagros físicos (resurrección, solamente para morir físicamente de nuevo), pero que las «obras mayores» eran milagros espirituales (vida eterna).

Igualmente, cuando los setenta regresaron en Lucas 10:20, Jesús les dijo que no se regocijaran en los milagros físicos, sino más bien en su propia salvación: «Pero no os regocijéis de que los espíritus se os sujetan, sino regocijaos de que vuestros nombres están escritos en los cielos.» La *salvación*, no los milagros físicos, sobresale como preeminente.

Juan 14:12 no promete que los cristianos de hoy harán los mismos milagros o aun milagros físicos mayores que los que hizo Cristo. Sin embargo, sí enseña que la introducción de una persona a la salvación en el Señor Jesucristo es mayor que cualquier milagro físico que Cristo hiciera. Habrá más gozo en el cielo por un pecador que se arrepiente que por los noventa y nueve justos que no necesitan arrepentimiento (Lc. 15:7, 10). Samuel Storms concluyó:

Cuando Jesús dice que su partida al Padre llevará a «mayores obras» de parte de sus seguidores, indica que un nuevo día de redención está por despuntar.[7]

## Romanos 8:11

Y si el Espíritu de aquel que levantó de los muertos a Jesús mora en vosotros, el que levantó de los muertos a Cristo Jesús vivificará también vuestros cuerpos mortales por su Espíritu que mora en vosotros.

J. Sidlow Baxter considera que este pasaje promete la renovación de la vida física después de la salvación, pero antes de la muerte.[8] Razona que Pablo pasa del verbo normal griego para resurrección, con referencia a Cristo, a *otra* expresión con respecto a los creyentes. El cambio en los verbos, concluye, significa que Pablo en Romanos 8:11 promete a los creyentes alguna forma de restauración física después de su salvación.

Dos observaciones desde el texto bíblico apuntan fuertemente en la dirección de que Pablo en Romanos 8:11 razona más o menos así: «Así como el Espíritu levantó a Cristo de los muertos, así también lo hará con los creyentes.» Primero, note la palabra «también». Esto sugiere fuertemente que lo que el Espíritu hizo por Cristo, también lo hará por los creyentes. Segundo, el verbo alterno *(zopoieō)* aparece en otras partes del Nuevo Testamento dentro del contexto de la resurrección (Jn. 5:21; Ro. 4:17; 1 Co. 15:22; 1 P. 3:18).

Así que Romanos 8:11 no se refiere a la mejoría de la vida física de un cristiano antes de la muerte. Más bien, promete restauración de la vida después de la muerte mediante la resurrección.

## 1 Corintios 12:9, 28, 30

A otro, fe por el mismo Espíritu; y a otro, dones de sanidades por el mismo Espíritu…. Y a unos puso Dios en la iglesia, prime-

---

7. C. Samuel Storms, *Healing and Holiness* (Phillipsburg, NJ: Presbyterian and Reformed Publishing Company, 1990), p. 77, Gary Greig y Kevin N. Springer, *The Kingdom and the Power*, pp. 393-397, distan enormemente de convencerme de que los creyentes hoy pueden hacer milagros más grandes que Cristo, porque 1) no permiten que el pasaje paralelo en Juan 5:20, 21 contribuya a interpretar Juan 14:12, y 2) no identifican las «obras mayores» con el milagro de la salvación.

8. J. Sidlow Baxter, *Divine Healing of the Body*, pp. 174-77.

ramente apóstoles, luego profetas, lo tercero maestros, luego los que hacen milagros, después los que sanan, los que ayudan, los que administran, los que tiene don de lenguas.... ¿Tienen todos dones de sanidad? ¿hablan todos lenguas? ¿interpretan todos?

«Dones de sanidades» es la frase más enigmática que trata el tema de la sanidad en toda la Biblia. ¿Por qué? Porque esa frase es mencionada solamente tres veces en el Nuevo Testamento, y las tres veces aparece en 1 Corintios 12. Los versículos no proveen ninguna explicación adicional de tal manifestación. Tampoco aparece el don en algunas de las otras listas de dones del Nuevo Testamento. Así que hay muy poca evidencia bíblica de la cual echar mano.[9]

No obstante, varias observaciones bíblicas pueden ser útiles. Primero, ambas palabras en el término están en plural: «dones de sanidades». El plural ciertamente no implica que el don se manifieste en más de una ocasión por la misma persona, porque esto significaría que el don singular de «palabra de sabiduría» en 1 Corintios 12:8 ocurre sólo una vez.

Los plurales paralelos «los que hacen milagros», «discernimiento de espíritus», y «géneros de lenguas» bien podría indicar que la manifestación fue temporal (una sola vez) y tenía que ser renovada por Dios según su voluntad.[10] Por ejemplo, Pablo sanó a multitudes (Hch. 19:11, 12), pero no pudo sanarse a sí mismo (Gá. 4:13), ni a Epafrodito (Fil. 2:25-30) ni a Trófimo (2 Ti. 4:20). Eso explicaría por qué Pablo no dirigió a Timoteo (1 Ti. 5:23) a alguna persona con este don. Alguien que lo había ejercido en una ocasión no tendría razón para sospechar que se manifestaría de nuevo. Santiago 5 se puede entender en forma similar: esta temprana epístola (alrededor del 50 d.C.) exhortó a los enfermos a llamar a los ancianos y no a una persona que manifestara «dones de sanidades».

Fuera de su asociación con los apóstoles, los «dones de sanidades» aparecen muy rara vez. Específicamente se menciona solamente a Felipe (Hch 8:6, 7). Esteban (Hch. 6:8) y Bernabé (Hch. 14:3) podrían haber ejercido este don de señales. Eso explicaría

---

9. *Véase* una discusión completa en Robert L. Thomas, *Understanding Spiritual Gifts* (Chicago: Moody Press, 1978), pp. 40-42, 82-83.

10. J. Sidlow Baxter llegó esencialmente a la misma conclusión en *Divine Healing of the Body*, pp. 281-283, así como D. A. Carson, *Showing the Spirit* (Grand Rapids: Baker Book House, 1987), pp. 39-40.

por qué Bernabé, que tal vez junto con Pablo sanó a otros en Iconio (Hch. 14:3), no sanó al mismo Pablo cuando casi lo matan a pedradas en Listra (Hch. 14:19, 20).

Los «dones de sanidades» parecen ser una señal que fue dada para autenticar a los apóstoles (He. 2:4). Por consiguiente, no es sorprendente descubrir su ausencia en la lista de dones dada en Romanos 12, que fue escrita después de 1 Corintios. Una vez que los apóstoles fueron autenticados y la iglesia primitiva establecida, las señales apostólicas desaparecieron gradualmente, porque ya habían cumplido el propósito de Dios.

Tampoco nos sorprende ver la ausencia total de dones de señales en las epístolas pastorales escritas por Pablo a Timoteo y Tito. Si aquellos dones debían ser perpetuados, ciertamente que Pablo los hubiera mencionado, especialmente dado que Timoteo sufría de problemas estomacales y otras dolencias frecuentes (1 Ti. 5:23).

Si Dios quería que los «dones de sanidades» funcionasen como algo más que un don de señal milagrosa, esperaríamos verlo manifestado en las vidas de los numerosos compañeros de Pablo. Pero no hay ni el menor indicio de su manifestación después del año 59 d.C. El argumento del silencio no es conclusivo, pero es una porción más de la evidencia que hay que considerar porque es coherente con las otras indicaciones mencionadas arriba.

Lo más probable es que «los dones de sanidades» fuesen un don de señal temporal que fue usado por Dios para autenticar a los apóstoles, se evidenció esporádicamente en otras además de Pedro y Pablo, fuere concedido una sola vez, y debía ser renovado por la voluntad soberana de Dios. Por consiguiente, no era la intención de Dios que se viesen hoy los «dones de sanidades» indicados en 1 Corintios 12:9, 28, 30.

Quiero añadir que la naturaleza temporal de los «dones de sanidades» no quiere decir que Dios no sana hoy. Debido a que el esporádico número de sanidades en el Antiguo Testamento, las innumerables sanidades de Cristo no dependían de los «dones de sanidades», la sanidad divina tampoco depende de aquel don de señal hoy.

En razón de que el término «dones de sanidades» y su contexto sigue siendo tan ambiguo, nadie debería construir su superestructura teológica sobre este tambaleante cimiento. Los que desarrollan su teología de sanidad para la Iglesia de hoy sobre este pasaje lo hacen imponiendo sus conclusiones al texto en lugar de hallar otras indicaciones claras en las otras cartas del Nuevo Testamento.

Primera Corintios 12 parece ser un puerto de rescate para los que abogan por la sanidad y entienden lo poco convincente que sería su caso si se apoyasen en el modelo de sanidad de Cristo y los apóstoles. J. Sidlow Baxter correctamente concluye que ni los milagros de sanidad de Cristo ni de los apóstoles continuaron más allá de la edad apostólica.

> Ni de los milagros de sanidad de nuestro Señor, ni de los de los apóstoles podemos deducir con seguridad que los tales deberían continuar hoy, ni tampoco debemos asumir que así es. Si tales sanidades tenían la intención divina de continuar en la misma manera hoy, entonces todos los que acuden buscando sanidad serían sanados sin excepción, como fue el caso en los días de nuestro Señor y los apóstoles. Pero miles que buscan hoy sanidad no son sanados. Por lo tanto, por este sencillo y práctico texto sabemos que las sanidades hoy no tienen la misma base que en aquellos lejanos días.[11]

Sin embargo, Baxter entonces acude a las epístolas del Nuevo Testamento y desarrolla la idea —primariamente de Romanos 8:11, 1 Corintios 12 y Santiago 5:13-16— de que las Escrituras prometen la sanidad corporal para hoy.[12] Lo hace, eso sí, con esta franca advertencia:

> Esas parecen ser las únicas promesas o declaraciones claras en las epístolas concernientes a la sanidad divina o renovación del cuerpo humano para esta edad presente. ¿Cuál es el primer pensamiento que salta a la mente? ¿No es el *muy diminuto* espacio dado a la sanidad física? En cierta manera, parece ser decepcionantemente pequeño. Que ese mismo hecho nos indique la importancia comparativamente pequeña que *Dios* le asigna. Que esto nos señale el lugar comparativamente menor que ocupa en comparación con el énfasis principal de las cartas del Nuevo Testamento a los creyentes cristianos.[13]

Jack Deere también considera a 1 Corintios 12 un texto bíblico importante para explicar la sanidad hoy.[14] Razona que puesto que 1) los apóstoles fueron los más dotados de todas las personas en la

---

11. *Ibid.*, p. 123.
12. *Ibid.*, pp. 155-80.
13. *Ibid.*, p. 157.
14. Jack Deere, *Surprised by the Power of the Spirit* (Grand Rapids: Zondervan Publishing House, 1993), pp. 64-68.

Iglesia, 2) los dones espirituales varían en fuerza e intensidad, y 3) los dones milagrosos no estuvieron limitados a los apóstoles sino distribuidos por toda la Iglesia, entonces 1) hay una distinción entre señales/maravillas y los «dones de sanidades», y 2) es incorrecto insistir en que los milagros apostólicos fijan la norma para evaluar las sanidades de hoy. Concluye 1) que las sanidades de hoy no serán tan espectaculares como las de Pablo o Pedro, 2) que las sanidades tal vez no sean tan abundantes como en la era apostólica, y 3) que esto abre la posibilidad de que existan intentos fracasados de sanidad.

Mi respuesta sería que el doctor Deere ha desarrollado una teoría basada más en lo que las Escrituras *no* dicen que en lo que dicen *claramente*. Su teoría falla, en mi opinión, por varias razones:

1. La frase «dones de sanidades» es tan ambigua en su contexto que nadie puede realmente saber a ciencia cierta lo que significa. Ciertamente, algo tan importante como la teología de la sanidad física no debería edificarse sobre un cimiento tan superficial.
2. Su teoría no explica la declinación en calidad y cantidad de incluso las sanidades apostólicas a medida que la era apostólica se acercaba a su conclusión.
3. Su teoría no explica adecuadamente por qué los «dones de sanidades» aparecen solamente en la lista de dones de 1 Corintios 12.
4. Su teoría no prevé la carencia total de instrucción en las epístolas respecto al asunto de la sanidad (con la excepción de lo que se halla en Santiago 5). Ya he sugerido en un capítulo previo que Santiago 5 y 1 Corintios 12 no están relacionados.
5. Su teoría da completamente por sentado que si las Escrituras no prohiben la sanidad o no hablan directamente de la cesación de la sanidad apostólica, entonces implícitamente las Escrituras enseñan que dicho don sigue existiendo hoy.[15]
6. El doctor Deere parece contradecir su propia teoría al escribir: «Creo que Dios hace milagros de la calidad del Nuevo Testamento en la Iglesia de hoy, y creo que los ha hecho a través de la historia de la Iglesia.»[16] Los únicos milagros con los que contamos para medir la calidad de los de hoy son los milagros apostólicos que aparecen en el libro de los Hechos. Sin

---

15. *Ibid.*, pp. 18-19, 99-115.
16. *Ibid.*, p. 58.

embargo, el doctor Deere en otra parte teoriza que los milagros de la Iglesia son inferiores a los de los apóstoles. Ambas cosas no pueden ser verdad.

## 2 Corintios 12:7-10

> Y para que la grandeza de las revelaciones no me exaltase desmedidamente, me fue dado un aguijón en mi carne, un mensajero de Satanás que me abofetee, para que no me enaltezca sobremanera; respecto a lo cual tres veces he rogado al Señor, que lo quite de mí. Y me ha dicho: Bástate mi gracia; porque mi poder se perfecciona en la debilidad. Por tanto, de buena gana me gloriaré más bien en mis debilidades, para que repose sobre mí el poder de Cristo. Por lo cual, por amor a Cristo me gozo en las debilidades, en afrentas, en necesidades, en persecuciones, en angustias; porque cuando soy débil, entonces soy fuerte.

Pablo revela el secreto que había guardado hasta entonces en el versículo 7, donde describe los dos aspectos de su experiencia resultado de su aventura en el tercer cielo: Dios usaría al mensajero de Satanás para evitar el orgullo en Pablo. Por otro lado, el diablo obraría para reducir la fe de Pablo con su agudo aguijón.

¿Qué era ese aguijón? Esta figura del lenguaje aparece cuatro veces en el Antiguo Testamento (Nm. 33:55; Jos. 23:13; Ez. 28:24; Os. 2:6). Tres veces se refiere a personas, y una vez a las circunstancias de la vida. Sin embargo, los intérpretes identifican más comúnmente el aguijón de Pablo en 2 Corintios 12 como un problema físico, puesto que es «en la carne». Se han sugerido malaria, epilepsia, dolores de cabeza o problemas de los ojos.

Alejandro el calderero (2 Ti. 4:14), Himeneo con Fileto (2 Ti. 2:17, 18), Elimas (llamado por Pablo «hijo del diablo» en Hch. 13:10), y los falsos apóstoles (2 Co. 11:13-15) califican todos. Permítaseme sugerir incluso otra posibilidad: los mismos corintios. Es fascinante notar que Pablo va a los corintios *por tercera vez* (2 Co. 13:1). Tal vez había orado en ocasión de cada visita: «Señor, por favor, líbrame del dolor.»

Por otro lado, puesto que «aguijón» se usa figuradamente en 2 Corintios 12, el contexto inmediato más que el uso general debe determinar la realidad a la que se hace referencia a través de la figura del lenguaje. Pablo en efecto sufría de problemas de los ojos (Gá. 4:13-15), y ciertamente sufría dolencias físicas producto de los numerosos azotes, golpes y apedreamientos (2 Co. 11:23-

27). Bien se podría argumentar a favor tanto de los problemas físicos como de los problemas producto de la persecución.

Anteriormente Pablo había escrito: «Pero tenemos este tesoro en vasos de barro, para que la excelencia del poder sea de Dios, y no de nosotros» (2 Co. 4:7). Para la mayoría de las personas, la aflicción, las perplejidades, las persecuciones y los golpes que Pablo experimentó serían más que suficiente para acabarlas para siempre. Pero debido a que el poder de Dios en su gracia se perfeccionó en su debilidad, Pablo se convirtió en un sobreviviente divinamente capacitado que no fue aplastado, ni se desesperó, ni fue olvidado ni destruido.

Sea que el sufrimiento haya sido en su cuerpo mediante enfermedad, o en su persona mediante persecución, se destacan varias características de 2 Corintios 12.[17]

1. El sufrimiento fue dado soberanamente por Dios (v. 7).
2. Las oraciones frecuentes elevadas en fe no eliminaron el sufrimiento (vv. 8, 9).
3. Dios dispuso el sufrimiento para el bien espiritual de Pablo (vv. 9, 10).

Cualquier verdad que aplique al sufrimiento en general, también aplicará a la enfermedad como una categoría particular de sufrimiento. Por consiguiente, estas tres lecciones de 2 Corintios 12:7-10 se aplican independientemente de cuál sea la interpretación exacta de uno respecto al «aguijón en la carne» de Pablo. De muchas maneras, la experiencia de Pablo es paralela a la de Job, con la excepción de que Job a la larga recuperó su salud. Si Pablo se libró al fin y al cabo del aguijón no lo sabemos.

## Gálatas 3:5

> Aquel, pues, que os suministra el Espíritu, y hace maravillas entre vosotros, ¿lo hace por las obras de la ley, o por el oír con fe?

Jack Deere cita este pasaje en por lo menos siete ocasiones para demostrar «que los milagros eran comunes en las iglesias de

---

17. Peter H. Davids, "Sickness and Suffering in the New Testament", en *Wrestling with Dark Angels*, ed. por C. Peter Wagner y F. Douglas Pennoyer (Ventura, CA: Regal Books, 1990), pp. 215-237, arguyen que las categorías de «enfermedad» y «sufrimiento» deben considerarse separadamente y no superponerse en la experiencia. Yo cuestiono esta teoría, como lo hizo la respuesta de Walter R. Bodine en el mismo volumen (pp. 238-247).

Galacia».[18] Gálatas 3:5 puede interpretarse razonablemente en tres diferentes maneras, ninguna de las cuales sobresale en forma conclusiva. Las tres posibilidades son:

1. Dios obró milagros por medio de Pablo.
2. Dios obró milagros por medio de los gálatas.
3. Dios obró milagros de salvación en los gálatas.[19]

El espacio no nos permite exponer completamente dicho tema. No obstante, permítaseme decir que un pasaje tan inconcluso como Gálatas 3:5 jamás debería usarse tan centralmente para desarrollar una teología; especialmente al grado que se lo usa frecuentemente como texto de prueba para una conclusión que jamás se demuestra.

## Hebreos 13:8

> Jesucristo es el mismo ayer, y hoy, y por los siglos.

Los que buscan promesas de sanidad a menudo acuden a esta verdad. Razonan que como Dios sanó en el pasado, y nunca cambia, entonces debe también sanar ahora de la misma manera.

Ese razonamiento proviene de varios errores. Bíblicamente, sabemos que Dios no sanará para siempre. Un día el pecado será vencido y la enfermedad no existirá más; la voluntad sanadora de Dios ya no será necesaria. Así como no es verdad que si Dios sanó en el pasado entonces debe sanar para siempre, tampoco es necesariamente cierto que si sanó en el pasado sana entonces hoy.

Dentro de su contexto, Hebreos 13:8 habla específicamente de la naturaleza inmutable de Dios (Mal. 3:6; He. 1:12), no de la *manifestación* variante de su naturaleza. Por ejemplo, Ananías y Safira ofendieron la santidad de Dios al mentir, y de este modo atrajeron sobre sí la ira justa de Dios, y murieron como resultado de ello (Hch. 5:1-11). La santidad y rectitud de Dios jamás cam-

---

18. Jack Deere, *Surprised by the Power of the Spirit*, pp. 235, 287. El doctor Deere *nunca* le dice a su lector que la palabra que se traduce por «milagro» puede ser traducida como «poder» con igual facilidad, y referirse al poder de Dios en la salvación (Ro. 1:16; 1 Co. 1:18; 2 Co. 6:7; 1 Ts. 1:5; 2 Ti. 1:8).

19. John A. McLean, "Galatians 3:5: A Change in Nature or a Change of Nature?", ensayo no publicado y presentado en las cuadragésimocuartas reuniones anuales de la Sociedad Evangélica Teológica, del 19 al 21 de noviembre de 1992. El doctor McLean presenta un caso muy convincente de esa posibilidad.

bian, pero Él no siempre ejecuta a cada mentiroso tan pronto pronuncia palabras que no son ciertas.

¿Y en cuanto a la visita singular de Pablo al tercer cielo (2 Co. 12:1-10)? Aun cuando Dios todavía es omnipotente, los cristianos de hoy no deben esperar un viaje similar.

La bondad de Dios suplió a los judíos de alimento y vestido sobrenaturalmente durante su peregrinaje de cuarenta años por el desierto (Éx. 16:1-21; Dt. 29:5). Los cristianos no deben esperar tal clase de provisión hoy, pero la bondad de Dios sigue siendo la misma y lo será para siempre.

Hebreos 13:8 habla de *la persona* de Cristo, no de sus *propósitos*. Debemos distinguir *quién es Dios:* su carácter, que jamás cambia; y *lo que Dios hace* al realizar su voluntad personal para cada creyente. Si no hacemos estas distinciones podemos interpretar erróneamente las Escrituras. Peor aún, podemos entender mal a Dios y apropiarnos equivocadamente de sus promesas.

Hebreos 13:8 generaliza la ilustración específica del Antiguo Testamento, usada como una promesa en Hebreos 13:5, 6 de que Dios está presente con los creyentes para siempre. Volvamos a Hechos 12, en donde Jacobo y Pedro dependieron de la protección de Dios. Sabemos que Jacobo fue ejecutado, pero Pedro fue milagrosamente puesto en libertad. Por razones desconocidas para nosotros, la naturaleza inmutable de Dios se manifestó de dos maneras enteramente diferentes en la misma situación.

El siguiente es un paralelo moderno de lo que ocurrió con Jacobo y Pedro:

> En el número de junio de 1980 de *Nuestro Pan Diario*, relaté cómo un cristiano providencialmente escapó de la muerte. Un retraso inesperado en Nueva York evitó que tomara el vuelo 191 a Chicago, que se estrelló con 254 personas a bordo. Ese artículo indujo a un lector a enviarme la siguiente nota: «Sencillamente tengo que informarle respecto a uno de los más grandes santos de Dios, que corrió para alcanzar el vuelo 191 —¡y lo alcanzó! Se llamaba Edward E. Elliot, amado pastor de la Iglesia Ortodoxa Presbiteriana de Garden Grove, California. Su avión que venía desde Pensilvania llegó atrasado, y un amigo que le había acompañado a Chicago dijo que la última vez que le vio «estaba corriendo» por la terminal para alcanzar la conexión.[20]

---

20. Dennis J. De Hann, "Running to Heaven", *Our Daily Bread* (Grand Rapids: Radio Bible Class), 4 de septiembre de 1981.

Hebreos 13:8 fue igualmente cierto para ambos hombres. Pero uno murió, mientras que el otro fue librado. Con respecto a lo físico, Hebreos 13:8 no necesariamente promete a los creyentes que Dios los sanará hoy así como sanó a otros en el pasado. Su capacidad para sanar jamás ha cambiado, pero su voluntad todavía ha de revelarse individualmente.

### Tercera de Juan 2 [21]

> Amado, yo deseo que tú seas prosperado en todas las cosas, y que tengas salud, así como prospera tu alma.

A primera vista, alguien pudiera pensar que 3 Juan 2 tiene alguna relación con la sanidad. Pero una segunda lectura apunta en otra dirección. Este pasaje representa un saludo normal en una carta del primer siglo. El escritor desea a Gayo lo mejor, con el propósito de que el evangelio avance, tanto para la vida en general como en su bienestar físico bajo condiciones extremas y adversidades.

Mire de nuevo el texto y note el punto de referencia. Juan desea a Gayo buena salud en proporción a su bienestar espiritual; o sea, «así como prospera tu alma». Tercera de Juan 2 no significa nada más que lo que dice: Juan desea a Gayo lo mejor en toda dimensión de su vida. Tercera Juan 2 ni siquiera tiene el menor indicio de promesa de sanidad.

---

21. D. Edmond Hiebert, "An Exposition of 3 John 1-4", *Bibliotheca Sacra* (enero-marzo de 1987), pp. 60-62, provee una exposición excelente y amplia.

# 12

# ¿Qué de los milagros?

Una publicación reciente contenía un comentario sorprendente. ¿Cuál sería su reacción al mismo?

> Si usted toma a un nuevo converso, el cual antes de su conversión no sabía nada de la historia del cristianismo ni del Nuevo Testamento, y lo encierra por una semana en una habitación con una Biblia, él saldría creyendo que es miembro de un cuerpo que está apasionadamente enamorado del Señor Jesucristo, o un cuerpo que, sin cejar, experimenta milagros y obra milagros. Se requeriría un astuto teólogo sin experiencia en lo milagroso para convencer al joven converso de lo contrario.[1]

A primera vista y sin pensarlo mucho, tal vez pudiéramos estar de acuerdo. Pero mire de nuevo la afirmación. Para mí, esto rápidamente llega a ser una situación donde hay acuerdo y desacuerdo.

Estoy de acuerdo en que un nuevo converso, que ignora totalmente la historia, que no tiene experiencia de interpretación de la Biblia, y que no tiene herramientas para el estudio, tal vez pudiera concluir que la Iglesia de hoy experimenta milagros como la del primer siglo.

---

1. Jack Deere, *Surprised by the Power of the Spirit* (Grand Rapids: Zondervan Publishing House, 1993), p. 114. (también pp. 54, 99).

Pero estoy en total desacuerdo, y me parece que usted también, con que el nuevo converso estaría en lo correcto. ¿Desde cuándo le preguntamos a un nuevo converso que no cuenta con ninguna otra cosa que una Biblia cuál es la interpretación teológica correcta de un tema tan complejo como el de los milagros? Además, ¿por qué el teólogo tiene que ser «experimentado» en lo milagroso para tener credibilidad si creemos que las Escrituras son suficientes para articular la clara doctrina (2 Ti. 3:16, 17)?

Esto suscita una pregunta inclusive mayor: ¿Por qué los teólogos adiestrados, que en efecto cuentan con conocimiento de la historia y tienen la capacidad de usar buenas herramientas de estudio bíblico, arriban a las mismas conclusiones inmaduras que un nuevo creyente que no sabe nada? ¿Podría ser que han usado una combinación de experiencia y teología predeterminada para invalidar las conclusiones que de otra manera serían razonables?

### UNA DEFINICIÓN BÍBLICA
La Biblia define un milagro usando varias palabras que describen la «gama de efectos» de un milagro.

1. *Pele'* porta la idea básica de «maravilla» (Éx. 15:11; Sal. 77:11).
2. *'Ot* indica una «señal» que establece una certeza que no estaba previamente presente (Éx. 4:8, 9; Nm. 14:22; Dt. 4:34).
3. *Gebudāh* significa «fuerza» o «poder» (Sal. 145:4, 11, 12; 150:2).
4. *Mopēt* básicamente significa «maravilla», «señal» o «portento». Se usa frecuentemente en conjunción con *'ot,* como en Deuteronomio 4:34; 6:22 y Nehemías 9:10.

### En el Nuevo Testamento
El Nuevo Testamento usa cuatro palabras griegas que corresponden exactamente a los términos hebreos del Antiguo Testamento.

1. *Teras* («maravilla») describe el milagro que asombra o deja pasmado. Su carácter extraordinario indica la maravilla o perplejidad que el milagro inspira. En el Nuevo Testamento, *teras* no aparece sola, y forma la contrapartida griega de *mopēt* y *pele'* (*véase* Dt. 4:34, Septuaginta). Cristo ilustra el uso en Hechos 2:22, y los apóstoles en Hebreos 2:4.
2. *Semeion* («señal») lleva a la persona a algo más allá del milagro. Es valioso, no por lo que es, sino más bien por aquello

a lo cual apunta. Es la contrapartida griega de *'ot* (*véase* Nm. 14:22, Septuaginta).

3. *Dunamis* («poder» o «milagro») ilustra el poder detrás del acto y apunta hacia un poder nuevo y más alto. Corresponde a *gebudāh,* el equivalente hebreo (*véase* Sal. 144:4, Septuaginta).

4. *Ergon* («obra») la usa Jesús en los Evangelios para describir obras distintivas que nadie más hizo (*véase* Jn. 15:24).

Estos varios elementos constituyen un milagro bíblico. Al interpretar cada parte descriptiva, un milagro de parte de Dios puede definirse como:

> Un fenómeno observable realizado poderosamente por Dios directamente o por medio de un agente autorizado *(dunamis),* cuyo carácter extraordinario capta la atención inmediata del que observa *(teras),* apunta hacia algo más allá del fenómeno *(semeion),* y es una obra distintiva cuya fuente no puede atribuirse a nadie más que a Dios *(ergon).*

Esa es una definición de peso. Reducida a su significado básico, un milagro puede describirse como «el momento en que Dios suspende las leyes naturales e interviene personalmente en la vida para cambiar a las personas y sus circunstancias de acuerdo a su voluntad.»

Permítame esbozar los términos que parecen describir mejor las diferentes obras de Dios. Al usar estas definiciones se puede evitar cierta confusión semántica.

I.   Las obras originales de creación de Dios

II.  Las obras contínuas de providencia de Dios[2]
    A.  Sobrenatural/milagrosa/inmediata
       1. Sin agencia humana
       2. Con agencia humana

    B.  Natural/no milagrosa/mediata
       1. Explicables/leyes conocidas
       2. Inexplicables/leyes desconocidas

---

2. He seguido a Millard J. Erickson, *Christian Theology* (Grand Rapids: Baker Book House, 1986), pp. 365-410, en la división básica doble de la obra de Dios en 1) creación originadora y 2) providencia continuada.

Todas las obras que anteceden involucran la participación divina de Dios en algún nivel. Con respecto a la sanidad, cualquier recuperación física puede llamarse «sanidad divina», pero no toda sanidad puede ser considerada «milagrosa».
El doctor C. Everett Koop explica esta distinción partiendo de su renombrada perspectiva médica.

> No tengo idea de cuántas operaciones he realizado en mi carrera de cirujano. Sé que he hecho 17.000 de cierto tipo en particular, 7.000 de otro.... Venían a verme pacientes de todo el mundo. Una de las cosas que hacía que los padres de los pacientes quedaran encantados conmigo era la manera en que sanaban mis incisiones.
> Estas cicatrices «invisibles» se convirtieron en mi marca particular. Pero, ¿era yo un *sanador?* ...
> Yo era el que unía los bordes, pero era Dios quien coagulaba el suero. Era Dios quien enviaba los fibroblastos entre las aristas de la piel. Era Dios quien hacía que los fibroblastos fabricasen colágeno, y había probablemente alrededor de otros cincuenta procesos complicados involucrados, acerca de los cuales ni usted ni yo jamás tendremos ni la menor idea. Pero, ¿descendía Dios e instruía a los fibroblastos para comportarse de esa manera?
> En cierto sentido sí. Pero lo hacía mediante sus *leyes naturales,* de la misma manera en que hace que la hierba crezca, que la lluvia caiga, y que la tierra tiemble. La pregunta, entonces, no es: ¿Sana Dios? ¡Por supuesto que sí! Lo que nos preocupa es esta pregunta: «Teniendo en cuenta que Dios sana, ¿lo hace *normalmente de acuerdo a las leyes naturales* o por medio de *una interrupción* de esas leyes (i.e, un milagro)?[3]

## ¿POR QUÉ INVOLUCRAR PERSONAS?

Tres afirmaciones del Nuevo Testamento hablan directamente acerca de milagros iniciados divinamente y realizados por medio de personas.
Primero, considere el comentario inspirado de Pedro sobre el

---

3. C. Everett Koop, "Faith Healing and the Sovereignty of God", en Michael Horton, ed., *The Agony of Deceit* (Chicago: Moody Press, 1990), pp. 169-170. Rex Gardiner, *Healing Miracles* (Londres: Darton, Longman and Todd, 1986), no considera los fenómenos inexplicables de sanidad natural en su comprensión de «milagros»: «Por sanidad milagrosa quiero decir sanidad de una enfermedad orgánica por medios, o a una velocidad, inexplicable médicamente y precedida por oración en el nombre de Jesucristo.»

propósito de los milagros de Jesús, según Hechos 2:22: «Varones israelitas, oíd estas palabras: Jesús nazareno, varón aprobado por Dios entre vosotros con las maravillas, prodigios y señales que Dios hizo entre vosotros por medio de él, como vosotros mismos sabéis.»

Las obras de Cristo se expusieron con el propósito de certificar sus afirmaciones de que era Dios y el Mesías. Los milagros de nuestro Señor no demostraron, en sí mismos, su deidad, de igual manera que los milagros apostólicos no demostraron que los apóstoles eran deidades. Más bien, los milagros atestiguaron innegablemente la verdad de la afirmación de Cristo de ser el Dios-Hombre (Jn. 11:47, 48). Distinguieron a Cristo, que tenía credenciales milagrosas impecables, como el verdadero Mesías, en contraste con todos los falsos cristos de toda la historia.[4]

Luego, 2 Corintios 12:12 contiene la afirmación directa de Pablo acerca de los milagros en relación con los apóstoles. Pablo afirma enfáticamente que las marcas *(semeia)* de un apóstol era señales, maravillas y milagros. Dios usó esos fenómenos sobrenaturales para autenticar al mensajero apostólico, y de este modo validar su mensaje (Hch. 2:43; 5:12). Dios usó muchos de los mismos métodos para autenticar a los profetas el Antiguo Testamento: 1) al cumplir el mensaje del profeta, y 2) por medio de milagros *(véase* Dt. 13:1-5; 18:21, 22). Los milagros hicieron la distinción entre los profetas y los apóstoles verdaderos y falsos.[5]

Tercero, una de las pruebas usadas por el autor de Hebreos es que el mensaje de salvación fue confirmado por Dios mediante milagros. Hebreos 2:3, 4 afirma que Dios dio testimonio de la verdadera salvación por medio de los apóstoles mediante milagros.

Estos pasajes de Hechos, 2 Corintios y Hebreos enseñan que el propósito primario de Dios para los milagros que obró por medio de hombres era *autenticar a sus mensajeros como portadores de una verdadera revelación de Dios.*

---

4. Juan particularmente nota siete señales que Jesús realizó para autenticarse a Sí mismo como Aquel en quien la gente debía creer para salvación (20:30, 31). Incluyen: 1) convertir al agua en vino (2:1-11); 2) curar al hijo un noble (4:46-53); 3) curar a un enfermo (5:1-9); 4) alimentar a las multitudes (6:9-14); 5) andar sobre el agua (6:16-21); 6) sanar a un ciego (9:1-34); y 7) resucitar a Lázaro de entre los muertos (11:1-46).

5. Las Escrituras advierten en contra de 1) los falsos profetas (Dt. 13:1-5; 18:14-22; 1 Jn. 4:1-4); 2) los falsos apóstoles (2 Co. 12:12); 3) los falsos creyentes (Mt. 7:13-23; 2 Co. 11:26; Gá 2:4); y 4) las falsas señales (2 Ts. 2:9; Ap. 13:13; 16:14; 19—20).

En el Antiguo Testamento hay muchas ilustraciones de este propósito principal. En Éxodo capítulos 3 y 4, Dios finalmente convenció a Moisés de que debía representarle en Egipto. Dios respondió a cada una de las objeciones de Moises con una señal sobrenatural que autenticaría su comisión. En Éxodo 4:30, 31 se realizaron las señales, y los judíos creyeron. Después de una señal y tres plagas, los magos egipcios creyeron (Éx. 8:18, 19). Después de diez plagas y el incidente del mar Rojo, Faraón creyó (Éx. 14:26-30), y la fe de los judíos fue reavivada (Éx. 14:31).

Después de alimentar a Elías con sus últimas porciones, la viuda de Sarepta vio su provisión de alimento vuelta a suplir sobrenaturalmente (1 R. 17:8-16). A la muerte de su hijo ella dudó (vv. 17, 18), pero cuando su hijo fue devuelto sobrenaturalmente a la vida, creyó (v. 24). Un milagro de Dios dio testimonio de que Elías era auténtico. Esto ocurrió de nuevo en el monte Carmelo, a la orden de Elías, cuando fuego descendió del cielo e hizo creyentes a las personas en medio de la incredulidad rampante y de una grosera idolatría (1 R. 18:30-40). Naamán quedó convencido de la credibilidad de Eliseo después de haber sido sanado de su lepra (2 R. 5:14, 15).[6] Nabucodonosor supo que Daniel era confiable después de que revisó e interpretó correctamente el sueño del rey (Dn. 2:46).

Claramente Dios usó milagros por medio de hombres para autenticar a sus mensajeros. Los milagros jamás se usaron meramente para exhibición, frivolidad, o para exaltar al mensajero.

### HISTORIA DE PERSONAS Y MILAGROS
Un repaso de la historia bíblica revela tres períodos de tiempo principales durante los cuales Dios realizó milagros por medio de hombres. (Sí ocurrieron milagros por medio de hombres en otras eras, pero sólo en muy pocas ocasiones.) Estos tres períodos principales son:

- Moisés y Josué, *ca.* 1450-1390 a.C.
- Elías y Eliseo, *ca.* 860-800 a.C.
- Cristo y los apóstoles, *ca.* 30-60 d.C.

Pero incluso en aquellos períodos, los milagros no fueron la norma para todos los siervos de Dios. Hablando de Juan el Bautis-

---

6. Por lo menos 20 milagros asociados con Elías se registran en 2 Reyes 2—13. Esta concentración se asemeja a la intensidad que se experimentó en los tiempos de Moisés y de Cristo.

ta, nuestro Señor dijo: «Os digo que entre los nacidos de mujeres, no hay mayor profeta que Juan el Bautista» (Lc. 7:28). Sin embargo Juan [el evangelista] escribe acerca de Juan el Bautista: «Y muchos venían a él, y decían: Juan, a la verdad, ninguna señal hizo; pero todo lo que Juan dijo de éste [Cristo], era verdad» (Jn. 10:41). (Más tarde el mensaje de Juan fue vindicado por los milagros de Cristo.) De modo que la estatura de un hombre de Dios no fue evidenciada primariamente por milagros y señales, sino más bien por la fidelidad de su mensaje.

Los milagros no se limitan a la historia bíblica, o ni siquiera el cristianismo. Es más, si el mero número de milagros aducidos se usara para medir la autenticidad de una religión, el verdadero cristianismo sería eclipsado por la religión falsa.

El hecho de que ocurran supuestos milagros fuera de la fe cristiana debe hacer que los cristianos tengan cautela con respecto a quienes dicen hacer milagros. Los mormones, los adeptos a la Ciencia Cristiana, la mayoría de las religiones orientales y espiritistas paganos, afirman que realizan milagros. Incluso afirman que los milagros han sido verificados por testigos competentes.

La historia de supuestos milagros dentro de la esfera del cristianismo desde el año 100 d.C. es abundante en el área de la sanidad. Benjamín Warfield, un connotado teólogo, observa:

> Hay muy poca o ninguna evidencia de la realización de milagros durante los primeros cincuenta años de la Iglesia postapostólica; es ligera y sin importancia por los siguientes cincuenta; crece más abundantemente durante el siguiente siglo (el tercero); y llega a ser abundante y precisa solamente en el siglo IV, para incrementarse todavía más en el V y después. De este manera que, si la evidencia sirve para algo después de todo, en lugar de un decrecimiento regularmente progresivo, desde el mismo principio hubo un incremento sostenido de los milagros.[7]

Sin embargo, ¿se iguala el carácter y la calidad de los milagros postapostólicos con los de los registrados en las Escrituras? Phillip Schaff, eminente historiador de la Iglesia que cree que los milagros se extendieron más allá de la edad apostólica, ofrece estas consideraciones de peso en contra de la mayoría de aquellos milagros.

---

7. B. B. Warfield, *Counterfiet Miracles* (Edimburgo: The Banner of Truth Trust, reimpresión 1972), p. 10.

- Son de un tono moral mucho menor y exceden enormemente en pompa externa a los milagros bíblicos.
- No sirven para confirmar la fe cristiana en general.
- Mientras más alejados están de la edad apostólica, más numerosos son.
- Los padres de la Iglesia no informaron verdaderamente todo lo que se debía conocer respecto a los supuestos milagros.
- Los padres de la Iglesia admitieron que hubo grandes fraudes.
- Los milagros nicenos fueron recibidos con dudas y contradicción entre sus contemporáneos.
- Los padres de la Iglesia se contradicen a sí mismos al enseñar que ya no sucedían milagros y luego informar que sucedían milagros reales.[8]

Necesitamos prestar atención a las advertencias de la historia, independientemente de nuestra posición respecto a los milagros hechos por medio de agentes humanos. Satanás hará todo lo que pueda para hacer errar y engañar a los cristianos, desviándolos al callejón sin salida de los supuestos milagros (2 Co. 11:13-15). Los que siguen tal senda, un día se acercarán a Jesús aduciendo haber hecho milagros en su Nombre, pero Él les responderá: «Nunca os conocí; apartaos de mí» (Mt. 7:23).

### ¿SON LOS MILAGROS PARA HOY?

¿Han continuado realmente los milagros por medio de los hombres más allá de la edad apostólica? Previamente vimos a partir de las Escrituras que los milagros sirvieron para autenticar al mensajero de Dios, y ultimadamente, el mensaje de Dios. Sin embargo, cuando Juan escribió el libro de Apocalipsis, el canon del Nuevo Testamento y la revelación total de las Escrituras por Dios quedaron completos. Después del año 95 d.C., Dios no tenía razón revelada para realizar milagros por medio de hombres a fin de autenticar Su mensaje; el canon se cerró con la terminación de Apocalipsis. Por consiguiente, la voluntad de Dios para obrar milagros por medio de hombres cesó.

Estos dones no fueron posesión de los cristianos primitivos como tales, ni tampoco de la iglesia apostólica o de la edad apostólica en

---

8. Philip Schaff, *History of the Christian Church*, tomo 3 (Grand Rapids: Associated Publishers & Authors, s.f.), pp. 191-192.

sí mismas; fueron distintivamente la autenticación de los apóstoles. Fueron parte de las credenciales de los apóstoles como agentes autorizados de Dios para fundar la Iglesia. Su función quedó confinada distintivamente a la Iglesia apostólica, y necesariamente se acabó con la misma.[9]

No hay ninguna afirmación bíblica clara que especifique si los milagros por medio de hombres cesaron con los apóstoles o continuaron, pero si consultamos todo el consejo de Dios hallaremos la respuesta. Los siguientes son algunos indicadores del Nuevo Testamento de que la edad de los milagros por medio de hombres en verdad cesó con la edad apostólica.

Hechos 2:22, 2 Corintios 12:12 y Hebreos 2:4 indican que los milagros señales tuvieron el propósito de autenticar al mensajero de Dios. Con la terminación del canon, aquellas señales no servían ya más para el propósito que Dios determinó.

Así como hubo milagros de beneficio en la era del Nuevo Testamento, también hubo milagros de juicio. Sin embargo, hoy nadie afirmaría que Dios trata con los mentirosos en la forma que lo hizo con Ananías y Safira (Hch. 5:1-11). Tampoco afirmaría ningún supuesto sanador que Dios inflige sobrenaturalmente dolencias físicas por medio de agencia humana, tal como la ceguera que Pablo le impuso a Elimas (Hch. 13:8-11). Pero es incoherente negar los milagros de juicio y al mismo tiempo promover los milagros de beneficio; este no es el modelo bíblico. O bien ambos están presentes, o ninguno. Se puede respaldar bíblica e históricamente que al presente no se realiza ningún tipo de milagro por medio de hombres.

---

9. B. B. Warfield, *Counterfiet Miracles*, p. 6. Jack Deere, *Surprised by the Power of the Spirit* (Grand Rapids: Zondervan Publishing House, 1993), pp. 49-56; 253-266, cuestiona grandemente la opinión cesacionista de Warfield. Al hacerlo afirma basar su argumento en la sola Escritura (pp. 22-23), pero, a decir verdad, arguye primariamente a partir de la experiencia: «Hay solo una razón básica por la que los cristianos que creen en la Biblia no creen en los dones milagrosos del Espíritu Santo hoy. Es simplemente esta: *«no los han visto»* (p. 55). Luego en el Apéndice C (pp. 253-266), repetidamente castiga el punto de vista de John MacArthur respecto a los milagros por medio de hombres. La discusión de Deere no sólo representa mal e injustamente la posición de MacArthur, sino que también muestra una seria deficiencia teológica en el sentido de que Deere no distingue claramente entre lo milagroso o sobrenatural directamente de Dios y lo milagroso de Dios por medio de un agente humano.

Después del progreso histórico de los apóstoles que escribieron respecto a los dones milagrosos, los milagros disminuyeron en alcance conforme el tiempo avanzaba. En 1 Corintios (55 d.C.), Romanos (51 d.C.), y Hechos 19:11, 12 (52 d.C.), leemos acerca de milagros extraordinarios que tuvieron lugar. Epístolas más tardías indican que tales fenómenos iban en disminución. Pablo no sanó a Epafrodito (Fil. 2:27, 60 d.C.), dejó a Trófimo enfermo en Mileto (2 Ti. 4:20, 64 d.C.), y prescribió vino para la dolencia estomacal de Timoteo (1 Ti. 5:23, 62-63 d.C.) en lugar de recomendar que Timoteo se sometiese a alguien que pudiese sanarlo. Pablo mismo tenía severos problemas de salud (Gá. 4:13 y posiblemente 2 Co. 12:7) que no pudo curar por medios milagrosos.[10]

Santiago escribió alrededor del año 50 d.C., exhortando a los creyentes que estaban seriamente enfermos a que llamasen a los ancianos para que los ungiesen y orasen por ellos, en vez de decirles que llamaran a alguien que tuviese la habilidad de sanar.

En las siete cartas a las siete iglesias (Ap. 2:1—3:22, 95 d.C.) no se hace ninguna mención de dones de señales milagrosas.

*Las Escrituras enseñan que los milagros por medio de agentes humanos sirvieron para un propósito muy específico.* Ese propósito era autenticar a los profetas y apóstoles de Dios como mensajeros certificados que predicaban una palabra segura del cielo. Cuando el canon de las Escrituras se cerró con el Apocalipsis de Juan, dejó de existir la razón divina para realizar milagros por medio de hombres. Por lo tanto, tales clases de milagros cesaron de acuerdo a las Escrituras.

### PUNTOS PARA RECORDAR

Los milagros, de acuerdo a la definición bíblica, descartan la necesidad de medios secundarios y no están limitados por las leyes de la naturaleza. Implican la intervención sobrenatural de Dios. Los milagros de Jesús nunca fueron limitados; jamás fueron pues-

---

10. Jack Deere, *Surprised by the Power of the Spirit*, pp. 229-252, arguye que los dones milagrosos del Espíritu Santo experimentados en la Iglesia apostólica no cesaron con la era apostólica; más adelante afirma que B. B. Warfield popularizó la teoría de la cesación de dones (p. 229). El doctor Deere *no* les dice a sus lectores que a través de toda la historia de la Iglesia, aun cuando ha habido debate, la opinión mayoritaria al respecto siempre ha sido la de cesación. *Véase* en Walter J. Chantry, *Signs of the Apostles*, 2ª ed. (Edimburgo: The Banner of Truth Trust, 1976), pp. 140-146, un estudio de los proponentes del concepto de cesación, desde Crisóstomo hasta A. W. Pink.

tos en tela de juicio; fueron realizados en público; fueron abundantes e instantáneos. Cualquier cosa que reclame el título de «milagro» hoy debe poseer también esas cualidades. Desafortunadamente, la Iglesia contemporánea tiende a trivializar la idea del milagro al considerar «milagrosa» cualquier cosa fuera de lo ordinario.

Tampoco producen los milagros una espiritualidad automática en los que los presencian. Los israelitas, libertados de Egipto por milagros, muy rápidamente degeneraron y se convirtieron en idólatras (Éx. 32), incluso aun cuando los maravillosos milagros de Dios estaban todavía frescos en sus mentes. Elías realizó milagros espectaculares de Dios; sin embargo el remanente de Israel fue tan pequeño (7.000 personas) que Elías pensó que estaba librando la batalla él solo (1 R. 19). Después de que Jesús alimentó a los 5.000 y habló de la significación del milagro, muchos de sus discípulos se retiraron y no quisieron seguir más con Él (Jn. 6:66).

Precisamente lo opuesto parece ocurrir hoy. Mientras que los testigos del primer siglo que presenciaron los auténticos milagros de Cristo se alejaron de ellos y de Él, los cristianos del siglo XX parecen ser curiosamente atraídos por experiencias que ni siquiera son dignas de compararse con los milagros de Cristo.

# 13

# *¡Dios sana hoy!*

Recientemente hojeé el libro *Where Is God When It Hurts?* [del cual hay traducción castellana titulada *¿Dónde está Dios cuando se sufre?*, de Editorial CLIE], un éxito de librería de Philip Yancey, en el cual él relata el dilema de John y Claudia Claxton. Claudia contrajo la enfermedad de Hodgkin poco después de su matrimonio, y se le dio tan sólo el cincuenta por ciento de posibilidades de vida.

Muchos de los amigos de Claudia la visitaron en el hospital para animarla. Yancey relata una de tales visitas.

> Otra señora que había pasado a visitarla había visto fielmente a Oral Roberts, Kathryn Kuhlman, y «El Club 700» por años. Le dijo a Claudia que la sanidad era el único escape. «La enfermedad nunca es la voluntad de Dios —insistió—. La Biblia lo dice. El diablo está obrando, y Dios esperará hasta que usted pueda reunir suficiente fe para creer que puede ser sanada. Recuerde, Claudia, la fe puede mover montañas, y eso incluye la enfermedad de Hodgkin. Crea verdaderamente que usted se sanará, y Dios contestará sus oraciones.»[1]

---

1. Philip Yancey, *Where Is God When It Hurts?* (Grand Rapids: Zondervan, 1977), p. 13. Hay traducción castellana titulada *¿Dónde está Dios cuando se sufre?*, de Editorial CLIE.

Claudia trató de levantar sus ánimos y de aumentar su fe. Pero se agotó en el proceso, y concluyó que nunca tendría suficiente fe. Batalló con la pregunta que queremos contestar ahora: ¿Sana Dios hoy?

## UN ACERTIJO

Responda a esta provocadora pregunta: ¿Hay algo que Dios no pueda hacer? ¡Piénselo! Jeremías afirma de Dios: «Ni hay nada que sea difícil para ti» (Jer. 32:17).

De modo que tal vez nuestra respuesta debería ser *no*. Pero, entonces, ¿qué podemos decir de estos versículos? Lea Tito 1:2: «Dios ... no miente», ó 2 Timoteo 2:13: «Él [Dios] no puede negarse a sí mismo.»

¿Y qué de Génesis 9:11? Dios no puede inundar la tierra con diluvio de nuevo. ¿Y Santiago 1:13? Dios no puede ser tentado. ¿Cómo podemos resolver estas aparentes contradicciones? La cuestión en realidad tiene que vercon la *naturaleza y la voluntad* de Dios y no con su poder infinito.

Dios no puede mentir porque eso contradiría su verdadera naturaleza. No puede ser tentado porque eso contradiría su Palabra infalible. No puede negarse a Sí mismo porque eso contradiría su existencia eterna. No puede inundar al mundo con diluvio otra vez porque eso contradiría su promesa revelada.

## PREGUNTAS CRUCIALES

Nuestro acertijo destaca que Dios no puede actuar en forma contraria a su naturaleza divina o voluntad revelada, y no lo hará. En esas áreas se ha limitado a Sí mismo.

Ahora, considere estas preguntas:

- ¿Puede Dios sanar?
- ¿Puede Dios sanar milagrosamente?
- ¿Puede Dios sanar milagrosamente por medio de hombres?

La respuesta a estas tres preguntas es un apabullante *sí*.

Las siguientes tres preguntas no pueden contestarse tan fácilmente:

- ¿Sanará Dios?
- ¿Sanará Dios milagrosamente?
- ¿Sanará Dios milagrosamente por medio de hombres?

Las respuestas a estas preguntas no atañen a la *capacidad* de Dios, sino más bien *su práctica revelada*. Nuestras respuestas se formarán, no por la ilimitada capacidad de Dios para obrar, sino por su conformidad a su propia voluntad. En ocasiones Dios escoge no hacer algo que tiene poder para hacer.

## LA PERSPECTIVA DE DIOS EN CUANTO A LO FÍSICO

Para hallar respuestas adecuadas a las preguntas que anteceden necesitamos considerar el punto de vista de Dios en cuanto al lado físico de la vida, especialmente en tres dimensiones distintas. Cuando veamos el punto de vista de Dios respecto a lo físico desde las dimensiones metafísica, moral y material, empezaremos a comprender por qué Dios ha actuado en la manera en que lo ha hecho en la historia.

*La dimensión metafísica.* La intervención soberana de Dios en nuestro ser físico viene primero.

> Y Jehová le respondió: ¿Quién dio la boca al hombre? ¿o quién hizo al mudo y al sordo, al que ve y al ciego? ¿No soy yo Jehová? (Éx. 4:11).

> Ved ahora que yo, yo soy, y no hay dioses conmigo; yo hago morir, y yo hago vivir; yo hiero, y yo sano; y no hay quien pueda librar de mi mano (Dt. 32:39).

> Que formo la luz y creo las tinieblas, que hago la paz y creo la adversidad. Yo Jehová soy el que hago todo esto (Is. 45:7).

¿Qué enseñan estas Escrituras? Que Dios es al fin y al cabo la primera causa de toda vida, toda muerte, toda enfermedad y toda sanidad. Él asume tal responsabilidad. Muchos médicos lo reconocen. En casos difíciles a menudo les oímos decir: «He hecho lo mejor que he podido. Ahora todo está en las manos de Dios.»

Cada vez que he enseñado sobre este tema a través de los años, he presentado a mis oyentes algunas preguntas sencillas pero estimulantes:

- ¿Ha estado usted alguna vez enfermo?
- ¿Se recuperó de su enfermedad?
- ¿Fue usted divinamente sanado?

Si alguna vez usted se ha enfermado, y se ha recuperado, entonces usted ha sido, en cierto sentido, sanado divinamente. No reconocer este hecho es ignorar la intervención diaria y providencial
de Dios en nuestras vidas. No permita que nadie le prive del gozo
que viene de saber que Dios ha intervenido en la bienestar físico.
La intervención divina en la recuperación de su enfermedad no
debe ser negada ni minimizada. La cooperación de los procesos
corporales y el tratamiento médico demuestran la creatividad de
Dios y su genio providencial.

*La dimensión moral.* El pecado entró en la raza humana como
resultado de la caída de Adán y Eva de su estado de impecabilidad
(Gn. 3:1-19). El pecado continuará como un rasgo inherente de
todos los de la raza humana hasta que Dios quite la maldición
(Ap. 22:3).

> Por tanto, como el pecado entró en el mundo por un hombre, y
> por el pecado la muerte, así la muerte pasó a todos los hombres,
> por cuanto todos pecaron (Ro. 5:12).

> Entonces la concupiscencia, después que ha concebido, da a
> luz el pecado; y el pecado, siendo consumado, da a luz la muerte
> (Stg. 1:15).

Después de la caída de Adán y Eva, Dios expresó su amor hacia
la humanidad por medio de Cristo. Por la misericordia de Dios los
pecadores no recibieron la muerte que merecían. Para satisfacer la
justicia de Dios, Cristo tomó sobre sí mismo la pena de nuestros
pecados. Por medio de la gracia de Dios recibimos lo que no merecemos: vida eterna en Cristo Jesús.

Pero el amor de Dios no niega *las consecuencias* del pecado,
dos de las cuales son la enfermedad y la muerte. El pecado explica
la base moral para toda enfermedad: mientras exista el pecado en
el mundo, también existirá la enfermedad.

*La dimensión material.* ¿Tiene usted uno o más de los siguientes problemas?

| | |
|---|---|
| Calvicie | Caspa |
| Miopía | Músculos flácidos |
| Arrugas | Dentadura postiza |
| Fatiga | Canas |

Muchas más evidencias (tales como accidentes, gérmenes y defectos genéticos) testifican de los efectos físicos del pecado en nuestras vidas. La evidencia universal nos lleva a concluir que el pecado ha afectado a todo mundo. Debido a que todos han pecado, todos morirán (Sal. 103:10; Ec. 7:20).

> Y de la manera que está establecido para los hombres que mueran una sola vez, y después de esto el juicio (He. 9:27).

Sencillamente no es verdad que Dios quiere que todo cristiano esté perfectamente saludable. Vimos anteriormente que los santos del Antiguo y del Nuevo Testamento se enfermaron, y que Dios en ocasiones incluso afligió a las personas con enfermedad y muerte.

A menos que veamos a Dios como metafísicamente soberano, y al pecado como la causa moral de la enfermedad, no comprenderemos plenamente el mundo en decadencia que nos rodea. Cuando Dios *en efecto* sana, lo hace debido a su gracia, no debido a nuestra bondad.

## ¿Y HOY?

Retrocedamos a nuestras tres preguntas respecto a la voluntad de Dios acerca de la salud física. ¿Sanará Dios hoy? ¡Sí! Sabemos que lo hará debido a su promesa revelada en Santiago 5:15: «Y la oración de fe salvará al enfermo, y el Señor lo levantará; y si hubiere cometido pecados, le serán perdonados.»

¿Sanará Dios milagrosamente estos días? ¡Sí! Eso no viola ni su naturaleza ni su voluntad.

¿Sanará Dios milagrosamente por medio de hombres estos días? ¡No! Tal método no sirve a los propósitos revelados de Dios en Hechos 2:22 y Hebreos 2:1-4.

Volviendo a Claudia Claxton, a quien vimos al principio de este capítulo: ¿le permitió Dios morir en medio de su miseria? Podía haberlo hecho, pero no lo hizo. En lugar de eso, Dios escogió hacerla objeto de sanidad divina. Después de recibir una serie de tratamientos de cobalto, su cáncer disminuyó.[2] Dios la sanó providencialmente mediante la tecnología médica.

## ¿CUÁNTO ENFOQUE HAY SOBRE LA SANIDAD?

Aun cuando Reuben Archer Torrey ministró en una era anterior, sus pensamientos son perfectamente aplicables a nuestros días, de modo que los incluyo aquí.

---

2. *Ibid.*, 15.

La principal pregunta es: ¿Sana Dios en respuesta a la oración hoy? ¿Sana realmente a personas que están más allá de la habilidad del médico y más allá de la ayuda humana? ¿Realiza Dios milagros hoy? A todas estas preguntas sin vacilación respondo: sí, lo hace. No sólo la Biblia lo enseña, sino que la experiencia lo demuestra....

¿Por qué, entonces, no me meto en el negocio de sanar a los enfermos? Tengo absoluta confianza en que pronto podría atraer a decenas de miles para que me oyesen, esperando obtener salud física o ver algún nuevo prodigio. ¿Por qué no lo hago? Dos razones: primero, no es bíblico, y eso por sí solo sería decisivo; segundo, tengo asuntos mucho más importantes que atender. Prefiero ser usado para salvar una sola alma que sanar a miles de cuerpos enfermos.[3]

### SANIDADES AUTÉNTICAS

James Randi ha hecho una lista de los criterios que su mente racional exige para validar un milagro genuino de sanidad de Dios. Estos son:

1. La enfermedad debe ser tal que no pueda terminarse por sí sola.
2. La recuperación debe ser completa.
3. La recuperación debe tener lugar en ausencia de cualquier tratamiento médico del cual se pudiese normalmente esperar que afecte a la enfermedad.
4. Debe haber una adecuada opinión médica de que la enfermedad estaba presente antes de la aplicación de cualquier medio para producir el milagro.
5. Debe haber una adecuada opinión médica de que la enfermedad no está presente después de la aplicación del medio utilizado para producir el milagro.[4]

Randi quedaría sorprendido, pero la Biblia fija normas incluso más altas para la sanidad milagrosa.

1. La sanidad debe ser instantánea.
2. La sanidad debe ser de una enfermedad que ni la comunidad

---

3. R. A. Torrey, *Divine Healing* (Grand Rapids: Baker Book House, reimpreso, 1974), pp. 51-54.

4. James Randi, *The Faith Healers* (Buffalo: Prometheus Books, 1987), p. 25.

médica ni el cuerpo humano pueda curar, tal como el SIDA, tanto instantánea como absolutamente.

3. La sanidad debe ser total.
4. La sanidad debe ser completamente convincente, incluso para los escépticos.
5. La sanidad debe ser hecha en público sin ningún culto elaborado.
6. La sanidad debe ser de una enfermedad orgánica.

Estos criterios caracterizaron el poder sanador de Dios por medio de Cristo y los apóstoles.

Debido a que el fraude y el engaño son rampantes en nuestros días, necesitamos hacer preguntas rigurosas a los que aducen sanar. Nadie lo hace mejor que John MacArthur.

«Puesto que ningún sanador Carismático (o la personalidad que está permitiendo que el Espíritu Santo lo haga) puede producir casos consistentemente verificados de haber sanado enfermedades orgánicas instantáneamente, totalmente, por palabra o toque...

«Puesto que ningún sanador Carismático sana a todas las personas (cientos de ellos se alejan de los servicios tan enfermos o tan lisiados como cuando vinieron)...

«Puesto que ningún sanador Carismático resucita muertos...

«Puesto que la Biblia está completa y la revelación ha cesado y ya no son necesarias las señales de milagros...

«Puesto que la Palabra de Dios no necesita confirmación aparte de sí misma y es suficiente para mostrar el camino de la salvación al hombre...

«Puesto que las "sanidades" Carismáticas se basan en teología dudosa de la expiación y la salvación...

«Puesto que los escritores y maestros Carismáticos parecen denegar a Dios Sus propios propósitos en hacer que la gente permanezca enferma...

«Puesto que los sanadores Carismáticos parecen necesitar su propio medio ambiente cerrado...

«Puesto que la evidencia que producen para probar estas sanidades es a menudo débil, sin respaldo y demasiado exagerada...

«Puesto que los Carismáticos no son conocidos porque van a los hospitales para sanar (donde hay abundante fe por parte de algunos)...

«Puesto que no pueden sanar a todos los que vienen a ellos...

«Puesto que muchos ejemplos de sanidades hechas por

Carismáticos pueden explicarse de muchas formas aparte de la indudable intervención sobrenatural de Dios...

«Puesto que los Carismáticos se enferman y mueren como todos los demás...

«Puesto que toda esta confusión y contradicción rodea lo que "está pasando", permítaseme formular la pregunta de nuevo, "¿Cómo los explican *ustedes*?" Ciertamente no como el don bíblico de la sanidad!»[5]

### ¿QUÉ HAY EN CUANTO A LA ENFERMEDAD ORGÁNICA?

Las enfermedades orgánicas se ciernen como el talón de Aquiles sobre todos los que aducen que Dios sana hoy por medio de hombres de la misma manera que sanaba por medio de los profetas, Cristo, y los apóstoles. La mayoría si no todas las enfermedades que Jesús sanó caen en la categoría de orgánicas. Por consiguiente, si Dios sanara por medio de hombres ahora como lo hizo en el pasado, entonces esperaríamos ver la misma calidad y cantidad de enfermedades orgánicas sanadas hoy. Sin embargo, en el mejor de los casos, lo que vemos es el alivio de algunos problemas funcionales y la curación ocasional de alguno, pero ninguna sanidad orgánica real.

¿Qué son enfermedades orgánicas y funcionales? El doctor William Nolen define una enfermedad funcional como la que causa la disfunción de un órgano.[6] El órgano en sí mismo está bien, pero por alguna razón no trabaja apropiadamente. En contraste, una enfermedad orgánica involucra el daño o enfermedad de un órgano; como por ejemplo la enfermedad del corazón, huesos rotos, miembros amputados o deformidades congénitas.[7]

El doctor Nolen añade dos notas a su descripción de estos tipos de enfermedades. Primero, algunas dolencias orgánicas, tales como el resfrío o una torcedura menor, están limitadas en sí mismos por razón de que el cuerpo tiene la capacidad de recuperarse sin ninguna otra ayuda.[8] Segundo, algunas enfermedades tienen características tanto funcionales como orgánicas.[9] En este caso es posible

---

5. John F. MacArthur, Jr., *Los carismáticos: Una perspectiva doctrinal* (Santo Domingo: Editorial Bíblico Dominicano, 1984), pp. 150-151.

6. William A. Nolen, *Healing: A Doctor in Search of a Miracle* (Greenwich, CT: Fawcett Publications, 1974), p. 258.

7. *Ibid.*

8. *Ibid.*

9. *Ibid.*, 267.

sanar el aspecto funcional y producir gran alivio, y sin embargo dejar sin restaurar el lado orgánico.

Cuando Jesús sanó, sanó enfermedades orgánicas. Sanó ceguera, una oreja amputada y defectos congénitos. John Wimber, un contemporáneo que aboga por la sanidad, honradamente anota que en ninguna ocasión la Biblia menciona ninguna enfermedad funcional sanada por Jesús.[10] Pero, habiendo reconocido esto, Wimber todavía no parece percatarse de que las sanidades en las que él y todos los demás sanadores están involucrados, ni siquiera empiezan igualar a las de Jesús.

### En pocas palabras

El propósito de toda nuestra discusión no es determinar si Dios puede sanar o no. ¡Lo puede y lo hace!

Nuestro examen de las Escrituras ha demostrado que no hay base bíblica para un ministerio de sanidad milagrosa *directamente por medio de un sanador humano* hoy. Eso cesó con la edad apostólica. Los supuestos ministerios contemporáneos de sanidad por fe se quedan bochornosamente cortos al compararlos con el modelo bíblico en tiempo, alcance e intensidad.

Por otro lado, Dios en ocasiones en efecto actúa de tal manera que la única explicación adecuada de la sanidad física es una directa intervención de su parte. La sanidad por la intervención directa de Dios no siempre es instantánea ni siempre completa. El toque inequívoco de nuestro Señor no se produce por ninguna exigencia, truco, método o súplica de un supuesto sanador. Es la respuesta de Dios a la oración fervorosa de un creyente lo que sana a un hijo del Rey, para la gloria de nuestro Señor.

---

10. John Wimber y Kevin Springer, *Power Healing* (San Francisco: Harper and Row, 1987), p. 133.

Cuarta parte
# Una respuesta cristiana a la enfermedad

# 14

# ¿Qué se puede decir de la fe, la oración y los médicos?

Un lunes por la mañana recibí una llamada en mi oficina de la iglesia, de una mujer que alegremente me informó: «¡Acabo de echar mis medicinas a la basura y reclamar mi sanidad por fe!»

Felicité a aquella apreciada dama por querer poner su fe en Dios, luego cariñosamente la apremié a que volviera a recoger sus medicinas y continuase siguiendo las órdenes del médico. Luego hablé con ella de la correcta relación entre la fe, la oración y los médicos.

Durante nuestra conversación, la señora que me llamó ese lunes por la mañana formuló algunas preguntas que quiero compartir con usted en las siguientes páginas. Empecemos examinando la fe.

### ¿QUÉ ES LA FE?

Hallamos la *definición* de fe en Hebreos 11:1: «Es, pues, la fe la certeza de lo que se espera, la convicción de lo que no se ve.» Uno de los padres de la iglesia del siglo IV, Agustín, lo dijo simplemente: «¿Qué es fe, a menos que sea creer lo que no puedes ver?»

De acuerdo a Romanos 10:17, la fe *se deriva* de la Palabra de Dios. Empieza con las Escrituras, las cuales tienen la capacidad de generar fe en el oyente redimido.

La fe tiene también sus *demandas:* creer que Dios es, y creer que es galardonador de los que le buscan (He. 11:6). Sin fe es imposible agradar a Dios.

Pablo, en 2 Corintios 5:7, destaca el *designio* de la fe: «Por fe andamos, no por vista.» Cuando las luces se apagan y la niebla ha caído, debemos navegar por la vida bajo el control de los instrumentos de navegación. La Biblia es nuestra brújula, y debemos seguirla, por fe, a donde quiera que nos guíe.

Hebreos 4:2 presenta la *dinámica* de la fe. La Palabra de Dios debe ser no solamente oída, sino también unida a la fe para que sea provechosa.

El *deber* de la fe es vivir por ella. «Porque en el evangelio la justicia de Dios se revela por fe y para fe, como está escrito: Mas el justo por la fe vivirá» (Ro. 1:17). La fe debe distinguir nuestras vidas.

Poniéndolo simplemente, la fe con buena disposición toma la mano de la Palabra de Dios y le permite que nos guíe por la vida: ya sea por lo obscuro y complicado o por lo sencillo y fácil. La fe le toma la palabra a Dios, y calladamente obedece. Hacer menos es tener poca fe. Ir más allá es presuntuoso en el mejor de los casos, y blasfemo en el peor.

### ¿CÓMO SE MIDE LA FE?

¿Se mide la fe por metros o por yardas? ¿Por galones o por litros? Aun cuando estas expresiones parezcan absurdas, es importante saber cómo mide Dios la fe. Cuando alguien dice: «Señor, dame más fe», ¿cuánto más pide? ¿Cuánta fe es suficiente?

Las Escrituras nunca dan una unidad de medida para la fe. Más bien, la fe meramente se describe. Note en Mateo 8:10 cómo nuestro Señor elogió la fe de un centurión: «Al oír esto, Jesús se asombró y dijo a quienes lo seguían: Les aseguro que no he encontrado a nadie en Israel con una fe tan grande» (NVI). Jesús describió la fe de ese hombre con la palabra «grande». Tuvo la misma reacción para con la mujer cananea en Mateo 15:28: «Oh mujer, grande es tu fe.»

¿Cómo, entonces, reprendió Cristo la falta de fe? Su respuesta más frecuente fue: «Hombres de poca fe» (Mt. 6:30; *véase también* 8:26; 14:31; 16:8). En Mateo 17:19, 20, los discípulos no habían tenido éxito en al tratar de expulsar a un demonio, de modo que le preguntaron a Jesús la razón. Él les reprendió por su «poca fe», y prosiguió diciendo: «Si tuviereis fe como un grano de mostaza ... nada os será imposible.»

¿Qué es lo que quería decir Jesús? Sencillamente que no es el tamaño de la fe lo que es crucial (la semilla de mostaza es la más pequeña de la variedad de semillas de huerto en Palestina [Mt. 13:32]), sino más bien dónde y bajo qué condiciones se planta la semilla. Si Dios es el único objeto de nuestra fe, entonces todas las cosas son posibles para nosotros porque todas las cosas son posibles para Dios, en quien es plantada la semilla de la fe (Mt. 17:20; Mr. 9:23; Lc. 18:27). *La voluntad de Dios,* sin embargo, es el factor controlador de lo que Él hará por nosotros y a través de nosotros.

Los únicos requisitos para nuestra fe son 1) que no dependa de la vista (2 Co. 5:7); 2) que sea sin dudar (Stg. 1:5-8); 3) que crea que Dios puede hacer todas las cosas (Mt. 19:26); y 4) que quede satisfecha al dejar que la voluntad de Dios prevalezca (1 Jn. 5:14).

En ocasiones la fe personal ni siquiera fue necesaria para la sanidad. Lázaro, la hija de Jairo, y el hijo de la viuda eran incapaces de exhibir fe; sin embargo fueron resucitados.

A veces Cristo sanó cuando la fe fue exhibida por alguien distinto de la persona enferma. Así que, los que afirman que una persona sigue enferma debido a su propia falta de fe, han errado el blanco de la verdad de Dios. Ocasionalmente Jesús elogiaba la fe del enfermo, pero casi nunca fue la fe un punto prominente o necesario en el ministerio de sanidad de Cristo.

El libro de los Hechos y todas las epístolas corroboran el testimonio de los Evangelios con respecto a que la fe no era necesaria para la sanidad. Note Santiago 5:15, donde se exige la fe de los ancianos, no la fe del enfermo.

A veces en Hechos se elogió la fe del enfermo, aligual que en los Evangelios (Hch. 3:16; 14:8-10). Pero con mayor frecuencia, no se exigía una fe personal al enfermo. Tampoco se menciona la fe como requisito de sanidad en el Antiguo Testamento. Naamán, el renuente sirio, sirve de ejemplo clásico (2 R. 5:1-14).

Ahora considérese esta pregunta: ¿Cuánta fe se requiere de la persona para ser salva? Si el enfermo ejerce la misma fe que tuvo para la salvación y confía en que Dios obrará de acuerdo a su voluntad, independientemente del resultado, entonces es una persona de fe.

No es *la cantidad de fe* sino más bien *la Persona en quien la fe descansa por completo* lo que define «una gran fe». En ninguna parte de las Escrituras hallamos que se le advierta a alguien que mida su fe. Eso sería imposible. Una persona o bien cree, o bien no cree. No hay un punto intermedio. Debemos creer que Dios hace bien todas las cosas: para nuestro bien y, más importante aún, para su gloria.

Puesto que la oración representa la respuesta natural de fe en nuestro Padre celestial, volvamos ahora nuestra atención a la oración.

## ¿CÓMO DEBO ORAR?

La oración sigue un modelo básico.[1] Primero, hay *admisión:* «No puedo hacerlo yo mismo.»

> Permaneced en mí, y yo en vosotros. Como el pámpano no puede llevar fruto por sí mismo, si no permanece en la vid, así tampoco vosotros, si no permanecéis en mí. Yo soy la vid, vosotros los pámpanos; el que permanece en mí, y yo en él, éste lleva mucho fruto; porque separados de mí nada podéis hacer (Jn. 15:4, 5).

La oración fructífera siempre empieza con el reconocimiento de que aparte de Jesús somos, en la mente de Dios, criaturas impotentes. Mientras más pronto reconozcamos esa humilladora verdad, más pronto conoceremos los propósitos de Dios para nosotros.

Luego, viene la *sumisión.* Debemos someter nuestros deseos ante nuestro soberano Señor.

Cuando Jesús enseñó a los discípulos a orar, dijo: «Hágase tu voluntad, como en el cielo, así también en la tierra» (Mt. 6:10). Cuando agonizaba en el huerto del Getsemaní, sus palabras fueron: «No sea como yo quiero, sino como tú» (Mt. 26:39). Nuestras oraciones deberían ser como la del Salvador: «Señor, que mi voluntad siempre se someta a la tuya.»

Esto nos lleva a la tercera etapa: *la trasmisión.* Jesús modeló el patrón cuando oró: «Padre nuestro que estás en los cielos» (Mt. 6:9). Debido a que con frecuencia no sabemos cómo orar, el Espíritu de Dios intercepta nuestra petición e intercede a nuestro favor (Ro. 8:26). Podemos saber con confianza que Dios puede «hacer todas las cosas mucho más abundantemente de lo que pedimos» (Ef. 3:20).

Medite en este aspecto de la naturaleza omnipotente de Dios: podemos orar tan alto o tan lejos como nuestras capacidades humanas nos lo permitan, y todavía no habremos ni empezado a igua-

---

1. El doctor James Boyer fue el primero que me sugirió este penetrante bosquejo.

lar el poder de Dios. Esa es nuestra esperanza celestial cuando enviamos nuestras más hondas necesidades al trono de la gracia de nuestro Padre (He. 4:16).

El cuarto paso es a menudo el más duro: esperar en Dios. El período del *interludio*, desde el momento en que pedimos hasta el momento en que Dios responde a veces puede parecer eterno. De vez en cuando queremos gritar: «Señor, por favor, apúrate; ¡ya no puedo esperar más!» Sin embargo, la parábola del juez injusto y la viuda necesitada (Lc. 18:1-8) nos muestra que debemos continuar orando y no desanimarnos si Dios no responde inmediatamente.

Finalmente viene la respuesta de Dios. Creo que Dios siempre contesta la oración. Puede hacerlo bien sea por medio de *permiso* o *modificación*. Esto es, puede responder «Sí» o «de otra manera».

En ocasiones Dios *libera* mientras oramos. Por ejemplo, Pedro fue librado milagrosamente de las cadenas y guardias romanos mientras la iglesia en Jerusalén oraba (Hch. 12:5-17). En otras ocasiones, Dios *hace un desvío*, como lo hizo con Cristo. En lugar de permitir que Cristo ascendiese al cielo antes del Calvario, esperó hasta después de la obra de su Hijo en la cruz (Mr. 14:36). Cristo llegó a la larga a su destino, pero por una ruta alterna en el tiempo.

Dios también *produce dilación*. Zacarías y Elisabet habían orado por un hijo por décadas de su vida de casados, pero no fue sino hasta que estuvieron mucho más allá de la edad de tener hijos que Dios contestó (Lc. 1:13).

Dios también puede decir: «No».

> Si en mi corazón hubiese yo mirado a la iniquidad,
> El Señor no me habría escuchado (Sal. 66:18).

> Cuando extendáis vuestras manos, yo esconderé de vosotros mis ojos; asimismo cuando multipliquéis la oración, yo no oiré; llenas están de sangre vuestras manos (Is. 1:15).

Las Escrituras nos dicen que «qué hemos de pedir como conviene, no lo sabemos» (Ro. 8:26). Dios sabe lo que es mejor, y algunas veces eso incluye una respuesta negativa. De modo que no se desanime ni se dé por vencido cuando Dios niega su petición. Dios, en ocasiones, dice no a un cristiano obediente y sumiso simplemente porque la petición en oración no está dentro de su voluntad (*véase* 1 Jn. 5:14, 15).

La próxima vez que usted ore por sanidad (o cualquier otra cosa, para el efecto), le animo a seguir estos pasos bíblicos.

## ORACIONES BÍBLICAS DE FE

Los salmistas frecuentemente pidieron de Dios alivio, restauración y sanidad. A menudo oraron para ser librados del estrés de vivir rectamente en medio de un pueblo injusto, ante el cual enfrentaban oposición y persecución. Y siempre reconocieron la posible consecuencia directa o indirecta de sus propios pecados.

Estas peticiones de ayuda están llenas de sinceridad, fe y esperanza. No se asemejan en nada a «oraciones de fórmula» ni actúan con presunción en cuanto a Dios. Más bien, son ejemplos de la clase de oración que un hijo espiritual debe verter ante el Padre Celestial en tiempos de aflicción. Enfatizan más el lado espiritual de la restauración que el físico (Sal. 147:3; *véanse también* Sal. 6:1-3; 31:9, 10; 38:3, 4, 21, 22; 41:1-4).

## CLAVES PARA LA ORACIÓN FRUCTÍFERA

Alguien alguna vez comentó: «Cuando se vea atrapado en el agua en medio de una tempestad rugiente, reme hacia la playa como si la seguridad dependiese de usted, mientras ora todo el tiempo como si todo dependiese de Dios.» Esta es la idea: la vida siempre involucra la inexplicable combinación de la soberanía de Dios con la responsabilidad del hombre. De las dos, la voluntad de Dios siempre es el factor determinante.

Lo mismo es verdad en cuanto a la oración. Dios conoce nuestras necesidades de antemano (Mt. 6:8). Él puede proveer «mucho más abundantemente de lo que pedimos o entendemos» (Ef. 3:20). Pero sin embargo, a los cristianos todavía se les ordena en las Escrituras orar; sin cesar (1 Ts. 5:17).

Estos pensamientos que siguen respecto a la oración se relacionan específicamente con nuestra responsabilidad en la oración. Se centran primariamente en quiénes somos ante los ojos de Dios, basado en lo que hacemos en presencia de otras personas. Compruebe usted mismo y vea si está orando como Dios quisiera que lo haga.

1.  Por la razón correcta: *para agradar a Dios.*

    ¿De dónde vienen las guerras y los pleitos entre vosotros? ¿No es de vuestras pasiones, las cuales combaten en vuestros miembros? Codiciáis, y no tenéis; matáis, y ardéis de envidia, y no podéis alcanzar; combatís y lucháis, pero no tenéis lo que deseáis, porque no pedís. Pedís, y no recibís, porque pedís mal, para gastar en vuestros deleites (Stg. 4:1-3).

2. En la relación correcta: *con amor.*
   Vosotros, maridos, igualmente, vivid con ellas sabiamente, dando honor a la mujer como a vaso más frágil, y como a coherederas de la gracia de la vida, para que vuestras oraciones no tengan estorbo (1 P. 3:7).

3. Con el descanso correcto: *en fe.*
   Y si alguno de vosotros tiene falta de sabiduría, pídala a Dios, el cual da a todos abundantemente y sin reproche, y le será dada. Pero pida con fe, no dudando nada; porque el que duda es semejante a la onda del mar, que es arrastrada por el viento y echada de una parte a otra. No piense, pues, quien tal haga, que recibirá cosa alguna del Señor. El hombre de doble ánimo es inconstante en todos sus caminos (Stg. 1:5-8).

4. Con las respuestas correctas: *en obediencia a Dios.*
   Y cualquiera cosa que pidiéremos la recibiremos de él, porque guardamos sus mandamientos, y hacemos las cosas que son agradables delante de él (1 Jn. 3:22).

5. En el campo correcto: *de acuerdo a la voluntad de Dios.*
   Y esta es la confianza que tenemos en él, que si pedimos alguna cosa conforme a su voluntad, él nos oye. Y si sabemos que él nos oye en cualquier cosa que pidamos, sabemos que tenemos las peticiones que le hayamos hecho (1 Jn. 5:14, 15).

6. Con la moderación correcta: *pacientemente en todo tiempo.*
   También les refirió Jesús una parábola sobre la necesidad de orar siempre, y no desmayar (Lc. 18:1).

Si ponemos en práctica todos estos principios en nuestras oraciones, nos deleitaremos en Dios. Cuando lo hacemos así, Él promete darnos los deseos de nuestro corazón (Sal. 37:4).

Pero, ¿qué tal si Dios no contesta inmediatamente o en la manera en que hemos pedido? Primero, recuerde que la dilación de Dios no es necesariamente una negación de parte de Él. Segundo, es posible que hayamos orado fuera de la voluntad de Dios y que Él haya prevalecido soberanamente en las circunstancias. Pero tenga la seguridad de que cualquier cosa que Dios haga, siempre será la correcta (Sal. 19:8; 119:128).

## ¿Y QUÉ DE LOS MÉDICOS Y LAS MEDICINAS?

Algunas personas consideran que la profesión médica y las medicinas son contradicciones a la oración y a la fe del cristiano. La idea errada de la mujer que me telefoneó aquel lunes por la mañana procedía de esta clase de razonamiento. John R. Rice hizo esta incisiva observación.

> Dios puede salvar a un pecador sin el uso de ninguna ayuda humana, pero ciertamente no suele hacerlo. Si Dios puede usar a un hombre, con su sabiduría consagrada y amor y habilidad para ganar un alma, ¿por qué no usaría a un médico, un farmacéutico, o una enfermera con su habilidad consagrada para sanar al enfermo?[2]

Los que disuadirían a un creyente de usar medicinas supuestamente por «falta de fe», a menudo apelan a un pasaje del Antiguo Testamento. Sin embargo, Asa (2 Cr. 16:11-14) fue reprendido no meramente por acudir a un médico, sino porque desobedeció a Dios al buscar a un médico impío pagano antes que a los sacerdotes levíticos nombrados divinamente (Lv. 13). Fiel a su conducta previa, Asa dependió del hombre, no de Dios, para que lo librase.

Como ya hemos notado, Pablo le dijo a Timoteo que bebiese vino (1 Ti. 5:23). Pablo viajó extensamente con Lucas, el médico amado (Col. 4:14). Jesús reconoció a los médicos y a la medicina como agentes legítimos (Mt. 9:12; Lc. 10:30-37). Es más, no hay ni un solo versículo de las Escrituras que dé la más remota idea de que los creyentes no deben usar médicos o medicina.[3]

La más fuerte evidencia bíblica de que es la intención de Dios que los creyentes usen medios médicos reside en los aspectos de salud de la legislación mosaica. Considere estas leyes:

- sanidad (Éx. 29:14; Dt. 23:12-14).
- esterilización (Lv. 11:32, 39, 40; Nm. 19:11; 31:21-24).
- cuarentena (Lv. 13:1—14:57; Nm. 5:2-4).
- higiene y dieta (Lv. 11:1-47).

---

2. John R. Rice, *Healing in Answer to Prayer* (Murfreesburo, TN: Sword of the Lord Publishers, 1944), p. 20.

3. Para una discusión ampliada de lo que la Biblia dice en cuanto a los médicos, *véase* Franklin E. Payne, Jr., *Biblical Healing for Modern Medicine* (Augusta, GA: Covenant Books, 1993), pp. 195-197.

De aquellos que condenan la medicina, ¿quién dejaría de lavarse con jabón, de cepillarse los dientes, de comer o de hacer ejercicio? Todo eso contribuye a la buena salud. Lorraine Boettner observa:

> No tenemos más razón para creer que nuestras enfermedades y dolencias se curarán sin medios, que la que tenemos para creer que si no aramos y sembramos de todas maneras nos será dado el alimento.... Ciertamente la alimentación por fe es tan racional como la sanidad por fe. Y si las enfermedades han de ser curadas por fe, entonces, ¿por qué no se podría eliminar también de la misma manera la muerte, que es simplemente el resultado de la enfermedad o de lesiones?[4]

Los médicos, en su preparación, participan en el interminable estudio de los procesos creados por Dios. Mediante el serio ejercicio práctico de la medicina hacen accesible el genio creativo de Dios para la sanidad física de la raza humana. Los hospitales, la más avanzada tecnología médica, y sofisticados medicamentos forman parte de la provisión de Dios para restaurarle a una persona enferma su salud.

Sin embargo, donde los médicos y la medicina ya no pueden ser de ayuda, la fe y la oración continúan. Cuando nos enfermamos, los médicos trabajan como si nuestra salud dependiese totalmente de ellos, mientras que al mismo tiempo los cristianos oran como si su recuperación descansara totalmente en las manos soberanas de Dios.

## CONFIANZA EN LA SABIDURÍA DIVINA

Demos un vistazo más a la salud desde una perspectiva bíblica. La sabiduría de Dios en Proverbios nos provee de lo básico tanto en el lado preventivo como en el aspecto curativo de la salud.

En general, el temor de Dios y la obediencia a la Palabra de Dios proveen un ambiente donde se puede experimentar la mejor salud.

No seas sabio en tu propia opinión;
Teme a Jehová, y apártate del mal;
Porque será medicina a tu cuerpo,
Y refrigerio para tus huesos
(Pr. 3:7, 8).

---

4. Loraine Boettner, "Christian Supernaturalism", *Studies in Theology* (Phillipsburg, NJ: Presbyterian and Reformed Publishing Company, 1976), pp. 74-75.

Hijo mío, está atento a mis palabras;
Inclina tu oído a mis razones.
No se aparten de tus ojos;
Guárdalas en medio de tu corazón;
Porque son vida a los que las hallan,
Y medicina a todo su cuerpo
(Pr. 4:20-22).

El libro de Proverbios también considera los factores emocionales, volitivos y espirituales de la salud. Estos no tienen la intención de ser curalotodos; más bien, expresan verdades básicas acerca de la salud.

La esperanza que se demora es tormento del corazón;
Pero árbol de vida es el deseo cumplido
(Pr. 13:12).

El corazón apacible es vida de la carne;
Mas la envidia es carcoma de los huesos
(Pr. 14:30; *véase también* 15:13).

La lengua apacible es árbol de vida;
Mas la perversidad de ella es quebrantamiento de espíritu.
(Pr. 15:4; *véase también* 16:24).

La luz de los ojos alegra el corazón,
Y la buena nueva conforta los huesos.
(Pr. 15:30).

El corazón alegre constituye buen remedio;
Mas el espíritu triste seca los huesos.
(Pr. 17:22; *véase también* 18:14).

Estos pensamientos sabios, si se los toma seriamente y se los practica sostenidamente, pueden tener un impacto importante en nuestro bienestar. De esa manera, Dios tiene la última palabra sobre la salud y la sanidad.

# 15

# *Joni Eareckson Tada habla de la enfermedad*

La mayoría de las personas en los Estados Unidos conocen la historia de Joni Eareckson Tada, y se han familiarizado con ella mediante sus libros, pinturas, música y conferencias. Hace más de veinticinco años, Joni, una jovencita, se lanzó en un clavado en aguas poco profundas y se rompió el cuello. El accidente la dejó cuadriplégica. Desde entonces, Dios la ha usado tremendamente para ministrar a los inválidos.

Pero la vasta mayoría del público no ve a la «Joni de todos los días». La mayoría de las personas no comprenden su lucha para hacer las cosas ordinarias de la vida, tales como bañarse o comer. Solamente ven en ella a la superestrella.

Visité a Joni en su modesta casa en Woodland Hill, con vista al Valle de San Fernando, California. Joni estaba en cama debido a las llagas causadas por la presión, pero con mucha amabilidad me dio la bienvenida para pasar la tarde con ella. Quiero hacerle partícipe de nuestra conversación.

DICK: —¿Cree que el movimiento de sanidad por fe y su mensaje son engañosos?

JONI: —Hace poco volé para dar una charla en San Luis, y durante el vuelo entablé conversación con una joven azafata que simplemente tenía el amor de Jesús dibujado sobre toda su cara. Ella era una de las personas más entusiastas y enfervorizadas que he conocido. Era obviamente una nueva creyente enamorada del Señor. Me dijo: «Joni, yo simplemente no podría servir a un Dios que no quisiera que todo mundo esté sano, un Dios cuya voluntad fuese no sanar a todo mundo.»

El comentario que le hice fue: «Pues bien, obviamente, apenas con una observación casual de nuestro mundo podemos ver que no es la voluntad de Dios que todo el mundo se sane, porque no todo el mundo se sana. El hombre no puede resistir la voluntad de Dios, y si fuese el propósito, el designio y la voluntad de Dios que todos los hombres se sanasen, nada podría detenerlo. Veríamos evidencias de esto en el mundo que nos rodea; pero no las vemos. De modo que claramente no es la voluntad de Dios que todo el mundo se sane.»

Su próximo comentario fue algo así como: «Pues, ¿no tiene nuestra fe nada que ver con eso?»

Creo que ese sería un buen tema sobre el cual conversar, porque las personas, aparte de tener un punto de vista incorrecto en cuanto al reino de Dios y una hermenéutica incorrecta, tienden a extraer ciertas porciones de las Escrituras, fragmentos de versículos de aquí y allá que hablan de la fe, y basar toda su teología en la fe.

Yo veo la fe meramente como un vehículo por medio del cual la gracia de Dios obra. Otros, de la persuasión de la azafata, tal vez ven la fe como el mazo que nosotros sostenemos sobre la cabeza de Dios, o la cuerda que tenemos que tirar para que Dios obre. En mi opinión esto no parece ser fe; parece ser presunción. Casi hace a Dios un títere.

DICK: —¿Ha asistido usted alguna vez a un culto de sanidad por fe?

JONI: —A decir verdad, fui un par de veces a las reuniones de Kathryn Kuhlman. Pienso que la idea es errada en una manera muy sutil, y es que alimenta la mentalidad que tenía la azafata: de que el propósito de Dios al redimir la humanidad es primariamente hacernos felices, saludables, y darnos vidas libres de problemas.

Usar ese tipo de medios asiéndose de esperanzas vanas, o tirando de palancas para manipular a Dios, o torcerle el brazo o reducirlo a nuestro tamaño, son intentos muy desesperados de conseguir nuestros deseos y ver nuestras oraciones contestadas de la manera que nosotros pensamos que deben ser contestadas. Su propósito al redimirnos es conformarnos a la imagen de Cristo, y a menudo nos olvidamos de eso.

DICK: —Cuando fuiste, ¿te colocaste en la fila para sanidad?

JONI: —Sí. Recuerdo que esto ocurrió en el Hilton, en Washington. El lugar estaba atiborrado, y yo estaba muy atrás. Había sillas por todos lados y nadie podía ni siquiera moverse. Estábamos apretujados unos contra otros.

Había personas en sillas de ruedas, personas con andadores ortopédicos, personas con muletas, otros como yo. Debes entender, Dick, que yo llegué al punto de inventar pecados que confesar. Quería asegurarme de que todo estuviese plenamente claro delante de Dios. Muy adentro, me sentí un poco haciendo el ridículo al estar allí, pero sentía que era necesario hacer el ridículo delante de Dios, y frente a todas esas personas. Pensé que era necesario postrarme y hacerme total y abiertamente vulnerable, no sólo ante Él, sino ante aquellas personas. Y había otros que estaban orando por mí mientras yo iba a aquella reunión.

Yo había sido ya ungida con aceite. Un incontable número de personas habían puesto sus manos sobre mí. Pensé: *Eso es realmente bueno, porque eso quiere decir que se está haciendo todo lo apropiado.* Todo lo que uno supone que debe suceder: imposición de manos de los pastores, ungimiento con aceite, oraciones, y confesión de pecados: Lo hice todo. Y fui a la reunión de Kathryn Kuhlman creyendo que Dios había estado pavimentando el camino y preparando la escena, y que yo iba a poder impulsarme yo misma a la plataforma y que realmente sería así.

Pero nada ocurrió. Por largo tiempo no pude comprender por qué mis manos y mis piernas no recibían el mensaje que mi mente les enviaba. Recuerdo que miraba a mis extremidades como si estuviesen separadas de quien yo era y de lo que pensaba. Mi corazón y mi mente decían: «Cuerpo, ¡estás sano!»

Quería asegurarme de que creía, con *C* mayúscula.

DICK: —¿Habías sido programada leyendo algo de literatura sobre la sanidad por fe?

JONI: —Sí. El punto central era *mi* fe; ejercer esa fe, lograr arreglarla y ponerla en la mejor condición mediante el ejercicio. ¡Realmente creía! Y sin embargo, mis manos y mis pies no respondían a lo que yo sabía que era verdad. Entonces empecé a ver que, o bien Dios estaba jugándome alguna broma cruel y monstruosa y yo era víctima de alguna comedia divina, o mi perspectiva de las Escrituras estaba errada.

No podía creer que Dios estuviese haciéndome una jugarreta. Había visto a Dios obrar de otras maneras en mi vida, y creía en las Escrituras. Simplemente sabía que eso no era parte de su naturaleza y carácter; Él no es Dios de confusión o de trucos crueles. De modo que llegué a la conclusión de que el problema debía estar en mí, pero sabía que no era mi fe, puesto que creía muy intensamente. Había llamado a algunas personas y les había dicho: «Espéreme en la puerta de su casa mañana. Llegaré saltando y corriendo por la vereda.» Estaba realmente abierta. Creí, de modo que sabía que la falta no podía residir en mi fe. Tenía que estar en mi perspectiva errada de las Escrituras. Fue entonces cuando empecé a mirar en retrospectiva hasta el jardín del Edén, a la raíz misma del sufrimiento, la enfermedad, la dolencia, las lesiones y la muerte. Vi que la enfermedad empezó con el pecado, como lo relato en mi libro *Un paso más*, y lenta y meticulosamente empecé a vislumbrar el flujo redentor de Dios en la historia a través de la Biblia hasta que empecé a ver cómo todo encajaba. Cuando llegué al Nuevo Testamento, de repente empecé a comprender los milagros, la sanidad, y toda la emoción cuando Jesús estaba aquí en la tierra.

Era muy lógico que el sufrimiento fuese parte de la esencia de la redención divina de la humanidad. E incluso, después de la salvación, se suponía que el sufrimiento debía encajar en la esencia de la historia redentora. Cuando Jesús vino para tratar con el pecado y los resultados del pecado, puso en movimiento el proceso y empezó a invertir los efectos del pecado y todos sus resultados. Al hacerlo así estaba apenas colocando el cimiento. El mundo todavía sigue caído; y todavía la gente muere; y todavía hay catástrofes naturales y la gente se enferma, y seguirá así hasta que Él venga.

Me ayudó grandemente leer todo el Antiguo Testamento. Al leer todas esas promesas bajo el antiguo pacto, cómo fueron abiertos los ojos de los ciegos, los oídos de los sordos, y cómo el ungido del Señor obtuvo gozo y alegría, lentamente empecé a ver que cuando Jesús vino, apenas era el principio. Realmente no era el cuadro completo. Como sabemos, Él regresará, no como un siervo humilde sino como el Rey reinante. Completará el reino e introducirá todas aquellas gloriosas promesas.

Creo que es por eso que no me importa estar confinada a una silla de ruedas y soportar todo este sufrimiento. Si eso quiere decir que más personas pueden encontrar entrada al reino de Dios, que más personas pueden llegar a ser parte de su familia, todo esto tiene significado. Sufrir sin razón es sufrir para nada. Eso sí sería doloroso.

DICK: —Volvamos a la azafata. ¿En qué acabó la conversación con ella?

JONI: —La conversación que tuve con aquella azafata me inquietó porque era en verdad, en cápsula, lo que ocurre en muchas iglesias por todo el país. Cuando descendí del avión en el aeropuerto, me dieron la bienvenida mis auspiciadores. Habían traído con ellos a una joven que se había roto el cuello en un accidente automovilístico un año atrás. Ella estaba paralizada más o menos como yo. Había llegado al punto en el que podía confiar en Dios y aceptarlo.

Pero alguien le había dicho que era la voluntad de Dios que ella se sanara. Pues bien, ella había creído y creído y se había esforzado arduamente y seguido todas aquellas afirmaciones bíblicas, y había hecho todo lo que pensaba que era necesario; y sin embargo, no se había sanado. Eso la lanzó a la depresión; estaba afectando su perspectiva de Dios.

En su manera de pensar, Dios se estaba convirtiendo en un ogro allá arriba haciéndoles crueles jugarretas a las personas aquí abajo. Y entonces se le había dicho: «Espere un momento; su depresión no está mostrando una vida de fe. Es más, jovencita, su depresión no es nada más que pecado craso.» ¡Oh, fue cruel, terriblemente cruel!

Su comentario a aquella persona fue: «Pues, mire a Joni. Ella ama al Señor, anda con Cristo, y sin embargo el Señor ha escogido no sanarla.»

Se le dijo: «Pues, Joni se ha resignado a no sanarse. Es por eso que Joni no se sana.»

Ella estaba ansiando oírlo de buena fuente. ¿Me había deprimido yo? ¿Creía yo que era la voluntad de Dios? ¿Me había resignado a nunca volver a ponerme de pie?

Con la impresión fresca de mi otra conversación con la azafata, lo primero que le afirmé fue: «No, nunca me he resignado a que nunca me voy a curar.» Algunas personas en un extremo dicen que Dios jamás sana milagrosamente. Casi ponen las acciones de Dios en una caja. Pero en el otro extremo, ciertas personas dicen que Dios quiere que todo el mundo se sane. También tratan de poner a Dios en una caja. De modo que le dije: «No, nunca me he resignado. He abierto toda puerta. La he dejado abierta. Pero es responsabilidad de Dios; no es mía ya. Si tengo una perspectiva apropiada de las Escrituras y una perspectiva muy alta de Dios, entonces todo está a su discreción.»

Pero creo, eso sí, conforme se lo dije, que la sanidad es la excepción a la regla; siendo la regla que Dios no siempre sana milagrosamente en este día y edad, más de lo que levanta milagrosamente gente de entre los muertos o anda sobre el agua. Esas cosas simplemente ya no ocurren.

Le dije que a menudo me deprimo. Por ejemplo, en este mismo momento estoy en cama con un par de obstinadas llagas causadas por la presión. He estado en cama por varios meses. Ha sido muy desalentador y en ocasiones deprimente. Hay muchas personas que dicen que están orando para que me sane.

La joven me preguntó con una mirada curiosa en su semblante: «Pero, ¿no piensa que eso es pecado?»

Le dije: «Si permito que esas emociones alteren mi perspectiva de Dios, entonces sería pecado. Pero no es pecado si mi perspectiva de Dios no ha cambiado.»

Sin embargo, soy humana. Él conoce mi condición y se acuerda que no soy sino polvo. Él me hizo un ser con lágrimas. Emocionalmente no voy a estar emocionalmente feliz de estar en cama por tres meses, pero eso no ha alterado mi perspectiva de Dios. La depresión por la que atraveso es simplemente propia de lo que quiere decir ser humana. Algunas depresiones son simplemente parte de lo que significa enfrentar día tras días los golpes y arañazos de ser humano, sea uno creyente o no. Sin embargo, la desesperanza no es necesaria para el cristiano por cuanto tenemos esperanza: la esperanza de que Cristo establecerá un nuevo orden de cosas.

DICK: —Esa es una buena distinción entre *depresión,* una parte de nuestra humanidad, y *desesperanza,* que jamás debería ser parte de nuestra relación redentora con Cristo.

JONI: —Eso es lo maravilloso. En efecto, me desesperé cuando me lesioné; sencillamente no sabía cómo encajaba todo. No tenía ni idea de que Dios estaba allí; que se interesaba; que tenía el control y que no tenía por qué afanarme; que no fue un accidente; que Él tenía un propósito planeado y que tenía el poder de la resurrección para darme. Sencillamente no sabía nada de eso. De modo que en los primeros meses de incapacidad, sí, me desesperé. Pensé que no había esperanza. Pero los cristianos nunca deben desesperarse, aun cuando pueden llegar a deprimirse.

DICK: —¿Alguna vez has analizado las etapas de tu pensamiento desde cuando eras una jovencita y te lesionaste hasta el punto en que estás ahora? ¿Has notado algunas etapas específicas por las que has atravesado?

JONI: —Pues, pienso que seguí el ejemplo clásico de cualquiera que llega al punto de finalmente aceptar sus limitaciones. Hay cinco pasos: las etapas clásicas de la conmoción, la ira, la negación, el regateo y la aceptación.

Al principio sí; fue una completa conmoción y total incredulidad. Es curioso, Dick, veía mi cuerpo paralizado, pero nunca me entró en la cabeza que esa era la forma que quedaría para siempre. No es que rehusara pensar en ello; algo simplemente no se conectaba. Nunca me entró en la cabeza porque yo estaba bajo el impacto. Luego vino la ira: «Dios, ¿cómo pudiste permitir que algo como esto me ocurriese a mí?»

Esa es otra cuestión acerca de la cual siempre he tenido curiosidad: por qué le echamos la culpa a Dios. ¿Qué pasa con Él? Debe ser inherente a nuestra naturaleza rebelde echarle siempre la culpa. Nunca realmente le echamos la culpa a la rebelión inicial del hombre; cargamos a Dios con toda la responsabilidad, no a Satanás. Esa es una actitud típica de la naturaleza humana. Parece que no pudiésemos aceptar la responsabilidad de nada.

Luego atravesé por la negación: «Las cosas no deberían ser así. Dios, simplemente sé que me vas a levantar y a ponerme de pie.» Después, atravesé por la rutina del regateo; entonces finalmente llegué al punto de aceptar mi incapacidad. Pero no fue aceptación en el sentido de resignación desesperanzada: «Creo que esto es lo mejor que puedo hacer, de modo que tengo que aceptarlo y seguir adelante», una sensación de martirio de autocompasión. Estoy hablando acerca de una aceptación en la cual uno acepta lo que Dios le ha dado y lo recibe con agradecimiento. Pienso que eso es una genuina aceptación, y que solamente un cristiano puede expresarla.

Pienso que muchos incrédulos aceptan el sufrimiento con un tipo de complejo de martirio o resignación estoica. Solamente los cristianos pueden abrazar el sufrimiento con acción de gracias, sabiendo que están recibiendo de la mano de Dios algo que no es solamente para gloria de Dios sino también para bien de ellos.

Volviendo a la visita con la joven paralítica, hablamos un poco acerca del reino de Dios. Hoy, cuando alguien me pregunta acerca de la sanidad, empiezo a hablar del reino y de por qué Cristo vino y lo que significan esos milagros. No pienso que uno puede dar respuesta a las preguntas a menos que coloque el contexto, la estructura en la cual usted puede apoyar sus respuestas. También hablamos un poco más respecto a la depresión antes de irme a mi habitación en el hotel.

A la mañana siguiente me levanté para hablar en un almuerzo para mujeres. Había más de 1.000 allí, y hablé sobre la naturaleza y el carácter de Dios y de nuestra perspectiva de Él en medio de nuestro dolor y problemas. Empecé mi charla diciendo que estaba deprimida. Y lo estaba. Esto fue hace como una semana y media y, como le dije, realmente estaba luchando con el hecho de estar en cama, sintiéndome pésimamente mal y aumentando libras, porque cuando me deprimo, me doy a comer.

Estaba describiendo esto a las mujeres porque quería que ellas comprendiesen que mis palabras no manaban de una visión estructurada de la Biblia a la que había arribado años atrás.

Después de la conferencia regresé a mi habitación en el hotel y me acosté, porque tenía que dejar descansar mis llagas. Entonces sonó el teléfono. Era una mujer que quería hablar conmigo. Me coloqué el auricular al oído y ella empezó diciendo: «Joni, tengo una palabra de ciencia para ti del Señor.» Prosiguió como lo hacen a menudo las personas cuando dicen palabras de ciencia: «Hija mía ...», como si Dios estuviese realmente hablando. Siguió diciendo: «Hija mía, tu pecado es un estorbo para Mí y para la sanidad. Esta depresión que tienes está bloqueando mi comunión contigo.»

Realmente tuve que morderme la lengua cuando ella concluyó su «palabra de conocimiento». Simplemente le dije: «Gracias por llamarme y darme su opinión.» Después pensé cuán cruel e injusta fue aquella mujer. Ella usó un conveniente subterfugio espiritual para expresar su *opinión*. Si usted quiere darme su opinión, llámela por lo que es, su propia opinión. No le dije a ella eso, pero en realidad yo estaba furiosa. Eso nos lleva de nuevo a la azafata y a la muchacha en la silla de ruedas. Cuando reducimos a Dios a nuestro tamaño, en algún punto perdemos el alto concepto de Dios que tenían los hombres y las mujeres de la Biblia. Metemos a Dios en la caja que nos convenga.

DICK: —A menudo las personas la ven a usted y se imaginan que usted vive una vida alegre y normal en su casa. ¿Cómo se las arregla con los problemas diarios?

JONI: —Supongo que el problema del cual puedo hablar mejor ahora es éste que tengo por estar en cama y estas llagas. Siento que mi mundo no se extiende más allá de esa cerca allá atrás y que mis oraciones no suben más allá del cielo raso. Me miro al espejo y me veo: con el pelo sucio y sin maquillaje y sábanas que hieden a alcohol y antiséptico. Para mí es una lección en cuanto a aprender otra vez a apropiarme eficazmente de la Palabra de Dios.

Aprendí hace mucho que la clave para avanzar en mi vida cristiana es acercarme sistemática e inteligentemente a la Palabra de Dios, luego dividirla en porciones pequeñas comprensibles que hablen de, digamos, la depresión, o las aflicciones o la gracia, y memorizarlas.

Eso sigue siendo cierto hoy. Tengo que hacer a un lado mi sentimiento de limitación, la sensación de que mis oraciones rebotan del cielo raso, los impulsos, las emociones y la vacilación. Me propongo mentalmente, lo cual supongo que es un acto de fe, no dar oídos a mis sentimientos, sino escuchar más bien la Palabra de Dios. De modo que en realidad es un acto volitivo; es un propósito de la voluntad, que no voy a dejar que esos sentimientos y emociones destrocen mi fe y alteren mi perspectiva de Dios.

Voy a aceptarlos por lo que son: emociones y sensaciones, y luego continuar en la línea recta de escuchar la Palabra de Dios. La Palabra de Dios me dice que todas las cosas encajan en un modelo para bien. No dice que todas las cosas son buenas; dice que todo *ayuda a bien*. Voy a dar oídos a la Palabra de Dios cuando dice que debo dar la bienvenida a las pruebas como amigas y agradecer en todo. Pienso que es el estudio sistemático de su Palabra lo que marca la diferencia.

DICK: —Los enfermos, ¿no preguntan con frecuencia y quieren saber por qué están enfermos y cuáles son las razones de Dios para su enfermedad?

JONI: —Sí, o si no, preguntan: «¿Por qué no he sido sanado?» Es importante contestar esa pregunta si nosotros, la Iglesia, hemos de ministrar a las personas con severas lesiones o pasar tiempo con ellos en discipulado u otra cosa.

Algunas veces, las personas oran por la sanidad de una tía que padece de una enfermedad fatal o un esposo que está muriendo de cáncer. Aducen que simplemente *saben* que Dios va a levantar a aquella persona. Luego, cuando la persona muere, se regocijan porque él o ella ha experimentado lo que llaman el epítome de real sanidad. Esto es claramente un subterfugio, un subterfugio espiritual, un escape muy conveniente.

DICK: —Pero, hay un elemento de verdad en ello. Es por eso que es tan engañoso, ¿no es así?

JONI: —Sí, porque no es eso lo que aquellas personas realmente quieren decir. Están orando para que ésta o aquella persona se sane. De hecho, ni siquiera quieren pensar, por temor a mostrar falta de fe, que pudiera haber la posibilidad de que la verdadera sanidad signifique la muerte.

DICK: —A la luz de tu experiencia y de todas las personas con las cuales sostienes correspondencia, ¿cuáles son las preguntas más importantes que realmente han de contestar las personas que se hallan enfermas o sufriendo, o en circunstancias que jamás podrán cambiar?

JONI: —Pienso que la que más persigue a la gente es: ¿Qué responsabilidad tiene Dios, cómo pudo Dios, un Dios bueno, permitir el sufrimiento y el mal en este mundo? Y, segundo, ¿Qué parte de mi potencial de sanidad depende de mí? ¿Dónde encaja mi fe en todo esto? ¿Cuál es la participación de Dios?

Ya hemos discutido en cierta medida la primera; tal vez podamos hablar un poco más sobre la segunda. La gente tiene mucha dificultad para convencerse de que cuando Jesús dijo: «Tu fe te ha sanado» [como en Mr. 10:52, VM, por ejemplo], estaba realmente hablando de la salvación, en esas porciones en particular de las Escrituras. Creo que realmente así era; la sanidad fue meramente una evidencia de ser sanado espiritualmente. Pero la gente todavía cree que es cuestión de ejercer fe. Todavía creen que aquellas porciones de las Escrituras, por ejemplo, en donde Jesús dice: «Si tuviereis fe como un grano de mostaza, diréis a este monte: Pásate de aquí allá, y se pasará», coloca toda la responsabilidad sobre ellos.

Algunas veces pienso que Dios leerá la intención del corazón de ellos; pero luego tal vez es en la providencia de Dios que ellos están lastimosamente equivocados para que puedan sentirse acicateados a dar un vistazo más de cerca a las Escrituras.

Tómese, por ejemplo, a aquella joven azafata. ¿Qué haría esta preciosa muchacha si su esposo se enferma mortalmente? ¿Qué hará ella? En cierto sentido, la comprendo y me identifico con ella. Sin embargo, en otro sentido, puedo ver que Dios querría que ella llegue a entristecerse, a decepcionarse mucho, de modo que así como yo me sienta obligada a regresar a las Escrituras para dar un segundo vistazo, mucho más intenso. Me compadezco de aquellas personas. Puedo verme en esa posición, así como una vez lo estuve. Me parece que esto hace más imperativo que las personas que están en posición de hablar de las verdades de Dios lo hagan con precisión. Pone un enorme desafío frente a uno.[1]

---

1. Para saber más respecto a Joni y sus luchas para obtener la victoria, lea su relato en *Un paso más* (Deerfield, FL: Editorial Vida).

# 16

# *En cama por desigño divino*

El 19 de noviembre de 1966, el rabí Harold Kushner recibió la noticia de que su único hijo sufría y moriría de una rara enfermedad que ataca solamente a una de cada siete millones de personas. Los médicos diagnosticaron a Aarón, quien contaba apenas con tres años de edad, que sufría de progeria, la enfermedad de envejecimiento prematuro.

Aquel día, el rabí miró al cielo e hizo sólo una pregunta: «Si Dios existe y si fuese mínimamente justo, no se diga amante y perdonador, ¿cómo pudo Él hacerme esto a mí y a mi inocente hijo?»

Once años más tarde, en 1977, Aarón murió, a los 14 años. Entonces su padre buscó incluso más arduamente la respuesta a su pregunta. Cuando pensó haberla hallado, la publicó en un libro llamado *When Bad Things Happen to Good People* [Cuando a gente buena le ocurren cosas malas].[1]

El rabí Kushner concluyó que sólo una de tres respuestas posibles contestaba correctamente a su pregunta de por qué todo esto

---

1. Harold S. Kushner, *When Bad Things Happen to Good People* (Nueva York: Avon Books, 1981).

le había ocurrido a su familia: una, en esta vida la gente recibe de
Dios lo que se merece. (Eso hace a Dios nada menos que un cruel
déspota.) Dos, tal vez Dios es cruel y permite que la gente reciba
lo que no se merece. (Eso reduce a nuestro Señor a nada más que
un sádico cósmico.) Tres, si las dos primeras posibilidades no son
verdad, entonces Dios no es todopoderoso y por lo tanto no puede
evitar que la gente reciba lo que no se merece. (Esta explicación
convierte a Dios en nada más que un enclenque consagrado.)

Hace muchos siglos, un gran hombre enfrentó una crisis aún
más profunda que la del rabí Kushner y su familia. Job perdió
todos sus hijos y su riqueza en un solo día catastrófico, y casi
inmediatamente perdió también su salud física.

Indudablemente, Job hizo arduas preguntas como las hechas
por el rabí Kushner o por cualquiera que enfrenta un inexplicable
trauma físico en su vida o en las vidas de sus parientes y amigos.
Preguntas tales como: ¿usa Dios alguna vez la enfermedad para
bien? ¿Es la enfermedad siempre resultado de un pecado personal? ¿Es la voluntad de Dios que yo esté enfermo? ¿Por qué?

A diferencia de los tres supuestos consoladores de Job, Bildad,
Elifaz y Zofar (Job 2:11), necesitamos mirar a Dios para encontrar
las respuestas, y no a la lógica, filosofía o sabiduría humana. Usted se sorprenderá de la perspectiva de Dios sobre los beneficios
espirituales de la enfermedad y el sufrimiento.

## LOS BENEFICIOS DEL SUFRIMIENTO

### *Revela el carácter divino de Dios*

Por todo el libro de Job encontramos indicios de la severidad de
la enfermedad de Job. Cuando sus amigos vinieron a visitarlo, les
pareció tan lastimera su situación que no le pudieron hablar por
toda una semana (Job 2:13). Job se lamentaba al ver la comida, y
derramaba lágrimas como torrentes de agua (3:24) debido a su
gran dolor. Gusanos y mugre infectaban sus llagas; el pus corría
por todo su cuerpo (7:5). Sufría de alucinaciones, entrando y saliendo de la inconsciencia, lo que pudiera tal vez explicar algunos
de los comentarios que hace más tarde (7:14). Se iba «gastando
como carcoma» (13:28) y enflaqueciendo (16:8); sufría de halito-
sis (19:17) y de implacable dolor (30:17); su piel se ennegreció y
ardía en fiebre (30:30); además sufrió una dramática pérdida de
peso (33:21). Tal era Job, un hombre justo que no hizo mal.

Después que las tragedias se acabaron y con un diálogo de cuatro capítulos con Dios fresco en su mente (Job 38—41), Job pro-

nunció estas palabras: «De oídas te había oído; mas ahora mis ojos te ven. Por tanto me aborrezco, y me arrepiento en polvo y ceniza» (Job 42:5, 6). Job dijo, en efecto: «Retiro todas las preguntas que hice y las cosas necias que dije. Tú te has revelado, Señor, y ahora puedo ver quién eres y comprender las maravillas de tu gracia y el resplandor de la esperanza eterna.»

La calamidad de Job proveyó a Dios una oportunidad para enfatizar su realidad divina en maneras que Job no hubiese contemplado de ninguna otra forma. Los que pasan sus días mirando al cielo frecuentemente hallan que el Señor se muestra de maneras especiales que sólo las circunstancias de la enfermedad y el sufrimiento hacen posibles.

### Glorifica a Cristo

Cuando Jesús oyó que Lázaro estaba seriamente enfermo, dijo: «Esta enfermedad no es para muerte, sino para la gloria de Dios, para que el Hijo de Dios sea glorificado por ella» (Jn. 11:4).

Si Lázaro hubiese estado sano, la gloria de Dios no hubiese podido manifestarse por medio de él. Los que sufren son candidatos para ser vasos a través de los cuales Jesucristo puede ser exaltado.

Ole Hallesby, el teólogo noruego, ofrece este provechoso pensamiento:

> No se olvide ... la oración es ordenada con el propósito de glorificar el nombre de Dios. Por consiguiente, sea que usted ore por grandes cosas, o por cosas pequeñas, dígale a Dios: «Si eso glorificará tu nombre, entonces concédeme mi oración y ayúdame. Pero si eso no glorificará tu nombre, entonces déjame continuar en mi difícil situación. Y dame el poder para glorificar tu nombre en la situación en que me encuentro.»[2]

Si esto suena injusto, recuerde que Cristo hizo primero lo que pudiera estar pidiéndonos que hagamos. Sufrió para que su Padre celestial fuera glorificado (Fil. 2:8-11).

### Promueve la madurez espiritual

¿Le gustaría ser maduro, completo, sin que le falte nada? La mayoría de los cristianos responderían con un sonoro *¡sí!* Aun

---

2. O. Hallesby, *Prayer* (Minneapolis: Augsburg Publishing House, reimpreso 1975), pp. 129-30.

cuando esta es una perspectiva digna, el resultado viene solamente por un proceso explicado en Santiago 1:2-4: Las aflicciones que prueban nuestra fe producen paciencia; la paciencia, cuando se ejerce, lleva a la madurez que los cristianos desean.

La enfermedad y el sufrimiento proveen algunas de las muchas pruebas que Dios usa en el proceso.

## Manifiesta la obra de Dios

Cuando encontraron a un hombre que había nacido ciego, los discípulos le preguntaron a Jesús: «Rabí, ¿quién pecó, éste o sus padres, para que haya nacido ciego?» (Jn. 9:2). Jesús respondió: «No es que pecó éste, ni sus padres, sino para que las obras de Dios se manifiesten en él» (v. 3).

Después de que Dios le devolvió la vista al hombre, la obra de Dios se manifestó en él por dondequiera que él iba. Su testimonio fue dinámico, e hizo que la gente dijese: «Desde el principio no se ha oído decir que alguno abriese los ojos a uno que nació ciego. Si éste no viniese de Dios, nada podría hacer» (vv. 32, 33).

## Cumple la voluntad de Dios

Por un momento considere la opinión de Benny Hinn.

> Creo no sólo que es la voluntad de Dios que usted se sane, sino que es su voluntad que usted viva con salud hasta que Él lo llame a su hogar.... Yo no soy de los que oran: «Si es tu voluntad, Señor, concede sanidad a esta persona.»[3]

Ahora, oiga a Dios.

> Pero mejor es que padezcáis haciendo el bien, si la voluntad de Dios así lo quiere, que haciendo el mal (1 P. 3:17).
>
> De modo que los que padecen según la voluntad de Dios, encomienden sus almas al fiel Creador, y hagan el bien (1 P. 4:19).

Hinn no sólo contradice la sabiduría de Dios con sus afirmaciones antiescriturales, sino que también rehusa seguir el ejemplo de nuestro Señor Jesucristo, quien oró: «Padre, si quieres, pasa de mí esta copa; pero no se haga mi voluntad, sino la tuya» (Lc. 22:42).

---

3. Benny Hinn, *Lord, I Need a Miracle* (Nashville: Thomas Nelson Publishers, 1993), p. 63. Hay traducción castellana titulada *Señor, necesito un milagro*, de Editorial Caribe.

Hinn también hace burla de los santos que sufrieron en la vida y en la muerte. ¿Qué de los mártires en el libro de Apocalipsis? ¿Qué del apóstol Pablo? ¿Qué de sus seres queridos que sufrieron antes de morir? ¿Qué de las innumerables masas de cristianos alrededor del mundo que no gozan de buena salud?

El doctor C. Everett Koop, destacado médico y ex Cirujano General de los Estados Unidos, comenta respecto a ignorar la voluntad de Dios en la sanidad.

> Cuando un sanador por fe le ordena a Dios que realice un milagro, en ausencia de una oración que diga: «Hágase tu voluntad», es, en lo que a mí concierne, la forma más crasa de arrogancia.[4]

La sumisión a la voluntad de Dios en la tierra es recibida en el cielo como la más pura forma de adoración. En nuestra debilidad física, Dios puede demostrar su fuerza de maneras poderosas.

## Capta nuestra atención

Nabucodonosor necesitó de una «llamada para despertarse» de siete años de enfermedad para oír el mensaje de que Dios, no el rey de Babilonia, gobernaba el universo (Dn. 4:30-37). Job necesitó un curso de postgrado por medio del dolor y la enfermedad para comprender a Dios en un nuevo nivel (Job. 42:5, 6).

C. S. Lewis, en su libro clásico *The Problem of Pain* [El problema del dolor], hizo esta brillante observación:

> El dolor insiste en que se lo atienda. Dios nos susurra en nuestros placeres, nos habla en nuestra conciencia, pero nos grita en nuestros dolores: es su megáfono para despertar a un mundo sordo.[5]

Cuando el sufrimiento ataca, puede ser que Dios tenga un mensaje importante que enviarnos, que no podríamos recibir de ninguna otra manera que mediante el mensajero llamado dolor.

## Eleva nuestra dependencia

El sufrimiento nos ayuda a darnos cuenta rápidamente de nuestra completa dependencia de Dios para todo. Cuando Pablo nece-

---

4. C. Everett Koop, "Faith Healing and the Sovereignty of God", en Michael Horton, ed., *The Agony of Deceit* (Chicago: Moody Press, 1990), p. 176.

5. C. S. Lewis, *El problema del dolor* (Miami: Editorial Caribe, 1977), p. 93.

sitaba estar en su mejor forma debido a que los desafíos del ministerio habían llegado a ser muy grandes, se halló en su punto más bajo desde el punto de vista humano. Sea que el aguijón que le afligía representase sufrimiento mediante enfermedad o persecución, de todas maneras hizo a Pablo depender de Dios antes que en sus propios recursos humanos (2 Co. 12:7-10).

### Anima a otros

Considérese este desafío bíblico:

> Por tanto, nosotros también, teniendo en derredor nuestro tan grande nube de testigos, despojémonos de todo peso y del pecado que nos asedia, y corramos con paciencia la carrera que tenemos por delante (He. 12:1).

La expresión «por tanto» nos lleva de regreso a Hebreos 11, donde hallamos estímulo a ser fieles ahora debido a la fidelidad demostrada por los santos, la gran nube de testigos, que fueron antes de nosotros. Ellos fueron los que:

- sacaron fuerzas de debilidad
- fueron torturados
- experimentaron vituperios y azotes
- sufrieron prisiones y cárceles
- murieron por la espada

Cada generación sucesiva de cristianos ha sido animada grandemente por los hombres y mujeres de Dios que valientemente estuvieron firmes en la fe.

### Nos hace semejantes a Cristo

La carta de Pablo a los Filipenses habla de llegar a ser semejantes a Cristo en humildad y sufrimiento, tanto como en gloria. Pablo deseaba conocer la participación en los sufrimientos de Cristo, llegar a ser semejante Cristo en su muerte (3:10). También anhelaba el día cuando Cristo transformaría el cuerpo de su humillación para que fuera «semejante al cuerpo de la gloria suya» (3:21).

Pablo expresó esta verdad incluso más hermosamente a la iglesia en Roma:

> Porque a los que antes conoció, también los predestinó para que fuesen hechos conformes a la imagen de su Hijo, para que él

sea el primogénito entre muchos hermanos. Y a los que predestinó, a éstos también llamó; y a los que llamó, a éstos también justificó; y a los que justificó, a éstos también glorificó (Ro. 8:29, 30).

## Autentica nuestra fe

Pedro afirma una gran verdad que a través de las edades ha estimulado a los santos que sufren.

> En lo cual vosotros os alegráis, aunque ahora por un poco de tiempo, si es necesario, tengáis que ser afligidos en diversas pruebas, para que sometida a prueba vuestra fe, mucho más preciosa que el oro, el cual aunque perecedero se prueba con fuego, sea hallada en alabanza, gloria y honra cuando sea manifestado Jesucristo (1 P. 1:6, 7).

El corazón de las palabras de estímulo de Pedro es sencillamente esto: «En lo cual vosotros os alegrais ... para que sometida a prueba vuestra fe ... aunque ... se prueba con fuego, sea hallada en alabanza, gloria y honra cuando sea manifestado Jesucristo.»

Nuestros sufrimientos contribuyen a quemar la escoria de nuestra vida y a autenticar nuestra fe en el Señor Jesucristo. Podemos tener tanto gozo al presente como una esperanza viva para el futuro no *a pesar de* nuestras circunstancias sino *debido a* ellas. Nuestra dependencia de Dios en *todas* nuestras circunstancias certifica la realidad de nuestra salvación.

Este testimonio dado por mi madre atestigua de la enseñanza de Pedro.

> He experimentado tanto el dolor de la separación de un ser querido como el sufrimiento físico. ¿Mi secreto para soportar? «Su gracia es suficiente.» Con frecuencia pienso en el versículo: «Dad gracias en todo, porque esta es la voluntad de Dios para con vosotros en Cristo Jesús» [1 Ts. 5:18]. Mi esposo solía citar a menudo este versículo. Hace alrededor de cuatro años y medio, Dios consideró apropiado llevárselo a su hogar celestial con su Señor. Hubo gran dolor en la separación mediante la muerte física. Alrededor de dos años y medio más tarde sufrí una embolia, que paralizó mi lado izquierdo y me dejó prácticamente inválida. Sin embargo, Dios en su amante bondad y tierna misericordia me rodeó de algunos de sus hijos, cariñosos y atentos, que me atienden en todas mis necesidades: físicas, médicas, emocionales, e incluso me alimentan es-

piritualmente. Todos nosotros hemos experimentado crecimiento espiritual por medio de esto.[6]

## Produce aguante

La mayoría de nosotros no tenemos dificultad para regocijarnos en la esperanza de la gloria de Dios. Pero, ¿cuántos de nosotros podemos, con igual facilidad, gozarnos en nuestras tribulaciones? Pablo dice que ambos regocijos están intrínsecamente unidos:

> Justificados, pues, por la fe, tenemos paz para con Dios por medio de nuestro Señor Jesucristo; por quien también tenemos entrada por la fe a esta gracia en la cual estamos firmes, y nos gloriamos en la esperanza de la gloria de Dios. Y no sólo esto, sino que también nos gloriamos en las tribulaciones, sabiendo que la tribulación produce paciencia; y la paciencia, prueba; y la prueba, esperanza; y la esperanza no avergüenza; porque el amor de Dios ha sido derramado en nuestros corazones por el Espíritu Santo que nos fue dado (Ro. 5:1-5).

Debido a la presencia del Espíritu Santo, que viene como el don de Dios en el momento de la salvación, nunca deberíamos dudar del amor de Dios en medio de las tribulaciones. El Espíritu Santo hace posible que tengamos esperanza, lo cual resulta del carácter probado. El carácter probado resulta de la paciencia, y la paciencia de las tribulaciones. De este modo podemos gozarnos en nuestras tribulaciones, porque producen una perseverancia que conduce a un carácter probado, el cual resulta en una esperanza que no decepciona.

## Subyuga la autoexaltación

Pablo había recibido el privilegio de oír inexpresables palabras que fueron dichas en el tercer cielo. Debido a la suprema grandeza de esa experiencia, Dios le permitió a Satanás que abofetease a Pablo con un aguijón en la carne. El propósito de ese aguijón era evitar que Pablo se exalte a sí mismo (2 Co. 12:1-7).

Las oraciones de Pablo por recuperación no sirvieron de nada (2 Co. 12:8), de modo que finalmente descansó en este maravilloso pensamiento:

---

6. Escrito por la madre del autor a mediados de 1986, después de que una embolia la paralizó. Su testimonio fue dado en la Universidad Bíblica de Washington y en el Seminario Capitol.

[Dios] me ha dicho: Bástate mi gracia; porque mi poder se perfecciona en la debilidad. Por tanto, de buena gana me gloriaré más bien en mis debilidades, para que repose sobre mí el poder de Cristo (2 Co. 12:9).

Así es hoy: cuando el sufrimiento golpea, el poder de Dios puede manifestarse por medio de nuestra debilidad. De esa manera Dios recibe toda la gloria.

## Castiga a los santos que pecan

¿Viene toda enfermedad como resultado del pecado? Sí y no. Sí, la enfermedad viene como una consecuencia física de nuestra naturaleza pecadora y de un mundo pecador. Pero no, la enfermedad no necesariamente viene como resultado de obras de pecado en particular.

Podemos animarnos al saber que Dios usualmente no castiga nuestro pecado con enfermedad. La viuda de Sarepta temía que su hijo hubiese muerto debido a sus propias iniquidades (1 R. 17:18). Los discípulos de Jesús dieron por sentado que el pecado era la causa de la ceguera de cierto hombre (Jn. 9:2). Bildad sugirió que las aflicciones de Job le vinieron como resultado del pecado (Job 8:1-22). Sin embargo, por regla general, Dios no opera de esa manera. Habrá excepciones, tales como la de aquellos corintios que fueron castigados debido a que habían profanado la Cena del Señor (1 Co. 11:20-22, 29-30). El castigo de Ananías y Safira por mentir al Espíritu Santo es otro ejemplo (Hch. 5:1-11). Y Dios ofrece el culto de unción en Santiago 5 para los creyentes cuyo pecado resulta en castigo de enfermedad.

## Provee consuelo

¿Ha notado usted alguna vez que la gente tiende a prestar atención a su consejo más cuidadosamente si usted mismo ya ha atravesado por una experiencia en particular en la vida? Eso es simplemente parte de nuestra naturaleza humana. Además, Jesús conoce nuestras circunstancias, porque incluso Él fue tentado: «Porque no tenemos un sumo sacerdote que no pueda compadecerse de nuestras debilidades, sino uno que fue tentado en todo según nuestra semejanza, pero sin pecado» (He. 4:15).

Dios puede usar su enfermedad y sufrimiento para hacer de usted un instrumento mediante el cual Él pueda consolar a otros. Sus aflicciones presentes más tarde serán la plataforma desde la cual usted ministrará.

Bendito sea el Dios y Padre de nuestro Señor Jesucristo, Padre de misericordias y Dios de toda consolación, el cual nos consuela en todas nuestras tribulaciones, para que podamos también nosotros consolar a los que están en cualquier tribulación, por medio de la consolación con que nosotros somos consolados por Dios (2 Co. 1:3, 4).

## Logra los propósitos de Dios no revelados

Después de que agotamos todas nuestras respuestas o posibilidades para explicar el sufrimiento, pero nuestra curiosidad todavía no está satisfecha, apelamos a estas Escrituras especiales.

Gloria de Dios es encubrir un asunto; Pero honra del rey es escudriñarlo (Pr. 25:2).

Las cosas secretas pertenecen a Jehová nuestro Dios; mas las reveladas son para nosotros y para nuestros hijos para siempre, para que cumplamos todas las palabras de esta ley (Dt. 29:29).

Admitir que Dios actúa en maneras que exceden a nuestro razonamiento y su revelación escrita no da por sentado lo que queda por probar. Versículos como estos a menudo sirven como nuestra última corte de apelación. Deben satisfacernos tanto como las respuestas más específicas. Isaías se anticipa a nuestro dilema humano al recordarnos:

Porque mis pensamientos no son vuestros pensamientos, ni vuestros caminos mis caminos, dijo Jehová. Como son más altos los cielos que la tierra, así son mis caminos más altos que vuestros caminos, y mis pensamientos más que vuestros pensamientos (Is. 55:8, 9).

Hace años asistí a un curso en Chicago sobre cómo escribir. Un evangelista llamado Ben participó también. Una mañana entre clases estábamos tomando café y hablando sobre cómo la vida de Ben era diferente debido a que era ciego. No recuerdo toda la conversación, pero sí anoté un pensamiento cuando alguien le preguntó a Ben como quedó ciego. Sin vacilación replicó: «Soy ciego por designio de Dios.»

Ben abrazó la perspectiva divina. Sabía que cualquiera que experimenta enfermedad o sufrimiento lo hace «por designio divino». Pero Dios puede escoger no mostrarnos el porqué sino hasta que lleguemos a la gloria.

## UNA RECETA BÍBLICA

Cuando empecé a estudiar el tema de la sanidad, nunca antes había tenido ninguna enfermedad seria. Escribí sobre el tema de sanidad divina desde la plataforma de las Escrituras y del sentido común. Nunca había tenido personalmente la oportunidad de probar la utilidad de mi consejo, aun cuando muchas personas a quienes había ministrado habían respondido favorablemente.

Entonces una enfermedad me puso en mi sitio, física y emocionalmente. Experimenté un terrible temor, un cambio radical en mi personalidad, y en ocasiones llanto incontrolable; todo sin ninguna razón aparente. Por seis agonizantes meses nuestra familia no tenía la menor idea de qué causaba estos fenómenos inexplicables. Durante ese tiempo me volví vez tras vez a los principios que presento en este capítulo, aun cuando, en aquellos momentos creía que no habría recuperación para mí.

Con el tiempo, después de un examen de tolerancia a la glucosa que duró cinco horas, un médico diagnosticó que la hipoglicemia era la fuente de mi problema. Mediante ejercicio y una dieta controlada, el Señor misericordiosamente me ha restaurado a mi completa salud. Pero durante aquellos días oscuros, mi única ayuda sustentadora fue aplicar las verdades que ahora comparto. Es mi oración que estos principios le ayuden a usted igualmente.

Todos buscamos alguna Escritura que diga: «Cuando te enfermes, esto es lo que tienes que hacer.» No encontré nada cuando busqué un versículo así. Pero Dios nos ha provisto de una receta que procede de varias porciones de su Palabra, y la sabiduría combinada de estas verdades le servirá de mucho. Como una consulta con un médico, este consejo necesita ser aplicado por completo.

Primero, reconozca que Dios soberanamente rige la vida, y entonces descanse personalmente en esa inconmovible verdad. Dios controla todos nuestros movimientos, sea en enfermedad o en salud. «Ved ahora que yo, yo soy, y no hay dioses conmigo; yo hago morir, y yo hago vivir; yo hiero, y yo sano; Y no hay quien pueda librar de mi mano» (Dt. 32:39).

Segundo, recuerde las razones bíblicas de la enfermedad. Piense en los propósitos que Dios puede lograr por medio de su enfermedad. Ore para que Dios le use en su debilidad para mostrar su poder.

Tercero, es extremadamente importante determinar si su enfermedad es resultado de un pecado continuado en su vida. ¿Está Dios usando su enfermedad como castigo? Para la mayoría de nosotros la respuesta será no. Pero si resulta que su respuesta es sí, confiese su pecado (1 Jn. 1:9). Pudiera ser que el culto de ungimiento de Santiago 5 sea para usted. Usted tal vez quiera hablar de esto con su pastor.

Cuarto, entregue todo el asunto al Señor por fe. Ore que se haga la voluntad de Dios, busque su gloria, y espere pacientemente su respuesta.

Quinto, busque la ayuda de los profesionales del cuidado de la salud. Jamás deseche ni ignore los medios normales que Dios usa para restaurar la salud por medio de los expertos médicos. No abuse de Dios, ni espere demasiado, ni tampoco ignore a su médico.

Sexto, reconozca que puede ser la voluntad de Dios que usted jamás se recupere. Muchos de los grandes siervos de Dios estuvieron enfermos: Isaac, Moisés, Job, Daniel, Pablo, Epafrodito y Timoteo. Todos finalmente murieron.

Séptimo, agradezca a Dios las circunstancias en las cuales Él le ha colocado, «dando siempre gracias por todo al Dios y Padre, en el nombre de nuestro Señor Jesucristo» (Ef. 5:20). «Dad gracias en todo, porque esta es la voluntad de Dios para con vosotros en Cristo Jesús» (1 Ts. 5:18). Usted no tiene que agradecer a Dios por el dolor que siente, sino más bien porque Él es quien es, y porque Él obrará Su voluntad por medio de sus circunstancias.

Octavo, al orar, pídale a Dios la fe y la paciencia para soportar, y la sabiduría para comprender el porqué (Stg. 1:2-5). Él ha prometido que su gracia será suficiente (2 Co. 12:9). Aférrese a esa promesa bíblica reaseguradora y descanse en ella.

Finalmente, ore que sus circunstancias den gloria a Dios (1 Co. 10:31). Sólo cuando eso llegue a ser su constante preocupación experimentará usted la victoria total en medio de sus circunstancias, y tendrá Cristo la preeminencia en toda en su vida.

## ORACIÓN POR SANIDAD

Después de aceptar la receta bíblica, tal vez ahora se pregunte: «¿Está bien o mal orar por el toque sanador de Dios?» Permítame asegurarle que no hay absolutamente nada de malo con pedir. Pablo pidió tres veces ser librado (2 Co. 12:8). Jesús pidió ser librado (Mt. 26:39). Sin embargo, necesitamos estar dispuestos a recibir con oración la respuesta de Dios, cualquiera que sea. Debemos someter nuestra voluntad a la voluntad de Dios.

Las palabras más apropiadas de sabiduría que conozco al respecto han sido ofrecidas por Charles Wood. Su esposa luchó con varios brotes de cáncer. Ellos habían orado con frecuencia. Él aconseja: «En enfermedad yo oraría por sanidad hasta que Dios me la conceda o a menos que o hasta que Él manifieste claramente que no es su voluntad y me conceda la paz al respecto.»[7]

7. Charles R. Wood, "We Learned to Pray for Healing", *Moody Magazine* (noviembre 1976), p. 157.

# 17
# *Cuando llega el sufrimiento*

L a tragedia a menudo golpea súbita e inesperadamente. Para John y Patricia, sus largamente esperadas vacaciones de familia a fines de 1992 se convirtieron en cualquier cosa menos una ocasión festiva. Lo que parecía un evento sin importancia al conducir, se convirtió en un accidente con unas posibilidades de destrozar el corazón de proporciones desastrosas.

Muchas personas reconocen a John MacArthur como un extraordinario expositor bíblico. Es escuchado diariamente en centenares de programas "Grace to you" [«Gracia para usted»] por todo el mundo. Ha pastoreado la iglesia Grace Community Church en Sun Valley, California, desde 1969. El doctor MacArthur además funge como presidente de The Master's College y The Master's Seminary. La gente a menudo pregunta respecto a hombres con tal visibilidad y responsabilidad tan inusitadas: «Cuando les llegan tiempos difíciles, ¿pueden realmente poner en práctica su teología y predicación?»

Dios dio a la familia MacArthur una oportunidad que ellos no pidieron para responder a esta pregunta de una manera que jamás esperaban. Antes de empezar nuestra conversación, pidámosle a John que delinee su agridulce cuadro de la soberanía de la gracia de Dios con los detalles del accidente automovilístico casi fatal de Patricia.

## CÓMO OCURRIÓ

«Una tarde, mientras esperaba que mi hijo se me uniera en el campo de golf, recibí una llamada telefónica informándome que mi esposa, Patricia, y nuestra hija menor, Melinda, habían sufrido un serio accidente automovilístico. Patricia estaba gravemente herida y la transportarían por aire a un hospital más o menos a una hora de distancia de donde yo estaba. No había ningún otro detalle disponible. Inadvertidamente dejé mis palos de golf en el lugar de práctica, e inmediatamente subí al automóvil y me dirigí al hospital.

»El recorrido de una hora hasta el hospital quedará para siempre grabado en mi memoria. Miles de pensamientos inundaban mi mente. Me daba cuenta, por supuesto, de que tal vez nunca volvería a ver a Patricia con vida. Pensaba en el vacío que habría en mi vida sin ella. Reflexioné acerca de la parte esencial que ella había tenido en mi vida y ministerio a través de los años. Me preguntaba cómo podría arreglármelas sin ella. Recordé cuando nos vimos por primera vez, cómo nos enamoramos el uno del otro, y centenares de otras cosas respecto a nuestra vida juntos. Hubiera dado cualquier cosa con tal de retenerla, pero me daba cuenta de que esa decisión no era mía.

»Una paz sobrenatural inundó mi alma. Mi dolor, mi tristeza, mi incertidumbre y mis temores quedaron todos envueltos en aquella sosegada paz. Sabía que Patricia y yo estábamos en las manos del Señor, y dadas las circunstancias, ese era el único lugar en que podía imaginarme algún tipo de seguridad. No conocía los designios divinos. No podía ver sus propósitos. No podía comprender lo que había ocurrido ni por qué. Pero podía descansar en el conocimiento de que su plan para nosotros era a la larga para nuestro bien y para su gloria.

»Cuando llegué a la sala de emergencia me enteré de que Melinda había sufrido serias contusiones y cortaduras, pero no estaba gravemente herida. Estaba muy conmocionada, pero no corría ningún peligro.

»Un médico salió y me explicó las heridas de Patricia. Se había roto el cuello. Dos vértebras estaban seriamente aplastadas. El daño había ocurrido por encima de los nervios cruciales de la espina dorsal que controlan la respiración. En la mayoría de los casos como ese, la víctima muere inmediatamente. Pero nuestro Señor providencialmente la había dejado con vida.

»También había recibido un tremendo golpe en la cabeza. El impacto del techo al aplastarse sobre ella cuando el automóvil dio vueltas era lo suficientemente poderoso como para haberla matado. Le estaban dando dosis masivas de una nueva droga destinada a detener la hinchazón en el cerebro. El cirujano estaba preocupado porque la lesión en la cabeza todavía podía resultar fatal. Había tenido que hacer más de cuarenta suturas para cerrar la herida en el cuero cabelludo. Tenía rota la quijada y varios huesos de la cara. No estaría fuera de peligro por varios días.

»El personal de la sala de emergencia estaba a punto de llevar a Patricia a cirugía, donde los médicos le colocarían un anillo de acero sobre la cabeza mediante cuatro pernos taladrados directamente sobre el cráneo. El artefacto sostendría la cabeza y estabilizaría el cuello mientras las vértebras sanaban. Ella debía llevar ese halo por varios meses, y después de eso someterse a un agotador programa de rehabilitación física.

»En los días que siguieron, los médicos descubrieron lesiones adicionales. La clavícula derecha estaba rota. Peor todavía, el brazo derecho de Patricia estaba paralizado. Podía mover los dedos y empuñar cosas, pero su brazo colgaba flácido y no tenía ninguna sensación en él. La mano izquierda estaba rota y necesitaba ser enyesada. Eso quería decir que Patricia no podría usar ninguna de sus manos.

»Todo esto me brindó una maravillosa oportunidad para servir a mi esposa. Toda nuestra vida juntos ella se había preocupado por mis necesidades, servido a la familia, y nos había ministrado en una miríada de maneras. Ahora era mi turno, y he disfrutado de la oportunidad. Mi amor por ella y mi aprecio por todo lo que ella hace ha crecido enormemente.»[1]

## EL RESULTADO

Al momento de escribir esto han pasado diecisiete meses desde aquel accidente de julio. Desde entonces Dios ha derramado sus grandes bendiciones sobre la familia MacArthur y los ministerios de John. Al día siguiente de la Navidad de 1993 me senté junto con John y Patricia para reflexionar sobre el accidente y su resultado. Usted se animará y fortalecerá al unirse a nosotros y ver cómo Dios se glorificó mediante esta tragedia.

---

1. John F. MacArthur, hijo. *Faith Works* (Dallas: Word Publishing, 1993), pp. 17-19. Usado con permiso.

DICK: —¿Cuán seria fue la lesión?

JOHN: —La herida fue lo suficientemente grave como para haber segado la vida de Patricia. No hay duda de que la mayoría de las personas que han sufrido la misma herida han muerto.

DICK: —Díganos el pronóstico inicial de los médicos cuando ella llegó al hospital.

JOHN: —Inicialmente, ella estaba viva y no tenían ninguna parálisis aparente que pudieran ellos identificar. Tenía sensibilidad en las piernas y en los pies, pero su brazo derecho al principio no funcionaba. También me dijeron: «Tenemos que mantenerle la cabeza absolutamente estable, porque cualquier movimiento puede hacer que los huesos fragmentados (tenía lo que llaman una fractura explosiva, en la cual el hueso simplemente se desintegra) se introduzcan en la médula espinal y no sólo corten la médula debido a los agudos fragmentos de huesos sino que también pueden lesionar o dañar la médula espinal.» Estaban muy preocupados por tenerla absolutamente estable hasta que pudieran colocarle un anillo de acero e inmovilizarle totalmente la cabeza.

DICK: —Recuerdo la breve visita que les hice en el hospital, menos de veinticuatro horas después del accidente. Patricia, ¿estaba usted plenamente consciente? ¿Comprendía lo que estaba ocurriendo en aquellos primeros días?

PATRICIA: —Pienso que no, Dick. La gente me pregunta qué es lo primero que recuerdo después del accidente, y apenas recuerdo vagamente algunas cosas de aquí y allá. No fue sino dos o tres días después del accidente que los fuertes sedantes empezaron a ceder, al punto de darme cuenta de mi situación y de lo que estaba en juego. Me di cuenta de que Dios había obrado con gracia al dejarme con vida y permitirme evitar la parálisis, que es lo que los médicos pensaban que yo debía tener. Cada vez que un nuevo doctor venía a verme, decía: «¿Dónde está paralizada?» Repetidamente les dije que no estaba paralizada en ninguna parte, y ellos siempre respondían: «Usted tiene mucha suerte.» Fue como al tercer día que me percaté completamente de lo que había ocurrido.

JOHN: —Esta es una nota al pie de página. Estadísticamente,

ella está entre el cinco por ciento de personas que han sobrevivido esa clase de lesión. El noventa y cinco por ciento muere.

DICK: —¿Está usted diciendo que su supervivencia fue un milagro? ¿Cómo describiría usted esta experiencia, tanto práctica como teológicamente?

JOHN: —Un milagro es la intervención de Dios soberana y sobrenaturalmente para pasar por alto la naturaleza y hacer algo que no puede explicarse de ninguna otra manera; de modo que de acuerdo a la definición técnica de un milagro, no parece ser un milagro. Sin embargo, Dios pudo haber intervenido milagrosamente mientras ella estaba dando tumbos dentro del auto y haber hecho algo sobrenatural, incluso tal vez envió un ángel que hiciese algo para evitar que ella cayese en cierta dirección. Dios puede haber intervenido sobrenaturalmente, pero parece mejor verlo como providencial. Dios, con su capacidad sobrenatural, controló la carretera, el automóvil, las volteretas en el aire, su posición en el vehículo y cada detalle de lo que ocurrió. Esto realmente cae bajo la definición particular de providencia, en la cual Dios ordena una miríada de circunstancias para realizar su propósito, en vez de invalidar la naturaleza milagrosamente. Siempre pensé que la providencia es un milagro más grande que un milagro en sí mismo, porque sería más fácil simplemente invalidar que obrar con el infinito número de las contingencias de la vida real.

DICK: —Sé que muchos amigos vinieron a visitarlos días y semanas después del accidente. ¿Tuvieron ustedes algunos amigos como los que Job tuvo?

PATRICIA: —No realmente. Ni siquiera insinuaron nada en términos de castigo de Dios. La gente se sorprendía y alababa al Señor por su protección y su plan soberano en mi vida.

DICK: —Sé que Joni Eareckson Tada vino a visitarlos y que lo pasaron muy bien. ¿Qué recuerda usted de eso?

PATRICIA: —Ella vino a verme varias veces, pero la primera es la más memorable. Yo estaba inmóvil de espaldas, mirando al cielo raso. Ella me cantó *His Eye Is on the Sparrow* [«Si Él cuida de las aves»]. También me trajo una palomita de cerámica que Ken le había dado en una ocasión cuando su ánimo estaba por los suelos, de modo que eso significa mucho para mí. Fue reconfortante pensar en que los ojos de Dios están cuidando a las aves, y saber que si sus ojos cuidan de las aves, cuida mucho más a su máxima creación. De modo que fue un momento especial. Joni acababa de celebrar sus veinticinco años de parálisis. Su esposo Ken estaba con ella. Debido a que mi accidente resultó solamente en un brazo al parecer paralizado —temporalmente—, Ken se arrodilló y tomó mi brazo entre sus manos y oró que Dios lo restaurase. Joni dijo: «Oh, Pat; estoy tan contenta de que usted no haya quedado cuadriplégica.» Ella sabía cuán cerca yo había estado de quedar precisamente así, de modo que su visita fue muy significativa. Tuve un mayor aprecio por todo lo que ella hace y cómo glorifica constantemente al Señor a pesar de su adversidad.

DICK: —¿Se identificó usted en algún momento con Job en medio de todo esto? Él fue un hombre justo cuya vida marchaba viento en popa, y de súbito el techo se le vino encima.

JOHN: —Tengo gran confianza en la soberanía de Dios; pero sí, el pensamiento me cruzó por la cabeza. Yo me encontraba en medio de mi ministerio, muy dependiente de Patricia. Cuando oí el primer informe fragmentario del accidente, di por sentado lo peor. Si usted está conduciendo por esa carretera en particular, la cual conozco muy bien, no tiene nada que la divida, todo el mundo corre a 65 mph (unos 100 kph); tiene cuatro carriles, dos en cada dirección y está llena de curvas. De súbito, cuando usted oye que su esposa ha sufrido un grave accidente y que está siendo llevada en helicóptero al centro de traumas, todo lo que puede imaginarse es que lo que acaban de hacer es despegar el automóvil del frente de un semiremolque. Patricia normalmente es buena conductora, y simplemente pensé lo peor. Por supuesto, las primeras preguntas que me vinieron a la mente fueron: *¿Cómo voy a seguir con mi vida? ¿Cómo voy de repente a asumir todos sus papeles?* Persistía en pensar: *¿Qué van a hacer los hijos? Yo no puedo suplir sus necesidades, las necesidades que sólo ella puede suplir. ¿Qué van a hacer los nietos? ¿Cómo va a ser nuestra vida de familia sin ella?* Patricia es realmente el aglutinante de nuestra familia. Yo soy algo así como una sirena en la niebla, pero ella es el pegamento que sostiene unido todo en nuestra familia. Se trataba de un enorme misterio, y era muy consciente del hecho de que no había nadie a quien yo conociese que pudiese reemplazarla. No hay nadie que pudiese tomar su lugar para realizar lo que ella hace. Jamás se me ocurrió que Dios no estuviese a cargo. Jamás pensé:

*Dios como que hizo una trastada esta vez.* Ese pensamiento jamás me cruzó por la mente, pero este sí: *¿Qué si ella se ha ido, qué vamos a hacer, y cómo vamos a volver a arreglar nuestras vidas?*

DICK: —¿Alguna vez se preguntaron si Satanás desempeñó algún papel en todo esto?

PATRICIA: —Yo nunca lo pensé. Nunca tuve ninguna pregunta: pienso que mi accidente fue el resultado de haber permitido que el auto se deslizara al borde no pavimentado de la carretera y enderezado el volante demasiado. Dios tenía el control, y orquestó la situación entera, y se glorificó mediante ella. Nunca pensé que Satanás tuviese alguna influencia en el accidente. No hubo ninguna otra parte involucrada, y fue una equivocación que cometí. No puedo explicar hasta hoy por qué y cómo ocurrió, pero creo que Dios permitió que ocurriese para sus propósitos, para su gloria y para mi bien. Muchas personas se han beneficiado por esto. Vimos que el accidente produjo una cadena mundial de oración. Dios expresó grandemente su gracia al contestar las oraciones de muchas, muchas personas piadosas.

JOHN: —Si un camión se atraviesa en la carretera y lo choca, o si otro automóvil lo choca, si le cae un rayo, o si un poste de teléfono le cae encima, entonces se podría pensar que Satanás de alguna manera ha intervenido y le ha echado encima algo tan horrible. Pero Patricia estaba tan confiada en su fe en el Señor, y confiada en su andar en el Señor, que creer que Satanás hizo que esto ocurriese sería creer que Satanás estaba operando en la vida de ella. Ahora bien, no sé si Satanás obra a través del volante y de la suspensión en los vehículos o no. Lo que sí sé es que obra en los corazones y mentes de los hombres. Si él puede intervenir en el campo físico, y hasta qué punto… no quiero decir que no puede. No quiero decir que el accidente no pudo haber sido algo que algunos demonios fraguaron. No lo sé. Examinamos nuestros corazones y ella examinó su corazón muchas, muchas veces respecto al pecado y a darle lugar a Satanás. Si hay algún pecado sin confesar en su vida, y si hay algo que anda mal en su vida, entonces usted le está dando lugar a Satanás. Tal vez hay una cierta influencia que él ejerce allí. Pero en todo esto sentimos que no había ningún pecado que no hubiese sido resuelto. De modo que Satanás no pudo haber tenido ningún lugar especial en el que él asumiese el control. Pero igualmente, por otro lado, lo sobrenatural todavía es misterioso para nosotros y muchas, muchas personas, me han dicho: «Pienso que Satanás estaba tratando de asestarle un golpe a su ministerio.» Desde mi punto de vista teológico, no estoy seguro al respecto. Algún día se lo preguntaré al Señor.

DICK: —Si Satanás intentó asestarle un golpe a su ministerio, ¿cuánto ha logrado, si es que ha logrado algo?

JOHN: —No ha logrado nada, porque Dios lo invalidó. O bien Satanás estaba haciendo algo y Dios lo anuló, o bien Dios permitió que algo natural ocurriese dentro del recuadro de su voluntad, a fin de poder demostrar su poder. El más grande recordatorio que brotó de todo esto fue que Dios contesta la oración. Eso es lo que Patricia ha dicho vez tras vez. Pienso que muchas personas en todo el mundo, que tienen la tendencia a considerarme muy fuerte y estable, no muy dado a las emociones, y tal vez no muy humano debido a que soy una especie de «predicador y maestro radial», de súbito me ven como una persona muy humana con los mismos dolores y problemas y aflicciones y dificultades en la vida que todos tienen. El accidente creó un aglomeramiento masivo de personas alrededor nuestro para orar. Dios usó ese accidente para aumentar nuestro grupo de oración a decenas de millares en todo el mundo. El efecto de eso ha tocado todo aspecto de nuestro ministerio.

DICK: —Hablando de la oración, Patricia, usted se ha recuperado completamente en poco más de un año. ¿Sufre usted de algún problema residual?

PATRICIA:— Mi brazo está débil, pero hago pleno uso de él. Mi cuello ocasionalmente se cansa. Pero eso es de esperarse. Estoy casi cien por ciento bien. Cuando los médicos examinaron mi brazo dijeron: «Si se recupera del daño en los nervios, podría tardar un año y medio, o más, o tal vez nunca se recupere totalmente.» Fue menos de un año después del accidente que empecé a poder usar mi brazo por completo, y la parálisis desapareció totalmente. No he vuelto a ver a la neuróloga en tres o cuatro meses. Mucho después del accidente ella todavía pensaba que yo podría beneficiarme de una operación en el cuello. Le pedí que diera tiempo para permitir que Dios obrase. Ella dijo: «Está bien; esa es su decisión.»

JOHN: —Patricia demostró una fe real en el Señor en ese punto, porque se nos dijo que los nervios son totalmente impredecibles. Era obvio que un nervio principal había sufrido severamente, pero no podían decir si había quedado totalmente destruido o no, sin hacer algunos exámenes de laboratorio muy extraños. Decían que podía recuperarse, o podía no recuperarse, o podía recuperarse parcialmente. De modo que en ese punto tengo que creer que Dios realmente contestó la oración. Ha habido una recuperación total y completa. Ese nervio simplemente se rejuveneció completamente por sí solo. En este punto en particular parece que Dios intervino providencialmente. Tal vez haya sido algo milagroso; no lo sabemos. Pero ciertamente en este punto le damos a Él todo el crédito y la gloria por lo que hizo. Patricia persistía en decir: «No; pienso que estoy viendo progreso. No amenaza la vida. Démosle a Dios tiempo para que demuestre su poder.» ¡Y lo hizo!

DICK: —Sabiendo que usted estuvo en un accidente en donde debería haber muerto, y de no morir haber quedado paralizada, es increíble que usted se haya recuperado completamente. Mirando hacia atrás, ¿cómo oraba usted, y cómo contestó Dios sus oraciones? ¿Oraba usted por una completa recuperación, o simplemente le pedía gracia para soportarlo?

PATRICIA: —En realidad, simplemente creía que Dios es soberano y que Él tiene un plan perfecto para mi vida. Sabía que todo el mundo estaba orando. Cuando mis extremidades se durmieron, le pedí al Señor que me restaurase de modo que no tuviese que someterme a la cirugía del cuello. Le tenía un poco de temor a esa cirugía. Sencillamente oraba para que el Señor hiciese a un lado la causa milagrosamente —cualquiera que fuese— y me permitiese recuperar por completo la sensación en mis extremidades. Tenía tres semanas desde el día en que me quitaron el halo de acero para regresar a ver a la neuróloga y decidir el día de la operación. Fue entonces cuando pedí más tiempo porque sentía que la sensación estaba empezando a retornar. De modo que oré para que el Señor restaurara la sensación en mis manos y pies. Pero al yacer acostada en la cama le dije al Señor que si todo lo que tenía que quedarme afectado después de un accidente como ese era un brazo paralizado, estaba dispuesta a aceptarlo como un recordatorio de su bondad y gracia hacia mí al permitirme escapar de la parálisis.

Sabía que había muchísimas personas orando, y había recibido tantas manifestaciones de cariño y recordatorios de oración, que era un tremendo consuelo. Mi situación y condición eran llevadas al trono de la gracia diariamente, de modo que en ese punto todo estaba en manos del Señor.

DICK: —John, usted oró por Patricia como esposo, y luego oró como su pastor. ¿Hizo la misma oración en ambos papeles?

JOHN: —¡Absolutamente! Oré todo el camino al hospital que el Señor le salvara la vida. Pero dije: «Sencillamente quiero que sepas que si escoges quitarle la vida, sé que ella está contigo, de modo que no tengo aquel horrible temor de nunca verla de nuevo o de que ella esté fuera de tu presencia.» Tenía la confianza de que si el Señor había decidido llevársela, ella estaba en un lugar mejor y regocijándose en su presencia. Pero oré todo el tiempo que estuviese con vida, porque quería verla y hablarle. Cuando llegué al hospital, ella todavía estaba allí y estaba viva, y los médicos me dijeron que al parecer no había parálisis, por lo menos aparte del brazo derecho. La médula espinal no había sido cortada. Entonces fue simplemente asunto de orar constante y diariamente que Dios la sanara. Un día ella me dijo: «Específicamente, quiero que oren para que el Señor me devuelva mi brazo derecho.» Esto fue después de que todo lo demás empezó a sanar, y con el tiempo el Señor contestó la oración por su brazo derecho. Al orar, sin embargo, dije: «Dios, queremos *tu* voluntad.» No tenía ninguna vacilación al decir: «Señor, queremos que se haga tu voluntad, pero me gustaría preguntarte si tu voluntad no sería una recuperación completa.»

DICK: —¿Piensa usted que la plena recuperación vino como resultado simplemente de la ciencia médica? ¿O de la ciencia médica más la capacidad del cuerpo para recuperarse? ¿O la ciencia médica, más la capacidad del cuerpo para recuperarse, más algo que Dios hizo además, tal como intervenir para hacer que la recuperación fuese más rápida o más completa de lo que normalmente habría sido?

JOHN: —Pues, Dick, no podría atribuirlo a la ciencia médica porque básicamente ellos no hicieron nada. Nunca hubo ninguna operación quirúrgica. Todo lo que hicieron fue inmovilizar su cabeza; de modo que tiene que haber sido una combinación de cosas. Tiene que haber sido el proceso natural de curación porque, con el tiempo, los huesos vuelven a crecer. Al dárseles tiempo, los nervios pueden crecer. Dése cuenta de que Patricia se había fracturado la cabeza, que necesitó cuarenta puntos para cerrarle la parte superior de la cabeza; que se había fracturado los huesos orbitales alrededor del ojo, y que se había roto la quijada. Ellos querían operar la quijada. Les dijimos: «Esperemos y veamos; démosle algún tiempo.» Conforme pasó el tiempo, ellos en realidad fijaron la fecha para la cirugía. Les dijimos: «Un momento; no va a haber ninguna cirugía.» Todos los huesos alrededor del ojo sanaron y nadie puede notar la diferencia. La quijada, que se había roto y estaba separada, creció de nuevo uniéndose de una manera muy normal. Habían algunas astillas de hueso en toda su espina dorsal, y tenía rota una mano. Otro médico iba a hacer algo para arreglar la mano, pero nosotros sencillamente queríamos darle tiempo al Señor. Y esto no es porque esté en contra de la cirugía. Ambos hijos míos se han sometido a operaciones, de modo que ese no es el problema. Pero parecía que algo estaba ocurriendo allí que era realmente asombroso: que Dios estaba restaurando todo conforme el proceso de sanidad estaba siendo controlado soberanamente por su poder.

PATRICIA: —Usted puede llamarlo un milagro, o decir que está por encima y más allá de los procesos de la naturaleza, pero los dos terapeutas que me cuidaron dijeron que habían visto muchas lesiones como las mías y que yo era «un milagro andante». Mi terapeuta, el doctor Sam Britten, dijo que yo sané de una manera nada usual. Luego fui al dentista recientemente debido a que una de mi coronas se desprendió a raíz de la fractura en la quijada, y él tomó radiografías completas. Ni siquiera pudo hallar dónde se había fracturado la quijada. Eso es increíble, porque querían hacerme cirugía plástica. La fractura era tan obvia. Lo único que uno puede decir es que Dios hizo una sanidad completa en mi quijada. Ni siquiera mi neurólogo puede explicar por qué regresó la sensación a mis extremidades y la parálisis del brazo desapareció. No hay manera de explicarlo humanamente. Puedo decirle que las personas en el campo médico han dicho que soy un milagro andante, que mi recuperación fue completamente fuera de lo usual.

DICK: —La severidad del accidente y la plenitud de su recuperación, ¿han cambiado su perspectiva de cómo Dios trata con nuestras vidas físicas? Por ejemplo, ¿cómo sana Él, si sana, cuándo sana y hasta qué punto sana?

JOHN: —No, en realidad eso no cambia mi teología. Siempre he creído que Dios sana. Jamás he cuestionado el poder de Dios para sanar. Jamás he puesto en tela de juicio el poder de Dios para hacer cualquier cosa conforme a su naturaleza. La sanidad debe ser conforme a su naturaleza porque cuando Jesús estuvo aquí, sanó. Dios ha sanado en el pasado y no hay razón para dar por sentado que Dios no escoge sanar en el presente. De modo que el accidente en realidad no cambió nada, pero sí personalizó la realidad de la sanidad de Dios. En cierto sentido fue algo maravilloso atravesar por esto y ver esta constante evidencia de la gracia de Dios. Pusimos en práctica nuestra teología que dice: «Sí, Dios en efecto sana.» Sana de acuerdo a su propia voluntad y a su propio propósito. En este caso fue su propósito y su voluntad controlar providencialmente la situación de Patricia, y tal vez incluso intervenir de maneras sobrenaturales que no comprendemos, a fin de darle completa salud para su gloria y honor. Él ha demostrado su capacidad de contestar la oración en el campo físico.

—DICK: ¿Qué lecciones pueden aprender las personas que leen esta entrevista? Por ejemplo, pienso en aquellos que están en el hospital con una enfermedad mortal, o esposos cuyas esposas han sufrido alguna clase de trauma severo.

JOHN: —Primero y ante todo, hay que saber que no ocurre nada fuera de los propósitos de Dios. No hay sorpresas en el cielo. Él conoce el fin desde el principio, y todo detalle de nuestras vidas. Segundo, Él está íntimamente interesado en cada uno de esos detalles. Tercero, Él puede providencialmente anular o invalidar todo lo malo que nos sucede. Esas verdades se hallan por todas las Escrituras. Empiece a leer los Salmos. Vez tras vez vemos que Dios rescata y liberta y protege. También lo vemos en el carácter de Jesús cuando vino al mundo. Los atributos de Dios que demostró más claramente antes de la cruz fueron la misericordia y la compasión de Dios, y su gracia hacia los que sufren. También sabemos que podemos orar por el aspecto físico de la vida y que podemos orar que Dios sane. En su gracia, en su misericordia, y en completa armonía con su soberanía, Él contestará esa oración.

PATRICIA: —El accidente afirmó que nuestros días están contados y que Dios tiene el control. Es eso lo que persistí en recalcar a la hija nuestra que estuvo en el accidente conmigo: uno, que

Dios tiene el control de nuestras vidas y, dos, que Él es totalmente soberano. Cualquier cosa que Él permita que venga a nuestras vidas, tiene un propósito que es para nuestro bien y para su gloria. Y tres, me hizo darme cuenta de cuán temporal es esta vida en la tierra. Algunas veces quedamos incapacitados o sufrimos inconvenientes, y en algún momento todos tendremos que partir. En este caso en particular Dios demostró su gracia.

La gente me pregunta: «¿Por qué piensa usted que Dios permitió que sucediese esto?» o, «¿qué aprendió de todo esto?» He aprendido nuevamente que Dios es soberano; Él estará con nosotros en cualquier circunstancia. El versículo que continúa viniéndome a la mente es: «Tú guardarás en completa paz a aquel cuyo pensamiento en ti persevera; porque en ti ha confiado» (Is. 26:3). Solía cantar eso mucho en la mañana. Conozco su salvación, y he llegado a conocer sus poderes de sanidad de una manera personal. Ciertamente que nuestra oración no necesariamente es contestada de acuerdo a nuestro estado espiritual. Pienso que Dios contesta conforme a lo que Él considera mejor para todo el que está involucrado. En mi situación, había muchas personas que se enteraron del accidente y que oraron por mi salud y recuperación. Debido al efecto que esto podía tener en su ministerio, Dios consideró apropiado contestar esas oraciones de acuerdo a la manera en que fueron hechas; no porque yo mereciera esta clase particular de sanidad.

DICK: —Patricia, algunos de los más grandes santos del Antiguo Testamento atravesaron el valle de sombra de muerte y se desesperaron, incluso al punto de querer que Dios se los llevase. Recordamos a hombres como Moisés, Job, Jeremías y Elías. ¿Tuvo usted algún momento como estos, o similares?

PATRICIA: —En realidad no. Estaba tan agradecida que recordaba mucho otra canción. Viene de las Escrituras: «Las misericordias de Jehová cantaré perpetuamente». Le vi demostrar su misericordia en mi vida. Disfruto de mi vida aquí y oro para que el Señor use mi influencia en mis nietos y mi presencia al lado de mi esposo como su ayuda idónea. Siento que el Señor me ha dado el corazón de servicio y disfruto y me encanta hacerlo. Ese es mi papel en la vida. Pero si el resultado hubiese sido diferente, probablemente hubiese orado en forma diferente.

DICK: —¿Qué fue lo que recibió de sus amigos de todo el mundo que le animó más?

PATRICIA: —Realmente me conmovió el interés y las oraciones de las personas. No me enviaban simplemente una tarjeta deseándome mejoría, sino una nota cariñosa y escrita en oración. Esa fue otra manera en que el Señor usó este accidente: para mostrarme el respaldo e interés cariñosos de las personas en la iglesia y por todo el mundo.

DICK: —Recuerdo que después de que la sacaron de la unidad de cuidado intensivo, toda su familia preparó un enorme cartelón para la habitación del hospital.

JOHN: —Los hijos hicieron muchos cartelones y los pusieron en la pared porque ella no podía ver nada con la cabeza fija hacia atrás. Con el correr de los días, las tarjetas acabaron clavadas en el cielo raso. Había toda clase de notas cariñosas y tarjetas deseando mejoría colgando del cielo raso. Por supuesto, los hijos también colocaban cosas en las paredes, en todas partes. El personal del hospital nunca había visto una demostración de cariño semejante. Tenemos una familia grande; de mi lado, del lado de Patricia, y toda la familia de la iglesia, nuestros amigos y nuestros hijos. Los pequeños, nuestros nietos, gateaban para alcanzar el anillo de acero; tenemos unas excelentes fotografías de eso. Todo mundo que nos conoce simplemente se unió y empezó a clavar cartelones para animarla. Recuerdo que algunas veces las tarjetas se caían, y teníamos que treparnos para volver a colocarlas de modo que ella pudiese verlas.

DICK: —Recuerdo el cartelón de 2 Corintios 4:17: «Porque esta leve tribulación momentánea produce en nosotros un cada vez más excelente y eterno peso de gloria.» ¿Cómo describiría usted lo que ocurrió allí? Su recuperación no se debió simplemente a los medios médicos, ni tampoco fue una intervención milagrosa instantánea. ¿Cómo describiría usted lo que ocurrió que le llevó a una recuperación inesperada y completa, ciertamente mucho más pronto de lo esperado normalmente?

JOHN: —Fue una situación en la que ella tenía una lesión que amenazaba su vida; y hubo ciertos procesos de sanidad que Dios, en su poder soberano, supervisó, aceleró y completó. No hay razón para no creer eso. ¿Por qué irse al extremo de no creerlo cuando es claro que Dios tiene todo poder para hacerlo y ella es una prueba viva de una restauración total? Incluso los inconversos dicen que ella es un milagro andante. El hecho es que su salud fue restaurada como si nada hubiese pasado.

PATRICIA: —No hay duda de que Dios dirigió todas estas cosas para glorificarse. Le doy gracias por haberme escogido para recibir su gracia inmerecida e inexplicable.

# 18

# *Su promesa de sanidad*

¿**P**uede usted imaginarse yendo a visitar a su médico por un problema menor, y que él diagnostique que su enfermedad potencialmente mortal? Por muy desilusionador que esto pueda ser, es mucho mejor descubrir una dolencia que pone en peligro la vida mientras usted todavía puede recibir tratamiento.

A principios de 1930, mi abuelo Lee se quejó de una irritación de la piel en la oreja izquierda. A insistencia de mi abuela llamó al médico para pedirle una cita.

Para gran consternación de mi abuelo, su médico descubrió una inflamación cancerosa. La cirugía fue realizada al día siguiente, y aun cuando le amputaron la oreja, la operación previno que el cáncer se extendiese a su cerebro. Las buenas nuevas eclipsaron las malas.

## LO INESPERADO
Hace 2.000 años, cierto hombre se encontró en una situación similar. Sufría de una parálisis obvia, pero Jesús anunció que tenía un problema mucho más serio: la enfermedad mortal del pecado, que le quitaría la vida eternamente a menos que experimentase una cura milagrosa (Mr. 2:1-12).

Durante su ministerio Jesús se había ganado la reputación de hacer lo inesperado, y esta ocasión no fue la excepción. Cuando le trajeron al paralítico, en lugar de decir: «Levántate y anda», el Salvador proclamó sorprendentemente: «Tus pecados te son perdonados.»

El hombre inválido percibía la parálisis como su más grave defecto, pero Jesús diagnosticó que su problema más profundo era el *pecado*. La parálisis es temporal; cesa con la muerte. Pero el pecado es eterno; y su resultado es la separación eterna de Dios. Jesús trató primero con el pecado del hombre debido a sus consecuencias eternas.

Muchas personas ven la sanidad de la parálisis física como el principal punto del pasaje bíblico, pero la intención de Dios era que solo fuese una ilustración. La sanidad primaria aquí tenía que ver con el perdón de los pecados del paralítico, lo cual le trajo a la comunión eterna con Dios.

## LOS ELEMENTOS DE LA SANIDAD ESPIRITUAL
### Sanado de la muerte eterna

No fue sino hasta que los fariseos desafiaron la autoridad de Cristo para perdonar pecados (Mr. 2:6-8) que Jesús sanó en realidad al paralítico. Lo sanó solamente para que los testigos oculares supiesen que el Hijo del Hombre tenía autoridad en la tierra para perdonar pecados. Y note esto con cuidado: aun cuando el hombre a la larga perdió con la muerte su nueva salud, hoy goza de la vida eterna debido a que Cristo perdonó sus pecados.

Pudiera ser que usted, como el paralítico y sus fieles amigos, ha estado enfocando exclusivamente lo físico. Sin embargo, Cristo nos recuerda que el interés de Dios recae principalmente en el campo espiritual. El pecado presenta nuestro mayor problema, no la enfermedad. Aun cuando la tasa de mortalidad de toda generación a la larga alcanza el cien por ciento, lo cual asegura que todos fracasaremos en la preservación de nuestra salud física, no tiene que ser así eternamente.

Romanos 3:9-18 presenta el pecado como un horrible cáncer que se esparce por todo el cuerpo. Afecta la mente (v. 11), la boca (v. 14), la garganta (v. 13), los pies (v. 15), la lengua (v. 13), los ojos (v. 18), y los labios (v. 13).

Desafortunadamente, nadie es inmune a esta enfermedad; el pecado nos afecta a todos. «Como está escrito: No hay justo, ni aun uno; No hay quien entienda. No hay quien busque a Dios» (Ro. 3:10, 11). «Por cuanto todos pecaron, y están destituidos de la gloria de Dios» (Ro. 3:23). El pecado afecta nuestra alma como el cáncer afecta nuestro cuerpo. El doctor Paul Brand y Phillip Yancey visualizan el pecado como el cáncer en el cuerpo físico.

> Como muchos pordioseros en la India, la mujer estaba enflaquecida, con las mejillas hundidas y las extremidades huesudas. Pero, paradójicamente, una enorme masa de piel regordeta, redonda y lisa como una salchicha le crecía en un costado. Estaba en su costado como un bebé sin forma, conectado a ella por un amplio pliegue de piel. La mujer había expuesto su grotesca deformidad para aprovecharse y despertar compasión. Aun cuando la vi apenas brevemente, estaba seguro de que se trataba de un lipoma, un tumor de células grasosas. Era parte de ella, y sin embargo, no lo era, como si algún cirujano hubiese cortado un trozo de grasa de alguna persona que pesara 300 libras, lo hubiese envuelto en piel y diestramente lo hubiese cosido en el costado de esta mujer. Parecía que estaba muriéndose de hambre; alzaba temblorosamente una mano pidiendo limosna. Pero su tumor estaba floreciendo, casi igualando en peso al resto del cuerpo. Brillaba bajo el sol, exuberante de salud, chupándole la vida a ella.[1]

Como el tumor que le chupaba la vida a la pordiosera en la India, el pecado arrebata la vida de los menesterosos espirituales. Jesucristo provee la única cura. Jesús dijo: «Yo soy el camino, y la verdad, y la vida; nadie viene al Padre, sino por mí» (Jn. 14:6). Pedro predicó a Cristo como el único Salvador: «Y en ningún otro hay salvación; porque no hay otro nombre bajo el cielo, dado a los hombres, en que podamos ser salvos» (Hch. 4:12).

Tal vez usted comprende plenamente que el pecado presenta su más grande problema, pero no sabe qué hacer al respecto. Si es así, considere las palabras de Pablo:

> Que si confesares con tu boca que Jesús es el Señor, y creyeres en tu corazón que Dios le levantó de los muertos, serás salvo. Porque con el corazón se cree para justicia, pero con la boca se confiesa para salvación. Porque todo aquel que invocare el nombre del Señor, será salvo (Ro. 10:9, 10, 13).

---

1. Paul Brand y Philip Yancey, *Fearfully and Wonderfully Made* (Grand Rapids: Zondervan Publishing House, 1980), pp. 57, 58. Hay traducción castellana titulada *La obra maestra de Dios*, de Editorial Betania.

Porque por gracia sois salvos por medio de la fe; y esto no de vosotros, pues es don de Dios; no por obras, para que nadie se gloríe. Porque somos hechura suya, creados en Cristo Jesús para buenas obras, las cuales Dios preparó de antemano para que anduviésemos en ellas (Ef. 2:8-10).

En Mateo 11:28-30, Jesús personalmente hace esta invitación de gracia para que usted sea sanado de sus pecados: «Venid a mí todos los que estáis trabajados y cargados, y yo os haré descansar. Llevad mi yugo sobre vosotros, y aprended de mí, que soy manso y humilde de corazón; y hallaréis descanso para vuestras almas; porque mi yugo es fácil, y ligera mi carga.»

Cristo le extiende su salvación. Si usted está cansado y agobiado por el pecado, Él le ofrece descanso eterno. Pero usted debe abandonar su pecado y venir a Cristo como su Salvador (11:28). Sométase a su señorío colocándose en yugo con Él (v. 29). Él le quitará su carga de culpa y vergüenza; la vida eterna será suya; usted será verdaderamente sanado por toda la eternidad, así como el paralítico.

Si esa es su necesidad presente, incline su cabeza ahora mismo, donde quiera que esté, y reciba a Jesucristo como su Salvador y Señor (Jn. 1:12, 13). Ore en sus propias palabras; Él lo comprenderá.

Cuando usted reciba a Cristo, la promesa de Juan 5:24 será suya para disfrutarla: «De cierto, de cierto os digo: El que oye mi palabra, y cree al que me envió, tiene vida eterna; y no vendrá a condenación, mas ha pasado de muerte a vida.» Usted será sanado de la muerte eterna mediante la salvación para vida eterna.

## Sanado de la esclavitud del pecado

La salvación eterna, sin embargo, no elimina la experiencia del pecado en la vida presente del creyente. La devastación del pecado sobre la raza humana sobrepasa con mucho las peores epidemias de toda la historia. En tanto que la *pena* de eterna separación de Dios es quitada mediante la salvación en Jesucristo, la *práctica* del pecado no cesa inmediatamente, como se evidencia en el lamento de Pablo en Romanos 7:18-25.

No obstante, la *esclavitud* del pecado ha sido rota por la salvación. El pecado ya no tiene dominio sobre el cristiano (Ro. 6:17-22).

Como cristianos hemos sido sanados de la esclavitud del pecado mediante la santificación para santidad. Para ayudarnos a entender esto en términos prácticos, J. I. Packer pone esta verdad en una perspectiva tanto presente como eterna.

Todos somos inválidos en el hospital de Dios. En términos morales y espirituales, todos estamos enfermos y dañados, lesionados y deformados, llenos de cicatrices y llagas, cojos y tullidos, a un punto mayor, mucho mayor, de lo que ni siquiera imaginamos. Bajo el cuidado de Dios estamos mejorándonos, pero no estamos bien todavía.

... El antiguo refrán de que la Iglesia es el hospital de Dios continua siendo cierto. Nuestra vida espiritual, en el mejor de los casos, es una convalecencia frágil, que se descarrila fácilmente. Cuando hay tensiones, fricciones, perversidades, y desilusiones en el compañerismo cristiano, es bueno recordar que ningún cristiano, ni ninguna iglesia, jamás tendrá una ficha limpia de salud espiritual que iguale el bienestar físico total que el ejercicio físico de hoy se esfuerza por lograr. Anhelar un bienestar espiritual total es propio y natural, pero creer que uno está en algún punto cerca de lograrlo es engañarse totalmente uno mismo.[2]

Los efectos del pecado en este mundo todavía nos golpean aun cuando Cristo nos ha librado de la esclavitud del pecado. En esta vida podemos esperar participar de los sufrimientos de Cristo (Fil. 3:10), aun cuando somos renovados espiritualmente. Pero debido a que el pecado no actúa ya como lastre, podemos eficazmente vivir por encima de la vida, incluso aun cuando todavía permanecemos vivas. También la sanidad espiritual en esta vida debe producir asombrosas respuestas a las situaciones que amenazan la vida. La resistencia paciente, sin escape, en cierto sentido ejemplifica una forma más elevada de sanidad en esta vida.

La verdadera sanidad la experimentan las personas con una enfermedad incurable para quienes es posible enfrentarla sin desesperarse, precisamente porque son cristianos, personas que lidian con el dolor diariamente y buscan en Él su fortaleza, los que conservan su salud aun cuando viven en medio de problemas familiares irresolubles, y aquellos cuya fe les capacita para soportar la opresión y la injusticia sin convertirse en víctimas de un odio destructivo.[3]

---

2. J. I. Packer, *Rediscovering Holiness* (Ann Arbor: Servant Publications, 1992), pp. 40, 41.

3. Donald E. Gowan, "Salvation as Healing", *Ex Auditu*, 5 (1989), pp. 15-16. *Véase también* Paul Brand con Philip Yancey, "And God Created Pain", *Christianity Today* (10 enero 1994), pp. 18-23.

## Sanados de la muerte física

Como es bien sabido, la sanidad de la muerte eterna y de la esclavitud del pecado no previene la muerte física. Como dice el antiguo refrán: «Hay sólo dos cosas ciertas en la vida: los impuestos y la muerte.» Aun cuando la muerte resuelve nuestros problemas con los impuestos, ¿qué resuelve el problema de la muerte? Respuesta: la promesa divina de la resurrección. Como cristianos seremos sanados, incluso del aguijón de la muerte.

> ... nosotros mismos, que tenemos las primicias del Espíritu, nosotros también gemimos dentro de nosotros mismos, esperando la adopción, la redención de nuestro cuerpo (Ro. 8:23; *véase también* Fil. 3:20, 21; 1 Ts. 4:13-18).

En un sentido real, la resurrección culmina la máxima sanidad. Todo lo que Adán experimentó antes de la caída será nuestro debido a la resurrección para la eternidad. Ya no estaremos separados de la comunión con Dios por el pecado. Ya no tendremos más la perspectiva de la alienación eterna de Dios en el infierno. Ya no viviremos en un cuerpo perecedero de manera que la muerte física pueda separar del cuerpo nuestra alma.

Viviremos para siempre, sin pecado y sin la maldición que trajo el pecado. Viviremos en la presencia de nuestro santo Dios porque habremos sido sanados de la muerte física por la resurrección para una glorificación eterna (Ap. 22:1-5).

### SU PROMESA DE SANIDAD

Ahora retrocedamos y miremos una vez más la promesa de divina sanidad. Espero que tendrá más sentido que cuando empezamos este estudio.

> Quien llevó él mismo nuestros pecados en su cuerpo sobre el madero, para que nosotros, estando muertos a los pecados, vivamos a la justicia; y por cuya herida fuisteis sanados. Porque vosotros erais como ovejas descarriadas, pero ahora habéis vuelto al Pastor y Obispo de vuestras almas (1 P. 2:24, 25).

Dios ha provisto sanidad espiritual en el sacrificio de salvación de Cristo en el Calvario. Cristo llevó nuestros pecados para que nosotros podamos ser sanados de la muerte eterna, de la esclavitud del pecado, y de la muerte física. La salvación, santificación y resurrección restauran a los que han recibido a Jesucristo como

Señor y Salvador (Jn. 1:12, 13). Esa es la promesa divina de sanidad para nosotros. Merecemos muchísimo menos; no podríamos pedir más; ¡debemos esperar sólo esto!

## UNA ORACIÓN FINAL

Estos pensamientos, de la pluma de un desconocido puritano de hace siglos, expresan mejor la fe y esperanza de quienes poseen y comprenden la promesa de Dios de sanidad desde una perspectiva eterna.[4] Puedo identificarme con esta oración. ¿Y usted?

### «EL CORAZÓN QUEBRANTADO»

Oh Señor,
Ni un día de mi vida ha pasado que no me haya
    demostrado culpable ante tus ojos.
He pronunciado oraciones desde un corazón sin oración;
Las alabanzas han sido a menudo sonido sin alabanza;
Mis mejores servicios son trapos de inmundicia.
Bendito Jesús, permíteme hallar refugio en tus heridas
    apaciguadoras.
Aunque mis pecados se elevan hasta el cielo, tus méritos se
    remontan sobre ellos;
Aunque la injusticia me arrastra al infierno, tu justicia me
    exalta hasta tu trono.
Todas las cosas en mí exigen rechazo,
Todas las cosas en ti suplican mi aceptación.
Apelo desde el trono de la perfecta justicia a tu trono de
    gracia sin límites,
Concédeme oír tu voz asegurándome:
    que por tus heridas soy curado,
    que tu fuiste molido por mis iniquidades,
    que tú has sido hecho pecado por mí
    para que yo pueda ser hecho justo en ti,
    que mis graves pecados, mis múltiples pecados,
    todos son perdonados,
    sepultados en el océano por tu sangre que los oculta.

---

4. Arthur Bennett, ed., *The Valley of Vision* (Edimburgo: The Banner of Truth Trust, 1975), p. 83.

Soy culpable, pero perdonado,
    perdido, pero salvado,
    extraviado, pero hallado,
    pecador, pero limpio.
Dame un quebrantamiento perpetuo de corazón,
Manténme siempre aferrado a tu cruz,
Inúndame en todo momento con esa gracia que desciende,
Ábreme las fuentes del conocimiento divino,
    reluciente como cristal,
Para que fluya claro e inmaculado
    por el desierto de mi vida.

# UNA PALABRA FINAL

## *Su ministerio de sanidad*

Después de todo lo que usted ha leído tal vez se esté preguntando: ¿Dónde encajo yo?

La salud no viene por medio de nuestra bondad, sino más bien mediante la gracia y misericordia de Dios. Debido a que hemos recibido de gracia, permítame mostrarle a partir de las Escrituras cómo usted puede dar de gracia al enfermo y al que sufre. Aquí es donde usted encaja. Usted puede tener un ministerio de sanidad.

### LA COMPASIÓN DE DIOS

Todo empieza con un deseo de ser como Dios. Nada modela el carácter de Dios más que la compasión.[1] (*Véanse* Éx. 34:6; Sal. 86:15; 112:4; 116:5; 145:8; Jl. 2:13; Stg. 5:11).

> Por la misericordia de Jehová no hemos sido consumidos, porque nunca decayeron sus misericordias. Nuevas son cada mañana; grande es tu fidelidad (Lm. 3:22, 23).

---

1. Para una discusión más completa de lo que la Biblia quiere decir cuando exhorta a los cristianos a ser como Dios, *véase* Richard Mayhue, *Spiritual Maturity* (Wheaton, IL: Victor Books, 1992), pp. 43-61.

Cristo incorporó la compasión en todo su ministerio terrenal (Mt. 9:36-38; Mr. 6:34). Algunas de las cosas más memorables en las Escrituras están relacionadas con la compasión; por ejemplo, el hijo pródigo (Lc. 15:11-32), el siervo perdonado (Mt. 18:21-35), y el buen samaritano (Lc. 10:25-37). El Nuevo Testamento continuamente insta a los cristianos a alcanzar nuevos niveles de ministerio compasivo (Gá. 6:2; Col. 3:12; 1 P. 3:8; 1 Jn. 3:11-17).

La compasión no puede ser algo opcional para los cristianos, si hemos de ser como Dios. Alguien definió una vez la compasión como «tu dolor en mi corazón, que me mueve a obras de consuelo y misericordia a favor tuyo». Ese es el ministerio de sanidad en su médula, cuando servimos al que sufre con la compasión de Dios.

## EL LLAMADO DE LA COMPASIÓN

¿Por qué tiene tanta importancia la compasión? Considere estos mandamientos bíblicos:

Primero, el servicio al que sufre simboliza el epítome del cristianismo.

> La religión pura y sin mácula delante de Dios el Padre es esta: Visitar a los huérfanos y a las viudas en sus tribulaciones, y guardarse sin mancha en el mundo (Stg. 1:27).

Los creyentes auténticos alivian las presiones de la vida que oprimen a los desvalidos tales como los huérfanos y las viudas. La palabra griega que se traduce por «tribulaciones» en Santiago 1:27 describe a la vida cerrándose dolorosamente por todos lados, problemas que oprimen y agostan a las personas. Estas estimadas personas son candidatos principales para el amor consolador de Cristo aplicado por medio nuestro.

Segundo, el servicio a los que sufren resume la bondad. David era un hombre con un corazón conforme a Dios porque hizo toda la voluntad de Dios (Hch. 13:22). Una parte de la voluntad de Dios hizo que David cuidara a Mefi-boset, el lisiado hijo de Jonatán (2 S. 9:3-10). Como David, necesitamos manifestar la bondad de Dios.

Luego, el servicio a los que sufren sigue el ejemplo de nuestro Señor Jesucristo.

> El Hijo del Hombre no vino para ser servido, sino para servir, y para dar su vida en rescate por muchos (Mt. 20:28).

Así como los médicos no atienden a los sanos, tampoco Cristo ministró a los justos, según Marcos 2:17. En lugar de eso, se interesó por los pecadores y enfermos. Aun cuando no podemos servir sanando directamente como Cristo lo hizo, sí podemos servir compartiendo el evangelio y cuidando al que sufre.

Cuarto, el servicio a los que sufren ilustra los caminos de Dios. El consuelo empieza con el Padre de misericordias y el Dios de toda consolación (2 Co. 1:3), el cual nos consuela en nuestra hora de necesidad (2 Co. 1:4). Entonces Dios extiende su consolación por medio nuestro a otros en necesidad... «para que podamos también nosotros consolar a los que están en cualquier tribulación, por medio de la consolación con que nosotros somos consolados por Dios» (2 Co. 1:4).

Recuerde, la consolación nunca se agota y nunca se gasta. El Padre de misericordias espera que la pasemos a otros.

Finalmente, el servicio a los que sufren obedece la exhortación de las Escrituras.

Pero ahora son muchos los miembros, pero el cuerpo es uno solo. Ni el ojo puede decir a la mano: No te necesito, ni tampoco la cabeza a los pies: No tengo necesidad de vosotros. Antes bien los miembros del cuerpo que parecen más débiles, son los más necesarios; y a aquellos del cuerpo que nos parecen menos dignos, a éstos vestimos más dignamente; y los que en nosotros son menos decorosos, se tratan con más decoro. Porque los que en nosotros son más decorosos, no tienen necesidad; pero Dios ordenó el cuerpo, dando más abundante honor al que le faltaba, para que no haya desavenencia en el cuerpo, sino que los miembros todos se preocupen los unos por los otros. De manera que si un miembro padece, todos los miembros se duelen con él, y si un miembro recibe honra, todos los miembros con él se gozan. Vosotros, pues, sois el cuerpo de Cristo, y miembros cada uno en particular (1 Co. 12:20-27).

El más débil, el menos honorable, y los menos decorosos no deben ser descuidados. *Todos* los miembros de la Iglesia de Cristo deben sufrir con aquellos otros miembros que sufren. Sin tal servicio, el cuerpo de Cristo realmente sufre.

### LA COMPASIÓN EN ACCIÓN

En 1 Tesalonicenses 5:14. Pablo llama a la iglesia a compasión:

> También os rogamos, hermanos, que amonestéis a los ociosos, que alentéis a los de poco ánimo, que sostengáis a los débiles, que seáis pacientes para con todos.

¿Cómo, entonces, se traduce todo esto en un ministerio de sanidad? Permítame bosquejar algunos de los principales elementos de tal ministerio:

1. Extienda la esperanza de salvación hablando a los inconversos del evangelio. Ellos serán sanados de la muerte eterna, de la esclavitud del pecado y de la muerte física cuando reciban a Jesucristo como su Salvador y Señor personal. Esto constituye la forma más eficaz de testimonio.
2. Muestre compasión a los que sufren acercándose a ellos con el ministerio de misericordia. Esto puede ser en la visitación en el hogar o en el hospital; puede ser cuidando a alguna viuda o un huérfano; tal vez usted puede pasar tiempo con una persona que sufre ofreciéndole su amistad cuando todo el resto del mundo se ha alejado; usted incluso puede ayudar a lidiar con el pecado en la vida de algún otro creyente.
3. Solicite la gracia de Dios mediante la oración. Apelar a Dios por ayuda a favor de los desvalidos constituye la forma más elevada de adoración, ministerio y sanidad potencial.

# Índice de textos bíblicos

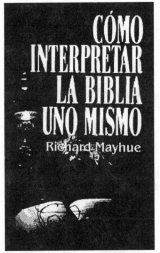

## DEJE QUE LA BIBLIA HABLE
### SOBRE LAS LENGUAS     Richard C. Schwab
Un análisis basado en la autoridad de las Escrituras del fenómeno de hablar en lenguas. El autor presenta una comparación del movimiento actual de las lenguas con el fenómeno bíblico de una forma muy fina, equilibrada y objetiva. (144 pp.)

## EL ADVERSARIO: El cristiano frente
### a la actividad demoníaca     Mark I. Bubeck
Instrucciones prácticas que ayudan a los creyentes a conocer las respuestas bíblicas para manejar al diablo y el poder demoníaco. (4ª ed., 160 pp.)

## EL DON DE LENGUAS Y
### EL NUEVO TESTAMENTO     Merrill F. Unger
Excelente estudio sobre este tema escrito desde una perspectiva no carismática. (3ª ed., 170 pp.)

## EL ESPÍRITU SANTO     Charles C. Ryrie
En un cálido estilo personal, el autor ofrece una guía práctica y útil para comprender mejor la persona y obra del Espíritu Santo. (4ª edición, 160 pp.)

## FUNDAMENTOS DE
### TEOLOGÍA BÍBLICA     Emery H. Bancroft
Estos estudios doctrinales están hechos con un fuerte énfasis bíblico. Adecuado especialmente para usarse como texto en escuelas bíblicas y seminarios. Desarrolla las grandes verdades en lenguaje claro y simple. (2ª ed., 496 pp.)

## GRANDES TEMAS BÍBLICOS
**Lewis S. Chafer**
(Edición revisada) **John F. Walwood**
Una herramienta indispensable que proporciona la base bíblica de cincuenta y dos doctrinas, incluyendo las doctrinas de los ángeles, los demonios y Satanás. (5ª ed., 450 pp.)

## LA BIBLIA Y LA SANIDAD DIVINA **Emilio A. Núñez**
Un concienzudo, detallado y claro estudio de la sanidad divina a la luz de las Sagradas Escrituras. (2ª ed., 80 pp.)

## LA CATÁSTROFE DE CORINTO **George E. Gardiner**
Trata del movimiento carismático a la luz de la Biblia, tomando en consideración la experiencia de la iglesia en Corinto. (3ª ed., 64 pp.)

## LA SEDUCCIÓN DE LA
CRISTIANDAD **Dave Hunt y T.A. McMahon**
Examina los peligros que hay en la aceptación y práctica de creencias extrabíblicas, como el pensamiento positivo y posibilista, la curación de memorias, las filosofías de autoayuda, y la medicina holista. (4ª ed., 240 pp.)

## MÁS ALLÁ DE LA SEDUCCIÓN **Dave Hunt**
Una continuación del best-séller *La seducción de la cristiandad*. Explora a fondo la perspectiva bíblica e histórica de enseñanzas como: la meditación, la perspectiva apropiada del *yo*, la fe, las revelaciones divinas, la oración, la sanidad y enseñanzas psicológicas. (272 pp.)

## VENCIENDO AL ADVERSARIO: Oración guerrera
contra la actividad demoníaca **Mark I. Bubeck**
Un manual práctico que muestra al lector cómo fortalecerse en el Señor, cómo apropiarse del poder del Espíritu Santo, y cómo revestirse de toda la armadura de Dios, pieza por pieza. (3ª ed., 160 pp.)